汽车检测与维修技术
专业群核心课程教学标准

李雷　张晋源　赵计平　著

重庆大学出版社

内容提要

本书陈述了中国特色高水平"汽车检测与维修技术专业群"中新能源汽车技术专业、智能网联汽车技术专业、汽车电子技术专业、汽车技术服务与营销专业、汽车检测与维修技术专业等 5 个专业的 30 门优质核心课程教学标准。书中描述了制订依据、课程类型和功能、课程目标、培养规格、实施安排、教学评价、实施保障等,为课程开发、教学设计、组织教学、教学鉴定提供了基准依据,为全国高等职业院校汽车相关专业群高素质技能型人才培养提供了可借鉴的课程教学标准。

本书可作为全国高等职业院校汽车检测与维修技术专业群的教学标准,也可作为汽车相关专业群的教学参考用书。

图书在版编目(CIP)数据

汽车检测与维修技术专业群核心课程教学标准 / 李雷,张晋源,赵计平著. — 重庆:重庆大学出版社,2024.3

ISBN 978-7-5689-4397-0

Ⅰ. ①汽… Ⅱ. ①李… ②张… ③赵… Ⅲ. ①汽车—故障检测—课程标准②汽车—故障诊断—课程标准 Ⅳ. ①U472.9

中国国家版本馆 CIP 数据核字(2024)第 084616 号

汽车检测与维修技术专业群核心课程教学标准
QICHE JIANCE YU WEIXIU JISHU ZHUANYEQUN HEXIN KECHENG JIAOXUE BIAOZHUN

李 雷 张晋源 赵计平 著

策划编辑:鲁 黎

责任编辑:张洁心 版式设计:鲁 黎
责任校对:邹 忌 责任印制:张 策

*

重庆大学出版社出版发行
出版人:陈晓阳
社址:重庆市沙坪坝区大学城西路 21 号
邮编:401331
电话:(023)88617190 88617185(中小学)
传真:(023)88617186 88617166
网址:http://www.cqup.com.cn
邮箱:fxk@ cqup.com.cn(营销中心)
全国新华书店经销
POD:重庆市圣立印刷有限公司

*

开本:787mm×1092mm 1/16 印张:18.75 字数:459 千
2024 年 3 月第 1 版 2024 年 3 月第 1 次印刷
ISBN 978-7-5689-4397-0 定价:68.00 元

编委会

前　言

　　本书是中国特色高水平"汽车检测与维修技术专业群"建设和重庆市教学改革重大项目"'四新'视域下中国特色高水平专业群逻辑理路构建与实证研究"的重要研究成果。

　　汽车检测与维修技术专业群在"创新、协调、绿色、开放、共享"五大发展理念下,响应国家发展战略,面向重庆经济支柱——汽车产业,重点围绕新能源与智能网联汽车"研发、试验、制造、销售、服务"产业链的五大领域,构建了以汽车检测与维修技术专业为核心的专业群。针对高技术技能型工作岗位群,以新能源汽车技术专业、智能网联汽车技术专业对接新能源与智能网联汽车研发及试验领域,以汽车电子技术专业对接汽车产品测试领域,以汽车检测与维修技术专业对接新能源与智能网联汽车制造领域和售后服务领域,以汽车技术服务与营销专业对接新能源与智能网联汽车智慧服务领域,专业链与产业链形成了"绿色减排、智能技术、智慧服务"的对接格局,创建了专业群"五融合"高技术技能人才培养模式,实现企业人才培养机制融合学校育人机制,岗位能力教学标准融合教学标准,生产项目融合教学项目,企业文化环境融合实训环境,兼职教师技术实践能力与专职教师教学能力融合。专业群紧跟产业链变化,明确职业岗位群结构,分析归纳岗位能力,开发能力教学标准。基于能力教学标准,重构专业链"职群化"课程体系,将岗位能力标准转化成教学标准,开发出汽车检测与维修技术专业群核心课程教学标准,把专业群核心课程教学标准课程内容设置与产业链职业岗位教学标准相对接,实现了课程教学内容与职业岗位要求的一致性。

　　本书陈述了中国特色高水平"汽车检测与维修技术专业群"中新能源汽车技术专业、智能网联汽车技术专业、汽车电子技术专业、汽车技术服务与营销专业、汽车检测与维修技术专业等5个专业的30门优质核心课程教学标准。该课程教学标准描述了制订依据、课程类型和功能、课程目标、培养规格、实施安排、教学评价、实施保障等,为课程开发、教学设计、组织教学、教学鉴定提供了基准依据,为全国高等职业院校汽车相关专业群高素质技能型人才培养提供了可借鉴的课程教学标准。

本书由重庆工业职业技术学院李雷、张晋源担任编委会主任,由赵计平、金明担任编委会副主任。其中,汽车检测与维修技术专业群课程体系能力模块框架由赵计平教授构建,课程教学标准结构由李雷教授、金明副教授设计。全书由张晋源副教授负责统稿,由赵计平教授和行业专家负责审核。专业群中新能源汽车技术专业核心课程"纯电动汽车构造与检修"课程教学标准由李仕生撰写,"混合动力汽车装调与检修"课程教学标准由李雷撰写,"新能源汽车充电系统装调"课程教学标准由杨洋撰写,"新能源汽车动力电池系统装调与检修"课程教学标准由张静撰写,"新能源汽车驱动电机系统装调与检修"课程教学标准由张科撰写,"新能源汽车维护与故障诊断"课程教学标准由张晋源撰写。

智能网联汽车技术专业核心课程"智能座舱系统装调与检测"课程教学标准由杨洋撰写,"环境感知系统装调与测试"课程教学标准由张静撰写,"底盘线控执行系统测试装调"课程教学标准由程海进撰写,"车路协同系统测试装调"课程教学标准由王婷婷撰写,"智能决策系统装调与测试"课程教学标准由余小草撰写,"智能网联汽车整车综合测试"课程教学标准由李心一撰写。

汽车电子技术专业核心课程"车载网络系统检修"课程教学标准由康学忠撰写,"电子线路辅助设计"课程教学标准由唐鹏撰写,"汽车测试技术"课程教学标准由徐小龙撰写,"汽车电子产品检测与鉴定"课程教学标准由彭涛撰写,"汽车智能网联技术概论"课程教学标准由张杨撰写,"汽车单片机技术"课程教学标准由徐小龙撰写。

汽车技术服务与营销专业核心课程"二手车鉴定评估与交易""汽车性能评价与选购"课程教学标准由程曦撰写,"汽车保险与理赔"课程教学标准由谢越撰写,"汽车服务顾问"课程教学标准由金明撰写,"汽车顾问式销售"课程教学标准由段妍撰写,"汽车营销策划"课程教学标准由白云撰写。

汽车检测与维修技术专业核心课程"发动机管理系统诊断与维修"课程教学标准由贺大松撰写,"汽车安全与舒适系统维修"课程教学标准由王国明撰写,"汽车底盘电控系统维修"课程教学标准由程海进撰写,"汽车诊断策略与测试技术"课程教学标准由倪尔东撰写,"自动变速器维修"课程教学标准由赵计平撰写,"汽车发动机维修"课程教学标准由黄朝慧撰写。

本书在撰写过程中得到了重庆汽车行业技术专家的大力支持,特别是重庆长安汽车股份有限公司李虎、陈思良、王金凤、李知行,重庆博众汽车销售服务有限公司林隆江,重庆中汽西南美凯汽车有限公司刘诚,重庆安福汽车销售服务有限公司刘大均、李德强,重庆中汽西南本色汽车有限公司向传艺等参与了本书的教学标准制订和审定工作,谨在此向他们表示深切的谢意。

由于撰写水平有限,书中不妥之处,恳请读者和专家批评、指正。

著　者

2023 年 12 月

目　录

新能源汽车技术专业核心课程教学标准

"纯电动汽车构造与检修"课程教学标准

一、课程概述

（一）课程教学标准依据

本课程教学标准根据《汽车制造试验和售后服务技术人员能力标准》中的 QPBXM01 纯电动汽车高压电池与充电系统测试与检修、QPBXM02 纯电动汽车空调系统测试与检修、QP-BXM03 纯电动汽车驱动电机测试与检修，依照教育部《高等职业学校新能源汽车技术专业教学标准》要求，依据新能源汽车技术专业人才培养方案，对接《智能新能源汽车职业技能等级证书》标准中"新能源汽车动力驱动电机电池技术""新能源汽车悬挂转向制动安全技术""新能源汽车电子电气空调舒适技术"模块进行制定。

（二）课程类型

本课程是新能源汽车技术专业的专业核心课程，共 72 学时，是在学习了传统汽车检修相关课程、具备了一定检修能力的基础上开设的一门理实一体化课程。

（三）课程功能

本课程实现专业人才培养规格要求，发挥课程思政功能，落实立德树人根本任务，育训结合，支持专业教学目标达成和《智能新能源汽车职业技能等级证书》获取，培养学习者对纯电动汽车进行维护保养与故障诊断的能力。

二、课程目标

学习者通过对该课程的学习，能更好地遵守纯电动汽车维修安全规定，正确、安全地完成纯电动汽车的诊断、维修及检测并具备对应的能力。该能力由以下几方面组成：

（一）职业素养

1. 具有良好的职业素质和工匠精神。

2. 具有吃苦耐劳、爱岗敬业的精神。

（二）通用能力

1. 具有认真观察、自我学习的能力。

2. 具有时间规划、制订计划的能力。

（三）专业知识

1. 知道电动汽车的电气危害、救助步骤、高压安全操作步骤、整体构造及分类。

2. 能识别整车控制系统的相关组成部件、工作原理及检查、维护、维修方法、流程。

3. 能识别动力电池系统的相关组成部件、工作原理及检查、维护、维修方法、流程。

4. 能识别驱动电机系统的相关组成部件、工作原理及检查、维护、维修方法、流程。

5. 能识别充电及辅助系统的相关组成部件、工作原理及检查、维护、维修方法、流程。

（四）技术技能

1. 能够完成纯电动汽车的检测准备工作。

2. 能按维修手册完成纯电动车辆各系统的维护保养项目。

3. 能使用新能源实施汽车故障诊断及拆装设备与仪器对纯电动车辆完成测试、拆装、故障诊断与排除。

三、课程设置

（一）课程内容与"1+X"证书对接

依据《汽车运用与维修（含智能新能源汽车）"1+X"证书制度—职业技能等级标准》中"新能源汽车动力驱动电机电池技术（初、中级）"模块，教学内容对接"1+X"证书中相关知识要求和技能要求，见表1。

表1　教学内容要求及对接"1+X"技能等级证书教学标准

项目	任务	学习活动	"1+X"技能等级证书教学标准	
			技能要求	知识要求
项目1 电动汽车维修安全操作	任务1.1 电动汽车的电气危害与救助	1. 了解高压电能的危害与防护措施 2. 知道高压电能触电急救措施及方法 3. 了解触电危害和触电种类	2-1　初级 1.1.1　能遵守日常车间安全规定和作业流程 1.1.2　能按照安全管理条例整理工具和设备	2-1　初级 1.1.1　日常车间安全规定和作业流程 1.1.2　安全管理条例 1.1.9　疏散路线的标识符号 1.1.10　车间护目镜、耳塞、手套和工作靴的要求及规范 1.1.11　车间服装要求及规范 1.1.12　车间发型要求

续表

项目	任务	学习活动	"1+X"技能等级证书教学标准	
			技能要求	知识要求
项目1 电动汽车维修安全操作	任务1.2 电动汽车的高压安全操作	4.理解高压电气危害和防护方法 5.掌握纯电动汽车用电防护措施	2-1 初级 1.4.5 能在从事高压电作业项目时,作为确保维修人员已参加相关的高压电安全操作培训 1.4.6 能选用达标的专用数字万用表 1.5.4 能在拔下紧急维修开关后,将开关交给专职监护员保管,并确保维修过程中,不会将其插到高压配电箱上 1.5.5 能在断开维修开关5分钟后,使用数字万用表测量高压电回路,确保无电 1.5.6 能在进行高、低压系统调试时,做好相关的安全防护措施 1.5.7 在拆装动力电池总成前,能将高压配电箱连接高压线束插接器用绝缘胶带缠好,并确保在拆装过程中不损坏线束	2-1 初级 1.4.1 高压电作业时,绝缘手套、绝缘胶靴、绝缘胶垫、防护眼镜的选用规格 1.4.2 绝缘手套的检查方法和要求 1.4.3 安全防护用品内部和表面有无水渍的检查和维修方法 1.4.4 监护员监督职责和资格要求 1.4.5 高压电安全操作安全规范
项目2 纯电动汽车的认知	任务2.1 电动汽车概述和分类认知	6.理解纯电动汽车的定义与分类 7.识别纯电动汽车及其分类	2-1 初级 1.2.1 能根据维修项目佩戴安全防护用具 1.2.2 能做好车辆维修前的安全准备,如断开电源	2-1 初级 1.2.1 安全防护用具的使用规范 1.2.2 车辆维修前的安全准备事项
	任务2.2 纯电动汽车整体构造认知	8.理解纯电动汽车整体构造与工作原理 9.理解纯电动汽车部件构成	无	无

续表

项目	任务	学习活动	"1+X"技能等级证书教学标准	
			技能要求	知识要求
项目3 高压线束与高压部件的认知与检修	任务3.1 高压线束与高压部件的认知	10.知道高压线束的识别方法 11.知道高压线束的接头定义	2-1 初级 1.5.1 能识别高压电的部件,包括橙色线束(高压线)、红色电压采样线束(动力电池至电源管理器)、动力电池、高压配电箱、车载充电器、太阳能充电器、驱动电机控制总成、DC与空调驱动器总成、电动力总成、电动压缩机总成、电加热芯片PTC等	2-1 初级 1.5.1 高压电部件的结构和功用 1.5.3 配有智能钥匙系统的车辆的电源关闭方法 1.5.4 紧急维修开关拔下后的管理办法 1.5.5 断开维修开关5分钟后,测量高压电回路有无电的方法 1.5.6 进行高、低压系统调试的安全防护措施
	任务3.2 高压线束与高压部件的检修	12.知道高压线束插头的拔插方法 13.能够安全准确地对高压线束插头进行拔插 14.能对高压线束的工作状态进行确认	2-1 初级 1.5.8 能在检修高压线束、油管等经过车身钣金孔的部件时,检查车身钣金的防护是否正常	2-1 初级 1.5.4 紧急维修开关拔下后的管理办法 1.5.6 进行高、低压系统调试的安全防护措施 1.5.7 将高压配电箱连接高压线束插接器用绝缘胶带缠好的要求 1.5.8 检修高压线束、油管等经过车身钣金孔的部件时,检查车身钣金的防护的要求
项目4 整车控制系统结构原理与检修	任务4.1 整车控制系统的认知	15.理解纯电动汽车整车的控制逻辑及工作原理 16.知道整车控制器的整体构造	无	无
	任务4.2 整车总线控制逻辑故障的检修	17.掌握整车控制系统的拆装	无	无

项目	任务	学习活动	"1+X"技能等级证书教学标准	
			技能要求	知识要求
项目4 整车控制系统结构原理与检修	任务4.3 整车通断电控制故障的检修	18.对整车控制器进行故障诊断 19.正确连接OBD等诊断仪器设备 20.根据检测仪器设备判定整车控制器具体故障	2-1　初级 1.5.4　能在拔下紧急维修开关后,将开关交给专职监护员保管,并确保维修过程中,不会将其插到高压配电箱上 1.5.5　能在断开维修开关5分钟后,使用数字万用表测量高压电回路,确保无电 1.6.4　能立即对拆卸的高压配线用绝缘胶带包扎绝缘 1.6.5　能在进行高压电维修的过程中,使用绝缘工具	2-1　初级 1.5.4　紧急维修开关拔下后的管理办法 1.5.5　断开维修开关5分钟后,测量高压电回路有无电的方法 1.5.6　进行高、低压系统调试的安全防护措施 1.6.4　拆卸的高压配线的绝缘方法 1.6.5　绝缘工具的检查和使用说明 1.6.6　发生异常事故或火灾的处理措施
项目5 动力电池系统结构原理与检修	任务5.1 动力电池系统的认知	21.能掌握动力电池结构原理 22.知道动力电池系统组成 23.认识动力电池系统部件 24.动力电池种类及结构特点 25.动力电池发展趋势及现状	2-1　中级 1.1.1　能拆装、检查和测量动力电池辅助电气元件 1.1.2　能检查、检测和拆装电流传感器 1.1.3　能检测动力电池工作时的温度,确认其是否正常 1.1.4　能检查、检测和拆装动力电池温度传感器 1.1.5　能拆装、检查和检测动力电池组电池单元,更换已损坏的电池单元及电池电缆	2-1　中级 1.1.1　动力电池辅助电气元件拆装和测量方法 1.1.2　电流传感器拆装和测量方法 1.1.3　动力电池工作时温度检测和分析方法 1.1.4　动力电池温度传感器拆装和检测方法 1.1.5　动力电池组电池单元及电缆检测和更换方法
	任务5.2 动力电池的更换	26.对动力电池进行拆装 27.对电动汽车进行举升	2-1　初级 1.1.1　能拆装动力电池组 1.1.2　能检查动力电池组有无泄漏、磕碰 1.1.3　能测量和校正动力电池单体电池的电压和容量,确认是否更换 1.1.4　能检查并更换单体电池 1.1.5　能检查并测量动力电池单体电池的规格、大小、性能是否一致 1.1.6　能检查和记录动力电池标签信息,并核对是否与原厂规格一致	2-1　初级 1.1.1　动力电池组的拆卸流程 1.1.2　动力电池组有无泄漏、磕碰的检查方法 1.1.3　动力电池单体电池的电压和容量测量和校正方法 1.1.4　单体电池检查和更换方法 1.1.5　动力电池单体电池的规格、大小、性能测量方法 1.1.6　动力电池标签信息判读方法

续表

项目	任务	学习活动	"1+X"技能等级证书教学标准	
			技能要求	知识要求
项目5 动力电池系统结构原理与检修	任务5.3 动力电池故障的检修	28.对动力电池状态进行诊断 29.对动力电池进行故障诊断 30.对动力电池进行维护保养	2-1 初级 1.1.7 能检查动力电池的电池托盘和防撞杆,确认是否更换 1.1.8 能检查动力电池高压线束及接插件是否松动、引脚是否烧蚀 1.1.9 能检查高压部件是否有涉水痕迹 1.1.10 能测量动力电池壳体及电缆的绝缘电阻和漏电量	2-1 初级 1.1.7 动力电池的电池托盘和防撞杆的检查和更换方法 1.1.8 动力电池高压线束及接插件的检查方法 1.1.9 高压部件是否有涉水痕迹的检查方法 1.1.10 动力电池壳体及电缆的绝缘电阻和漏电量的测量方法
项目6 驱动电机及控制系统结构原理与检修	任务6.1 驱动电机系统的认知	31.驱动电机及控制系统组成及工作原理 32.驱动电机种类及结构特点 33.驱动电机发展趋势	2-1 初级 1.1.1 能查找和确认电机的代码和编号	2-1 初级 1.1.1 电机的代码和编号说明
	任务6.2 电机控制系统的认知	34.电机控制器及系统线路安装 35.电机控制系统控制逻辑及发展现状	2-1 中级 1.2.1 能检测驱动电机控制器插头各端子电阻、电压 1.2.2 能检测驱动电机控制器控制电路电压及导通性	2-1 中级 1.2.1 驱动电机控制器插头各端子电阻、电压的检测方法 1.2.2 驱动电机控制器控制电路电压及导通性的检测方法
	任务6.3 驱动电机及控制系统故障检修	36.对驱动电机进行拆装及结构深度了解 37.对驱动电机系统进行故障诊断 38.对驱动电机进行状态实时监测	2-1 初级 1.1.3 能测量驱动电机的绝缘电阻 1.1.4 能检查驱动电机的线束是否异常 1.1.5 能拆装驱动电机总成 1.1.6 能检查驱动电机线路的绝缘电阻	2-1 初级 1.1.3 驱动电机绝缘电阻测量方法 1.1.4 驱动电机的通信线路的检查方法 1.1.5 驱动电机总成的更换流程 1.1.6 驱动电机线路的绝缘电阻测量方法

项目	任务	学习活动	"1+X"技能等级证书教学标准	
			技能要求	知识要求
项目7 充电系统 结构原理 与检修	任务7.1 快充系统 故障检修	39.了解快充系统组成 40.了解快充系统各端子定义 41.快充系统电路识图 42.快充系统充电流程及原理 43.快充系统拆装及故障诊断	2-1　中级 1.3.1　能拆装直流充电口前保护件、直流充电口、直流充电电缆和插接件 1.3.2　能拆装交流充电口前保护件、交流充电口、交流充电电缆和插接件 1.3.3　能检测互锁对地端对地电阻、电压 1.3.4　能检测高压控制盒线束导通性	2-1　中级 1.3.1　直流充电口前保护件、直流充电口、直流充电电缆和插接件的拆装方法 1.3.2　交流充电口前保护件、交流充电口、交流充电电缆和插接件的拆装方法 1.3.3　互锁对地端对地电阻、电压的检测方法 1.3.4　高压控制盒线束导通性的检测方法
	任务7.2 慢充系统 故障检修	44.了解慢充系统组成 45.了解慢充系统各端子定义 46.慢充系统电路识图 47.慢充系统充电流程及原理 48.慢充系统拆装及故障诊断	2-1　中级 1.3.5　能拆装、检查和检测车载充电机 1.3.6　能检测充电口各端子电阻、电压	2-1　中级 1.3.5　车载充电机的检测方法 1.3.6　充电口各端子电阻、电压的检测方法
	任务7.3 高低压转换系统故障检修	49.了解高低压转换系统工作原理 50.能对高低压转换系统部件进行识别 51.对高低压转换系统进行故障诊断 52.对高低压转换系统进行拆装	无	无

续表

项目	任务	学习活动	"1+X"技能等级证书教学标准	
			技能要求	知识要求
项目8 辅助系统结构原理与检修	任务8.1 制动系统检修	53.了解纯电动汽车制动系统组成及工作原理 54.识别制动系统部件 55.对制动系统进行故障诊断及维护保养	2-2 中级 1.2.1 能检查制动管路和管接头是否泄漏、压凹、扭结、生锈、破裂或磨损、松动 1.2.2 能检查柔性制动软管是否泄漏、扭结、破裂、膨胀或磨损、松动 1.2.3 能制作和安装制动管,并更换软管、管接头和支架	2-2 中级 1.2.1 制动管路和管接头的检查细则 1.2.2 柔性制动软管的检查细则 1.2.3 制动管拆装和制作方法
	任务8.2 冷却系统检修	56.了解冷却系统工作原理及组成 57.了解电动汽车冷却系统工作特点 58.对冷却系统进行拆装	无	无
	任务8.3 电动空调系统故障检修	59.对空调系统电路进行识图 60.对空调系统组成部件进行识别 61.对空调系统进行拆装及维护保养 62.对空调系统进行故障诊断	2-3 初级 1.2.1 能目视检查制冷组件泄漏迹象,确认是否需要维修 1.2.2 能检查电动空调冷凝器是否有气阻,检查、测试、更换冷凝器和固定件 1.2.3 能从用户手册中或车辆标签中找出制冷剂及电动压缩机机油的型号和加注量 1.2.4 能查阅所需的维修资料 1.2.5 能使用解码器读取电动空调系统故障码和数据流	2-3 初级 1.2.1 制冷组件泄漏的迹象目视检查方法 1.2.2 空调冷凝器的检查细则及更换 1.2.3 制冷剂及电动压缩机油的型号判读及加注量查询 1.2.4 维修资料的使用措施 1.2.5 解码器读取电动空调系统故障码和数据流的流程

(二)课程内容支撑课程目标设计

课程内容支撑课程目标设计见表2。

表2　课程内容支撑课程目标设计

课程目标 课程内容	职业素养		通用能力		专业知识					技术技能		
	1	2	1	2	1	2	3	4	5	1	2	3
项目1 电动汽车维修安全操作	H		H							H	H	
项目2 纯电动汽车的认知	M		H								M	
项目3 高压线束与高压部件的认知与检修	H			H		M	M	M	M	H	H	
项目4 整车控制系统结构原理与检修		H	H	H	H							H
项目5 动力电池系统结构原理与检修		H	H	H			H					H
项目6 驱动电机及控制系统结构原理与检修		H	H	H				H				H
项目7 充电系统结构原理与检修		H	H	L					H			
项目8 辅助系统结构原理与检修		H	H	L					H			

注解：1. 根据课程对培养规格的支撑度，可划分为高支撑（H）、中支撑（M）和低支撑（L）。

2. 每门课程任务至少对1项培养规格形成高支撑，或对多项培养规格形成中支撑。

3. 每项培养规格至少有一个任务对其形成高支撑。

四、课程实施安排

课程内容学时分配见表3。

表3　课程内容学时分配

项目	任务	学时		
		理论	实验 实训	小计
项目1 电动汽车维修安全操作	任务1.1　电动汽车的电气危害与救助	1	1	2
	任务1.2　电动汽车的高压安全操作	1	1	2

续表

项目	任务	学时		
		理论	实验实训	小计
项目2 纯电动汽车的认知	任务2.1 电动汽车概述和分类认知	1	2	3
	任务2.2 纯电动汽车整体构造认知	1	2	3
项目3 高压线束与高压部件的认知与检修	任务3.1 高压线束与高压部件的认知	1	2	3
	任务3.2 高压线束与高压部件的检修	1	3	4
项目4 整车控制系统结构原理与检修	任务4.1 整车控制系统的认知	1	2	3
	任务4.2 整车总线控制逻辑故障的检修	1	2	3
	任务4.3 整车通断电控制故障的检修	1	3	4
项目5 动力电池系统结构原理与检修	任务5.1 动力电池系统的认知	2	2	4
	任务5.2 动力电池的更换	1	3	4
	任务5.3 动力电池故障的检修	1	3	4
项目6 驱动电机及控制系统结构原理与检修	任务6.1 驱动电机系统的认知	2	2	4
	任务6.2 电机控制系统的认知	1	3	4
	任务6.3 驱动电机及控制系统故障检修	1	3	4
项目7 充电系统结构原理与检修	任务7.1 快充系统故障检修	2	2	4
	任务7.2 慢充系统故障检修	1	3	4
	任务7.3 高低压转换系统故障检修	1	3	4
项目8 辅助系统结构原理与检修	任务8.1 制动系统检修	1	2	3
	任务8.2 冷却系统检修	1	2	3
	任务8.3 电动空调系统故障检修	1	2	3
合计		24	48	72

五、教学评价

（一）课程目标达成度评价权重

课程目标达成度分为子课程目标达成度和总课程目标达成度。课程内容支撑课程目标达成,课程内容支撑各子课程目标的权重见表4。

表4 课程内容支撑课程目标权重表

课程内容		项目1	项目2	项目3	项目4	项目5	项目6	项目7	项目8	∑子课程目标达成度	∑总课程目标评价值
职业素养	1 具有良好的职业素质和工匠精神	0.4	0.2	0.4						1	0.05
	2 具有吃苦耐劳、爱岗敬业的精神				0.2	0.2	0.2	0.2	0.2	1	0.05
通用能力	1 具有认真观察,自我学习的能力				0.2	0.2	0.2	0.2	0.2	1	0.1
	2 具有时间规划、制订计划的能力				0.2	0.2	0.2	0.2	0.1	0.1	1	0.1
专业知识	1 知道电动汽车的电气危害、救助步骤、高压安全操作步骤、整体构造及分类	0.5	0.5							1	0.1
	2 能识别整车控制系统的相关组成部件、工作原理及检查、维护、维修方法和流程			0.2	0.8					1	0.1
	3 能识别动力电池系统的相关组成部件、工作原理及检查、维护、维修方法和流程			0.2		0.8				1	0.1
	4 能识别驱动电机系统的相关组成部件、工作原理及检查、维护、维修方法和流程			0.2			0.8			1	0.1
	5 能识别充电及辅助系统的相关组成部件、工作原理及检查、维护、维修方法和流程			0.2				0.4	0.4	1	0.1
技术技能	1 能够完成纯电动汽车的检测准备工作	0.6		0.4						1	0.05
	2 能按维修手册纯电动车辆各系统实施维护保养项目并安全完成保养作业	0.4	0.2	0.4						1	0.05
	3 能使用新能源汽车故障诊断及拆装设备与仪器对纯电动车辆完成测试、拆装、故障诊断与排除	0.1		0.1	0.2	0.2	0.2	0.1	0.1	1	0.1
∑ 本课程目标达成度											1

(二)评价方式

课程评价采用过程评价与期末终结性鉴定相结合的鉴定方式,采用线上评价与线下评价、理论评价与实操评价的方式进行,具体权重设置见表5。

表5　成绩指标权重表

一级指标	二级指标	三级指标	
平时测评 50%	线上学习 40%	参与度	40%
		线上作业	30%
		线上测验	20%
		线上考试	10%
	课堂活动 10%	考勤	70%
		课堂表现	30%
	学习工作页 50%	项目1学习工作页	10%
		项目2学习工作页	10%
		项目3学习工作页	10%
		项目4学习工作页	20%
		项目5学习工作页	20%
		项目6学习工作页	10%
		项目7学习工作页	10%
		项目8学习工作页	10%
期末测评50%	期末考试100%		

◇注意事项

课程任课教师要按照课程考核要求实施考核,注意做好学习过程、到课情况、平时作业、实验(践)情况、考核情况的相关记录,作为学生最终评定成绩的明确依据,并与成绩册一同形成成绩档案保存。

六、实施保障

(一)师资队伍

本课程专(兼)职教师应具有良好的师德师风、扎实的专业相关理论水平、中级及以上相关专业职称或技师资格担任课堂理实一体化教学。

(二)教学实施

本专业应设有新能源汽车实训中心,提供足够的教学设备。台套数能同时满足3个班的教学,按照4~5人/台配备。

具体包括:纯电动汽车、新能源汽车维修一体化工具,新能源汽车故障诊断仪器,新能源汽车专用绝缘表、数字钳形万用表、防护用品、新能源汽车动力总成拆装实训系统、新能源汽车充电设备装配与调试实训系统、交流充电智能实训台、动力电池管理系统智能实训台、动力电池升降平台等。

（三）教学资源

1. 教材资源

按照国家教材选用原则和要求选用教材。

2. 网络资源

新能源汽车技术专业"纯电动汽车构造与检修"慕课。

（四）教学方法和手段

教学应立足于培养学生实际操作能力、职业素养等，采用任务驱动教学法、合作探究法、仿真教学法、小组讨论、案例分析、教师示范、角色扮演等多种以学生为中心的教学方法，让学生在"做中学""学中做"。在教学过程中，要运用多媒体、现代信息技术、实物等辅助资源教学，帮助学生理解纯电动汽车结构和工作原理，故障排除的工作流程和策略，关注本专业领域的新知识、新技术、新工艺、新设备、环保等发展和变化，培养学生良好的质量意识、服务意识、环保意识，提高学生应对职业变化的能力，促进学生职业生涯的发展。

"混合动力汽车装调与检修"课程教学标准

一、课程概述

（一）课程教学标准依据

本课程教学标准根据《汽车制造试验和售后服务技术人员能力标准》中的 QPBXN01 混合动力汽车与纯电动汽车整车控制系统性能测试、QPBXN02 混合动力汽车的电气部件测试和维护，依据新能源汽车技术专业人才培养方案，根据教育部《高等职业学校新能源汽车技术专业教学标准》要求，对接《智能新能源汽车职业技能等级证书》标准中"新能源汽车动力驱动电机电池技术"模块进行制定。

（二）课程类型

本课程是新能源汽车技术专业的专业核心课程，共72学时。本课程是在学习纯电动汽车装调与检修后的一门理实一体化课程。

（三）课程功能

本课程实现专业人才培养规格要求，发挥课程思政功能，落实立德树人根本任务，育训结合，支持专业教学目标达成和《智能新能源汽车职业技能等级证书》获取，培养学习者对混合动力汽车进行安装与调试的能力。

二、课程目标

学习者通过对该课程的学习，能更好地遵守混合动力汽车安装与调试的安全规定，正确、安全地完成对混合动力汽车构造、原理的认识，并正确、安全地实施混合动力汽车装调及具备对应的能力。该能力由以下方面组成：

（一）职业素养

1.具有良好的职业素质和工匠精神。

2.具有吃苦耐劳、爱岗敬业的精神。

（二）通用能力

1.具有认真观察、自我学习的能力。

2.具有查询资料、收集信息、分析解决问题的能力。

（三）专业知识

1.知道混合动力汽车的分类、特点及高压安全操作步骤、救助步骤。

2.能识别动力电池的相关组成部件、工作原理及装调的方法和流程。

3.能识别动力系统的相关组成部件、工作原理及装调的方法和流程。

4.能识别辅助系统的相关组成部件、工作原理及装调的方法和流程。

5.能识别混合动力汽车整车装调的方法和流程。

（四）技术技能

1.能够完成混合动力汽车装调的准备工作。

2.能按维修手册对混合动力车辆各系统制订安装与调试项目计划并安全完成作业。

3.能使用混合动力汽车故障诊断及拆装设备与仪器对混合动力车辆完成拆装、测试及装调。

三、课程设置

（一）课程内容和"1+X"证书对接

依据《汽车运用与维修（含智能新能源汽车）"1+X"证书制度—职业技能等级标准》标准中"新能源汽车动力驱动电机电池技术（初级）"模块，将混合动力汽车结构、原理及装调工作任务、教学内容对接"1+X"证书相关职业技能等级教学标准中对应的知识要求和技能要求，见表1。

表1 教学内容要求及对接"1+X"技能等级证书教学标准

项目	任务	学习活动	"1+X"技能等级证书教学标准	
			技能要求	知识要求
项目1混合动力汽车的认知	任务1.1认识混合动力汽车的分类	1.认识混合动力汽车的定义2.认识微混合与轻混合动力系统	无	无

项目	任务	学习活动	"1+X"技能等级证书教学标准	
			技能要求	知识要求
项目1 混合动力汽车的认知	任务1.2 认识混合动力汽车的特点	3.认识串联式混合动力汽车结构特点 4.认识并联式混合动力汽车结构特点 5.认识混联式混合动力汽车结构特点	无	无
项目2 高压安全操作	任务2.1 认识电气危害与急救措施	6.认识高压电能的危害与防护措施 7.认识高压电能触电急救措施及方法 8.认识触电危害和触电种类	2-1　初级 1.1.1　能遵守日常车间安全规定和作业流程 1.1.2　能按照安全管理条例整理工具和设备 2-1　初级 1.4.1　能在高压电作业时,佩戴绝缘手套(防高压电和防电解液)、绝缘胶靴、绝缘胶垫、防护眼镜,并检验其耐压等级大于所作业车辆的最高电压 1.4.2　能在作业前,检查绝缘手套是否有破损、破洞或裂纹等,应在确认完好无损后,再可进行作业 1.4.3　能在作业前,检查所有的安全防护用品内部和表面有无水渍,确保内外干燥、整洁后,方可作业	2-1　初级 1.1.1　日常车间安全规定和作业流程 1.1.2　安全管理条例 2-1　初级 1.4.1　高压电作业时,绝缘手套、绝缘胶靴、绝缘胶垫、防护眼镜的选用规格 1.4.2　绝缘手套的检查方法和要求 1.4.3　安全防护用品内部和表面有无水渍的检查和维修方法
	任务2.2 执行高压系统安全操作规范	9.认识高压电气危害和防护方法 10.实施混合动力汽车用电防护措施	2-1　初级 1.4.4　能在作业前,安排监护员监督和检查维修过程,并对维修过程进行必要的指挥。如没有监护员的情况,则不得进行作业 1.4.5　监护员能在从事高压电作业项目时,确保维修人员已参加相关的高压电安全操作培训 1.4.6　能选用达标的专用数字万用表	2-1　初级 1.4.4　监护员监督职责和资格要求 1.4.5　高压电安全操作规范 1.4.6　万用表的选用规格

续表

项目	任务	学习活动	"1+X"技能等级证书教学标准	
			技能要求	知识要求
项目3 动力电池 装调	任务3.1 认识动力 电池结构 原理	11.认识动力电池的定义 12.认识动力电池结构原理 13.认识动力电池种类及结构特点	2-1 初级 1.1.3 能正确使用卧式千斤顶和千斤顶支架 1.1.4 能正确使用举升机举升车辆	2-1 初级 1.1.3 卧式千斤顶和千斤顶支架的使用安全规范 1.1.4 举升机的使用安全规范
	任务3.2 认识BMS 系统结构 原理	14.认识动力电池管理系统的作用 15.认识动力电池系统组成 16.认识动力电池管理系统部件	2-1 初级 1.1.1 能拆装动力电池组 1.1.2 能检查动力电池组有无泄漏、磕碰 1.1.3 能测量和校正动力电池单体电池的电压和容量,确认是否更换 1.1.4 能检查并更换单体电池 1.1.5 能检查并测量动力电池单体电池的规格、大小、性能是否一致 1.1.6 能检查和记录动力电池标签信息,并核对是否与原厂规格一致	2-1 初级 1.1.1 动力电池组的拆卸流程 1.1.2 动力电池组有无泄漏、磕碰的检查方法 1.1.3 动力电池单体电池的电压、容量测量和校正方法 1.1.4 单体电池的检查和更换方法 1.1.5 动力电池单体电池的规格、大小、性能测量方法 1.1.6 动力电池标签信息的判读方法
项目4 动力系统 装调	任务4.1 认识电动机 结构原理	17.认识前驱动电机控制器 18.认识BSG电机控制器 19.认识电机控制器电子元件与电路	2-1 初级 1.1.1 能查找和确认电机的代码和编号 1.2.1 能检查电机控制器工作情况	2-1 初级 1.1.1 电机的代码和编号说明 1.2.1 控制器工作情况的检查方法
	任务4.2 认识动力 系统结构 原理	20.认识混合动力汽车发动机参数、组成和安装位置 21.认识混合动力汽车变速装置和驱动桥结构、参数和工作原理	2-1 初级 1.1.6 能进行动力总成的拆装 1.1.8 能对变速器总成进行拆装	2-1 初级 1.1.6 动力总成的拆装流程和安全措施 1.1.8 变速器总成的拆装流程

项目	任务	学习活动	"1+X"技能等级证书教学标准	
			技能要求	知识要求
项目5 辅助系统装调	任务5.1 认识制动能量回收系统结构原理	22.认识制动能量回收的定义 23.认识制动能量回收的原理、优点及方式 24.认识制动能量回收系统类型及影响因素	无	无
	任务5.2 认识空调系统结构原理	25.认识空调系统结构和工作原理 26.认识混合动力汽车空调系统技术	无	无
项目6 混合动力汽车整车装调	任务6.1 实施混合动力汽车的维护保养	27.认识混合动力汽车的高压系统结构原理 28.认识操作前的注意事项 29.认识维护劳动安全	2-1 初级 1.1.1 能将解码器正确连接至DLC诊断接口 1.1.2 能通过解码器读取车辆信息 1.1.3 能诊断解码器无法读取车辆信息的故障	2-1 初级 1.1.1 解码器正确连接至DLC诊断接口的检查方法 1.1.2 通过解码器读取车辆信息的方法 1.1.3 解码器无法读取车辆信息的故障原因解析
	任务6.2 实施混合动力汽车的整车装调	30.认识高压系统故障指示灯含义 31.认识混合动力汽车故障诊断仪的使用方法 32.实施混合动力汽车故障诊断仪的使用	2-1 初级 1.2.1 能使用解码器读取动力系统控制模块的版本信息 1.2.2 能使用解码器读取和清除动力系统控制模块的所有故障码 1.2.3 能使用解码器读取动力系统控制模块的数据流,判断是否异常	2-1 初级 1.2.1 读取动力系统控制模块版本信息方法 1.2.2 读取动力系统控制模块的所有故障码的方法 1.2.3 读取动力系统数据流的方法

(二)课程内容支撑课程目标设计

课程内容支撑课程目标设计见表2。

表2　课程内容支撑课程目标设计

课程目标＼课程内容	职业素养		通用能力		专业知识					技术技能		
	1	2	1	2	1	2	3	4	5	1	2	3
任务1.1 认识混合动力汽车的分类	H		M		M							
任务1.2 认识混合动力汽车的特点		H		H	M							
任务2.1 认识电气危害与急救措施	M		H		H					M		
任务2.2 执行高压系统安全操作规范					H					H		
任务3.1 认识动力电池结构原理			M			H					H	
任务3.2 认识BMS系统结构原理						H					M	
任务4.1 认识电动机结构原理				M			H				H	
任务4.2 认识动力系统结构原理							H				M	
任务5.1 认识制动能量回收系统结构原理								H				
任务5.2 认识空调系统结构原理								H				
任务6.1 实施混合动力汽车的维护保养				M					H			H
任务6.2 实施混合动力汽车的整车装调				M					H			H

四、课程实施安排

课程内容学时分配见表3。

表3　课程内容学时分配

项目	任务	学时		
		理论	实验实训	小计
项目1 混合动力汽车的认知	任务1.1　认识混合动力汽车的分类	1	1	2
	任务1.2　认识混合动力汽车的特点	1	1	2
项目2 高压安全操作	任务2.1　认识电气危害与急救措施	1	1	2
	任务2.2　执行高压系统安全操作规范	1	1	2
项目3 动力电池装调	任务3.1　认识动力电池结构原理	2	2	4
	任务3.2　认识BMS系统结构原理	2	2	4
项目4 动力系统装调	任务4.1　认识电动机结构原理	4	4	8
	任务4.2　认识动力系统结构原理	4	4	8
项目5 辅助系统装调	任务5.1　认识制动能量回收系统结构原理	4	4	8
	任务5.2　认识空调系统结构原理	4	4	8
项目6 混合动力汽车整车装调	任务6.1　实施混合动力汽车的维护保养	6	6	12
	任务6.2　实施混合动力汽车的整车装调	6	6	12
合计		36	36	72

五、教学评价

（一）课程目标达成度评价权重

课程目标达成度分为子课程目标达成度和总课程目标达成度。课程内容支撑课程目标达成,课程内容支撑各子课程目标的权重见表4。

表4　课程内容支撑课程目标权重表

课程内容	课程目标 权重	支撑课程内容												课程目标达成度	
		任务1.1	任务1.2	任务2.1	任务2.2	任务3.1	任务3.2	任务4.1	任务4.2	任务5.1	任务5.2	任务6.1	任务6.2	∑子课程目标达成度	∑总课程目标评价值
职业素养	1 具有良好的职业素质和工匠精神	0.7		0.3										1	0.05
	2 具有吃苦耐劳、爱岗敬业的精神		0.5									0.25	0.25	1	0.05

续表

课程内容	课程目标 / 权重	任务1.1	任务1.2	任务2.1	任务2.2	任务3.1	任务3.2	任务4.1	任务4.2	任务5.1	任务5.2	任务6.1	任务6.2	∑子课程目标达成度	∑总课程目标评价值
通用能力	1 具有认真观察、自我学习的能力	0.25		0.5		0.25								1	0.05
通用能力	2 具有查询资料、收集信息、分析解决问题的能力		0.7					0.3						1	0.05
专业知识	1 知道混合动力汽车的分类、特点及高压安全操作步骤、救助步骤	0.2	0.2	0.3	0.3									1	0.1
专业知识	2 能识别动力电池的相关组成部件、工作原理及装调的方法和流程					0.5	0.5							1	0.1
专业知识	3 能识别动力系统的相关组成部件、工作原理及装调的方法和流程							0.5	0.5					1	0.1
专业知识	4 能识别辅助系统的相关组成部件、工作原理及装调的方法和流程									0.5	0.5			1	0.1
专业知识	5 能识别混合动力汽车整车装调的方法和流程											0.5	0.5	1	0.1
技术技能	1 能够完成混合动力汽车装调的准备工作			0.4	0.6									1	0.1
技术技能	2 能按维修手册对混合动力车辆各系统制订安装与调试项目计划并安全完成作业					0.3	0.2	0.3	0.2					1	0.1
技术技能	3 能使用混合动力汽车故障诊断及拆装设备与仪器对混合动力车辆完成拆装、测试及装调											0.5	0.5	1	0.1
	∑ 本课程目标达成度														1

说明:对课程内容的考核为在教学过程中对任务模块进行随堂测验或实践考核等的评分。

（二）评价方式

课程评价采用平时测评与期末终结性鉴定相结合的鉴定方式,采用线上评价与线下评价、理论评价与实操评价的方式进行,具体权重设置见表5。

表5　成绩指标权重表

一级指标	二级指标	三级指标	
平时测评 50%	线上学习 40%	参与度	40%
		线上作业	40%
		线上测验	20%
	课堂活动 20%	考勤	70%
		课堂表现	30%
	学习工作页 40%	任务 1.1 学习工作页	5%
		任务 1.2 学习工作页	5%
		任务 2.1 学习工作页	5%
		任务 2.2 学习工作页	5%
		任务 3.1 学习工作页	10%
		任务 3.2 学习工作页	10%
		任务 4.1 学习工作页	10%
		任务 4.2 学习工作页	10%
		任务 5.1 学习工作页	10%
		任务 5.2 学习工作页	10%
		任务 6.1 学习工作页	10%
		任务 6.2 学习工作页	10%
期末测评 50%	期末考试 100%		

六、实施保障

（一）师资队伍

本课程专(兼)职教师应具有良好的师德师风、扎实的专业相关理论水平、中级及以上相关专业职称或技师资格担任课堂理实一体化教学。

(二)教学设施

本专业应设有汽车整车实训中心,其中混合动力汽车实训基地为《混合动力汽车装调与检修》课程提供了足够的教学条件。台套数能同时满足3个班的教学,按照4～5人/台配备。

具体包括:混合动力教学车辆、专用工具(新能源维修一体化工具、新能源汽车故障诊断仪器、新能源汽车专用绝缘表、数字钳形万用表等)、新能源汽车动力总成拆装实训系统及新能源汽车充电设备装配与调试实训系统、交流充电智能实训台、动力电池管理系统智能实训台、动力电池升降平台等。

(三)教学资源

1. 教材资源

按照国家教材选用原则和要求选用教材。

2. 网络资源

新能源汽车技术专业教学资源库。

(四)教学方法和手段

教学应立足于培养学生实际操作能力、职业素养等,采用任务驱动教学法、合作探究法、仿真教学法、小组讨论、案例分析、教师示范、角色扮演等多种以学生为中心的教学方法,让学生在"做中学""学中做"。在教学过程中,应运用多媒体、现代信息技术、实物等辅助资源教学。

"新能源汽车充电系统装调"课程教学标准

一、课程概述

(一)课程教学标准依据

本课程教学标准根据《汽车制造试验和售后服务技术人员能力标准》中的 QPBXM01 纯电动汽车高压电池与充电系统测试与检修,依据新能源汽车技术专业人才培养方案,根据教育部《高等职业学校新能源汽车技术专业教学标准》要求,对接《智能新能源汽车职业技能等级证书》标准中"新能源汽车动力驱动电机电池技术"模块进行制定。

(二)课程类型

本课程是新能源汽车技术专业的专业核心课程,共48学时。本课程是在学习汽车电路系统检测与维修、汽车维护、纯电动汽车构造与检修后的一门理实一体化课程。

(三)课程功能

本课程实现专业人才培养规格要求,发挥课程思政功能,落实立德树人根本任务,育训结合,支持专业教学目标达成和《智能新能源汽车职业技能等级证书》获取,培养学习者对新能源汽车充电系统进行故障诊断与排除的能力。

二、课程目标

学习者通过对该课程的学习,能更好地遵守新能源汽车维修安全规定,正确、安全地完成新能源汽车充电系统的诊断、维修及检测并具备对应的能力。该能力由以下几方面组成:

(一)职业素养

1.具有良好的职业素质和工匠精神。

2.具有吃苦耐劳、爱岗敬业的精神。

(二)通用能力

1.具有认真观察、自我学习能力。

2.具有时间规划、制订计划的能力。

(三)专业知识

1.知道新能源汽车的充电设备和充电操作步骤。

2.知道新能源汽车的充电方式和典型车载充电系统。

3.知道新能源汽车慢充系统、快充系统和高低压转换系统的结构原理。

4.知道新能源汽车充电站的设计和运行。

(四)技术技能

1.能按照厂家提供的维修教学标准正确地为新能源汽车充电。

2.能按照厂家提供的维修教学标准正确识别新能源汽车充电系统各部件。

3.能按照厂家提供的维修教学标准正确检修新能源汽车慢充系统、快充系统和高低压转换系统。

三、课程设置

(一)课程内容和"1+X"证书对接

依据《智能新能源汽车职业技能等级证书》标准中"汽车动力与驱动系统综合分析技术(初、中、高级)"模块,将新能源汽车充电系统工作任务、教学内容对接"1+X"证书中知识要求和技能要求,见表1。

表 1 教学内容要求及对接"1+X"技能等级证书教学标准

项目	任务	学习活动	"1+X"技能等级证书教学标准	
			技能要求	知识要求
项目 1 新能源汽车充电系统的认知与使用	任务 1.1 充电设备的认知	1. 车载充电机铭牌参数认知 2. 直流充电桩铭牌参数认知 3. 交流充电桩铭牌参数认知 4. 交流充电口电气教学标准认知 5. 交流充电插头电气教学标准认知 6. 直流充电口电气教学标准认知 7. 直流充电插头电气教学标准认知	2-1 中级 1.5.1 能识别高压电的部件,包括橙色线束(高压线)、红色电压采样线束(动力电池至电源管理器)、动力电池、高压配电箱、车载充电器、太阳能充电器、驱动电机控制总成、DC 与空调驱动器总成、电动力总成、电动压缩机总成、电加热芯片 PTC 等	2-1 中级 1.5.1 高压电的部件的结构和功用
	任务 1.2 新能源汽车充电操作	8. 直流充电柜认知及充电操作步骤 9. 交流充电桩认知及充电操作步骤 10. 壁挂式单相交流充电盒认知及充电操作步骤 11. 家用充电机认知及充电操作步骤	无	无
项目 2 新能源汽车充电方式及原理认知	任务 2.1 新能源汽车充电方式认知	12. 恒流充电方式认知 13. 恒压充电方式认知 14. 新能源汽车充电方式认知	无	无

续表

项目	任务	学习活动	"1+X"技能等级证书教学标准	
			技能要求	知识要求
项目2 新能源汽车充电方式及原理认知	任务2.2 典型车辆车载充电系统认知	15.车载充电机安装位置认知 16.车载充电机更换方法 17.车载充电机更换后的检查	2-1　中级 1.3.5　能拆装、检查和检测车载充电机	2-1　中级 1.3.5　车载充电机的检测方法
项目3 充电系统结构原理与检修	任务3.1 快充系统结构原理与检修	18.快充系统结构原理认知 19.快充系统检修	2-1　中级 1.3.6　能检测充电口各端子电阻、电压 2-1　高级 1.3.2　能诊断不能充电、充电慢的故障	2-1　中级 1.3.6　充电口各端子电阻、电压的检测方法 2-1　高级 1.3.2　不能充电、充电慢的故障诊断策略
	任务3.2 慢充系统结构原理与检修	20.慢充系统结构原理认知 21.慢充系统检修	2-1　中级 1.3.6　能检测充电口各端子电阻、电压 2-1　高级 1.3.2　能诊断不能充电、充电慢的故障	2-1　中级 1.3.6　充电口各端子电阻、电压的检测方法 2-1　高级 1.3.2　能诊断不能充电、充电慢的故障
	任务3.3 高低压转换系统故障检修	22.高低压转换系统结构原理认知 23.高低压转换系统检修	无	无
项目4 电动汽车充电站的设计与运行	任务4.1 电动汽车充电站的认知	24.电动汽车充电站的认知	无	无
	任务4.2 充电站的建设	25.电动汽车充电站的建设方法认知	无	无

（二）课程内容支撑课程目标设计

课程内容支撑课程目标设计见表2。

表2　课程内容支撑课程目标设计

课程目标 课程内容	职业素养		通用能力		专业知识				技术技能		
	1	2	1	2	1	2	3	4	1	2	3
任务1.1　充电设备的认知			H		H						

续表

课程内容 ＼ 课程目标	职业素养		通用能力		专业知识				技术技能		
	1	2	1	2	1	2	3	4	1	2	3
任务1.2　新能源汽车充电操作	H		H		H				H		
任务2.1　新能源汽车充电方式认知			H			H			H		
任务2.2　典型车辆车载充电系统认知		H		H		H			H		
任务3.1　快充系统结构原理与检修	H	H	H	H			H			H	H
任务3.2　慢充系统结构原理与检修	H	H	H	H			H			H	H
任务3.3　高低压转换系统故障检修	H	H	H	H			H			H	H
任务4.1　电动汽车充电站的认知	H		H					H			
任务4.2　充电站的建设	H		H					H			

四、课程实施安排

课程内容学时分配见表3。

表3　课程内容学时分配

项目	任务	学时		
		理论	实验实训	小计
项目1 新能源汽车充电系统的认知与使用	任务1.1　充电设备的认知	2	0	2
	任务1.2　新能源汽车充电操作	0	2	2
项目2 新能源汽车充电方式及原理认知	任务2.1　新能源汽车充电方式认知	2	0	2
	任务2.2　典型车辆车载充电系统认知	0	2	2
项目3 充电系统结构原理与检修	任务3.1　快充系统结构原理与检修	4	10	14
	任务3.2　慢充系统结构原理与检修	4	10	14
	任务3.3　高低压转换系统故障检修	2	6	8

续表

项目	任务	学时		
		理论	实验实训	小计
项目4 电动汽车充电站的设计与运行	任务4.1　电动汽车充电站的认知	2	0	2
	任务4.2　充电站的建设	2	0	2
合计		18	30	48

五、教学评价

（一）课程目标达成度评价权重

课程目标达成度分为子课程目标达成度和总课程目标达成度。课程内容支撑课程目标达成,课程内容支撑各子课程目标的权重,见表4。

表4　课程内容支撑课程目标权重表

课程内容 \ 课程目标（权重）		支撑课程内容									课程目标达成度	
		任务1.1	任务1.2	任务2.1	任务2.2	任务3.1	任务3.2	任务3.3	任务4.1	任务4.2	∑子课程目标达成度	∑总课程目标评价值
职业素养	1　具有良好的职业素质和工匠精神		0.2			0.2	0.2	0.2	0.1	0.1	1	0.1
	2　具有吃苦耐劳、爱岗敬业的精神				0.2	0.3	0.3	0.2			1	0.1
通用能力	1　具有认真观察、自我学习的能力	0.1	0.1	0.1		0.2	0.2	0.1	0.1	0.1	1	0.1
	2　具有时间规划、制订计划的能力				0.2	0.3	0.3	0.2			1	0.05
专业知识	1　知道新能源汽车的充电设备和充电操作步骤	0.4	0.6								1	0.1
	2　知道新能源汽车的充电方式和典型车载充电系统			0.5	0.5						1	0.1
	3　知道新能源汽车慢充系统、快充系统和高低压转换系统的结构原理					0.4	0.4	0.2			1	0.1
	4　知道新能源汽车充电站的设计和运行原理								0.5	0.5	1	0.05

续表

课程目标	支撑课程内容									课程目标达成度	
权重 课程内容	任务1.1	任务1.2	任务2.1	任务2.2	任务3.1	任务3.2	任务3.3	任务4.1	任务4.2	∑子课程目标达成度	∑总课程目标评价值
技术技能	1 能按照厂家提供的维修教学标准正确地为新能源汽车充电		0.3	0.3	0.4						1	0.1
	2 能按照厂家提供的维修教学标准正确识别新能源汽车充电系统各部件					0.4	0.4	0.2			1	0.1
	3 能按照厂家提供的维修教学标准正确检修新能源汽车慢充系统、快充系统和高低压转换系统					0.4	0.4	0.2			1	0.1
∑ 本课程目标达成度												1

说明:对课程内容的考核为在教学过程中对任务模块进行随堂测验或实践考核等的评分。

(二)评价方式

课程评价采用平时测评与期末终结性鉴定相结合的鉴定方式,采用线上评价与线下评价、理论评价与实操评价的方式进行,具体权重设置见表5。

表5 成绩指标权重表

一级指标	二级指标	三级指标	
平时测评 50%	线上学习 40%	参与度	40%
		线上作业	30%
		线上测验	20%
		线上考试	10%
	课堂活动 10%	考勤	50%
		课堂表现	50%
	学习工作页 50%	任务1.1学习工作页	20%
		任务1.2学习工作页	10%
		任务2.1学习工作页	10%
		任务2.2学习工作页	10%
		任务3.1学习工作页	10%
		任务3.2学习工作页	10%
		任务3.3学习工作页	10%
		任务4.1学习工作页	10%
		任务4.2学习工作页	10%
期末测评50%	期末考试100%		

六、实施保障

(一)师资队伍

本课程专(兼)职教师应具有良好的师德师风、扎实的专业相关理论水平、中级及以上相关专业职称或技师资格担任课堂理实一体化教学、实践教学。

(二)教学设施

本专业为设有纯电动汽车实训基地为"新能源汽车充电系统装调"课程提供了足够的教学条件。台套数能同时满足3个班的教学,按照4~5人/台配备。

具体包括:纯电动教学车辆、专用工具(新能源维修一体化工具、新能源汽车故障诊断仪器、新能源汽车专用绝缘表、数字钳形万用表等工具)、相关设备(新能源汽车动力总成拆装实训系统、新能源汽车充电设备装配与调试实训系统、交流充电智能实训台、动力电池管理系统智能实训台)。

(三)教学资源

1. 教材资源

按照国家教材选用原则和要求选用教材。

2. 网络资源

智慧职教课程平台"新能源汽车充电系统构造与检修"课程。

(四)教学方法和手段

教学应立足于培养学生实际操作能力、职业素养等,采用任务驱动教学法、合作探究法、仿真教学法、小组讨论、案例分析、教师示范、角色扮演等多种以学生为中心的教学方法,让学生在"做中学""学中做"。在教学过程中,应运用多媒体、现代信息技术、实物等辅助资源教学。

"新能源汽车动力电池系统装调与检修"课程教学标准

一、课程概述

(一)课程教学标准依据

本课程教学标准根据《汽车制造试验和售后服务技术人员能力标准》中的 QPBXM01 纯电动汽车高压电池与充电系统测试与检修,依据新能源汽车技术专业人才培养方案,根据教育部《高等职业学校新能源汽车技术专业教学标准》要求,对接《智能新能源汽车职业技能等级证书》标准中"新能源汽车动力驱动电机电池技术"模块进行制定。

(二)课程类型

本课程是新能源汽车技术专业的专业核心课程,共48课时。本课程是在学习电动汽车检查与维护、纯电动汽车构造与检修后的一门理实一体化课程。

（三）课程功能

本课程实现专业人才培养规格要求,发挥课程思政功能,落实立德树人根本任务,育训结合,支持专业教学目标达成和《汽车运用与维修职业技能等级教学标准(含新能源汽车)》中《新能源汽车动力驱动电机电池技术等级证书》(中、高级)获取,培养学习者对新能源汽车动力电池系统进行装调与检修的能力。

二、课程目标

本课程的培养目标是学习者通过课程学习后,能具备安全、正确地维修新能源汽车动力电池的能力。该能力由以下方面组成:

（一）职业素养

1.具有良好的职业素质和工匠精神。

2.具有吃苦耐劳、爱岗敬业的精神。

（二）通用能力

1.具有认真观察、自我学习的能力。

2.具有终身学习与专业发展的能力。

（三）专业知识

1.知道有关职场健康安全法规、环境保护法和个人安全要求知识。

2.知道新能源汽车动力电池的作用、结构及分类。

3.知道动力电池的参数及其电池管理系统功能。

4.知道充电系统的结构与工作原理。

5.知道电池冷却系统的结构与工作原理。

（四）技术技能

1.能对动力电池系统进行检查、更换。

2.能对电池管理系统进行检修。

3.能对充电系统进行检修。

4.能对动力电池冷却系统进行检修。

三、课程设置

（一）课程内容和"1+X"证书对接

依据《智能新能源汽车职业技能等级证书》标准中"新能源汽车动力驱动电机电池技术(中、高级)"模块,将新能源汽车电池系统装调与检修工作任务、教学内容对接"1+X"证书中相关知识要求和技能要求,见表1。

表1　教学内容要求及对接"1+X"技能等级证书教学标准

项目	任务	学习活动	"1+X"技能等级证书教学标准	
			技能要求	知识要求
项目1 认识新能源汽车电源系统	任务1.1 新能源汽车发展趋势	1.新能源汽车发展趋势	无	无
	任务1.2 新能源汽车对动力电池性能要求	2.新能源汽车对动力电池性能要求	无	无
项目2 动力电池检修	任务2.1 各类电池的结构及工作原理	3.各类电池的结构及工作原理	1-1　中级 1.1.1　能拆装、检查和测量动力电池辅助电气元件 1.1.2　能检查、检测和拆装电流传感器 1.1.3　能检测动力电池工作时的温度,确认是否正常 1.1.4　能检查、检测和拆装动力电池温度传感器	1-1　中级 1.1.1　动力电池辅助电气元件拆装和测量方法 1.1.2　电流传感器拆装和测量方法 1.1.3　动力电池工作时温度检测和分析方法 1.1.4　动力电池温度传感器拆装和检测方法
	任务2.2 动力电池包拆装及检测	4.动力电池包拆装及检测	1-1　中级 1.1.5　能拆装、检查和检测动力电池组电池单元,更换已损坏的电池单元及电池电缆	1-1　中级 1.1.5　动力电池组电池单元及电缆检测和更换方法
项目3 动力电池管理系统检修	任务3.1 电池管理系统的基本功能	5.电池管理系统的基本功能	无	无
	任务3.2 电池管理系统检修	6.电池管理系统检修	1-1　中级 1.2.1　能检测电池管理器各端子电阻、电压 1.2.2　能检查、检测和拆装电池管理器及电缆 1.2.3　能检测电池管理器通信波形,分析是否正常	1-1　中级 1.2.1　电池管理器各端子电阻、电压检测方法 1.2.2　电池管理器及电缆检测和拆装方法 1.2.3　电池管理器通信波形检测方法
项目4 充电系统检修	任务4.1 直流充电系统检修	7.直流充电系统的组成、功能及检修	1-1　中级 1.3.1　能拆装直流充电口前保护、直流充电口、直流充电电缆和插接件	1-1　中级 1.3.1　直流充电口前保护、直流充电口、直流充电电缆和插接件拆装方法

续表

项目	任务	学习活动	"1+X"技能等级证书教学标准	
			技能要求	知识要求
项目4 充电系统检修	任务4.2 交流充电系统检修	8.交流充电系统组成、工作原理及检修	1-1 中级 1.3.2 能拆装交流充电口前保护、交流充电口、交流充电电缆和插接件	1-1 中级 1.3.2 交流充电口前保护、交流充电口、交流充电电缆和插接件拆装方法
项目5 动力电池冷却系统检修	任务5.1 动力电池冷却系统作用及其工作原理	9.动力电池冷却系统作用及其工作原理	无	无
	任务5.2 动力电池冷却系统检修	10.动力电池冷却系统检修	无	无

(二)课程内容支撑课程目标设计

课程内容支撑课程目标设计见表2。

表2 课程内容支撑课程目标设计

课程目标 / 课程内容	职业素养		通用能力		专业知识					技术技能			
	1	2	1	2	1	2	3	4	5	1	2	3	4
任务1.1 新能源汽车发展趋势	H			H	H								
任务1.2 新能源汽车对动力电池性能要求		H	H		H								
任务2.1 各类电池的结构及工作原理	H		H			H				H			
任务2.2 动力电池包拆装及检测	H			H	H	H				H			
任务3.1 电池管理系统的基本功能		H	H				H				H		
任务3.2 电池管理系统检修		H		H	H		H				H		

课程目标 课程内容	职业素养		通用能力		专业知识					技术技能			
	1	2	1	2	1	2	3	4	5	1	2	3	4
任务4.1 直流充电系统检修	H			H	H			H				H	
任务4.2 交流充电系统检修	H				H			H				H	
任务5.1 动力电池冷却系统作用及其工作原理		H	H						H				H
任务5.2 动力电池冷却系统检修		H		H	H				H				H

四、课程实施安排

课程内容学时分配见表3。

表3　课程内容学时分配

项目	任务	学时		
		理论	实验实训	小计
项目1 新能源汽车电源系统	任务1.1　新能源汽车发展趋势	4	0	4
	任务1.2　新能源汽车对动力电池性能要求	2	0	2
项目2 动力电池检修	任务2.1　各类电池的结构及工作原理	2	2	4
	任务2.2　动力电池包拆装及检测	4	4	8
项目3 动力电池管理系统检修	任务3.1　电池管理系统的基本功能	2	2	4
	任务3.2　电池管理系统检修	2	4	6
项目4 充电系统检修	任务4.1　直流充电系统检修	2	2	4
	任务4.2　交流充电系统检修	2	4	6
项目5 动力电池冷却系统检修	任务5.1　动力电池冷却系统作用及其工作原理	2	2	4
	任务5.2　动力电池冷却系统检修	2	4	6
合计		24	24	48

五、教学评价

(一)课程目标达成度评价权重

课程目标达成度分为子课程目标达成度和总课程目标达成度。课程内容支撑课程目标达成,课程内容支撑各子课程目标的权重见表4。

表4 课程内容支撑课程目标权重表

课程内容 / 课程目标 权重	任务1.1	任务1.2	任务2.1	任务2.2	任务3.1	任务3.2	任务4.1	任务4.2	任务5.1	任务5.2	∑子课程目标达成度	∑总课程目标评价值
职业素养 1 具有良好的职业素质和工匠精神	0.1		0.2	0.2			0.2	0.3			1	0.04
职业素养 2 具有吃苦耐劳、爱岗敬业的精神		0.2		0.2	0.2				0.2	0.2	1	0.04
通用能力 1 具有认真观察、积极思考的能力		0.3	0.3	0.2					0.2		1	0.04
通用能力 2 具有终身学习与专业发展的能力	0.2			0.2	0.2	0.2			0.2		1	0.04
专业知识 1 知道有关职场健康安全法规、环境保护法和个人安全要求知识	0.1	0.2		0.2	0.1	0.1	0.1		0.2		1	0.04
专业知识 2 知道新能源汽车动力电池的作用、结构及分类			0.5	0.5							1	0.1
专业知识 3 知道动力电池的参数及其电池管理系统功能					0.5	0.5					1	0.1
专业知识 4 知道充电系统的结构与工作原理							0.5	0.5			1	0.1
专业知识 5 知道电池冷却系统的结构与工作原理									0.5	0.5	1	0.1
技术技能 1 能对动力电池系统进行检查、更换			0.5	0.5							1	0.1
技术技能 2 能对电池管理系统进行检修					0.5	0.5					1	0.1
技术技能 3 能对充电系统进行检修							0.5	0.5			1	0.1
技术技能 4 能对动力电池冷却系统进行检修									0.5	0.5	1	0.1
∑本课程目标达成度												1

说明:对课程内容的考核为在教学过程中对任务模块进行随堂测验或实践考核等的评分。

(二)评价方式

课程评价采用平时测评与期末终结性鉴定相结合的鉴定方式,采用线上评价与线下评价、理论评价与实操评价的方式进行,具体权重设置见表5。

表5　成绩指标权重表

一级指标	二级指标	三级指标	
平时测评 50%	线上学习 40%	参与度	40%
		线上作业	30%
		线上测验	30%
	课堂活动 10%	考勤	70%
		课堂表现	30%
	学习工作页 50%	项目1学习工作页	20%
		项目2学习工作页	20%
		项目3学习工作页	20%
		项目4学习工作页	20%
		项目5学习工作页	20%
期末测评50%	期末考试100%		

六、实施保障

(一)师资队伍

本课程专(兼)职教师应具有良好的师德师风、扎实的专业相关理论水平、中级及以上相关专业职称或技师资格担任课堂理实一体化教学。

(二)教学实施

本专业设有新能源汽车实训基地为"新能源汽车动力电池系统装调与检修"课程提供了足够的教学条件。台套数能同时满足3个班的教学,按照4~5人/台配备。

具体包括:纯电动教学车辆、专用工具(新能源维修一体化工具、新能源汽车故障诊断仪器、新能源汽车专用绝缘表、数字钳形万用表等)、相关设备(动力电池管理系统智能实训台、动力电池升降平台等)。

(三)教学资源

1. 教材资源

按照国家教材选用原则和要求选用教材。

2. 网络资源

"新能源汽车电池及管理系统检修"慕课。

(四)教学方法和手段

教学应立足于培养学生实际操作能力、职业素养等,采用任务驱动教学法、合作探究法、仿真教学法、小组讨论、案例分析、教师示范、角色扮演等多种以学生为中心的教学方法,让

学生在"做中学""学中做"。在教学过程中,应运用多媒体、现代信息技术、实物等辅助资源教学。

"新能源汽车驱动电机系统装调与检修"课程教学标准

一、课程概述

(一)课程教学标准依据

本课程教学标准根据《汽车制造试验和售后服务技术人员能力标准》中的 QPBXM03 纯电动汽车驱动电机测试与检修,依据新能源汽车技术专业人才培养方案,根据教育部《高等职业学校新能源汽车技术专业教学标准》要求,对接《智能新能源汽车职业技能等级证书》标准中"新能源汽车动力驱动电机电池技术(初、中、高级)"模块进行制定。

(二)课程类型

本课程是新能源汽车技术专业的专业核心课程,是在学习汽车电路系统检测与维修、电动汽车检查与维护后的一门理实一体化课程。

(三)课程功能

本课程实现专业人才培养规格要求,发挥课程思政功能,落实立德树人根本任务,育训结合,支持专业教学目标达成和《智能新能源汽车职业技能等级证书》获取,培养学习者对新能源汽车驱动电机系统进行装调与故障检修的能力。

二、课程目标

学习者通过对该课程的学习,能更好地遵守电动汽车维修安全规定,正确、安全地完成新能源汽车驱动电机系统的诊断、维修及检测并具备对应的能力。该能力由以下几方面组成:

(一)职业素养

1.具有良好的职业素质和工匠精神。

2.具有吃苦耐劳、爱岗敬业的精神。

(二)通用能力

1.具有认真观察、积极思考的能力。

2.具有分析和解决问题的能力。

(三)专业知识

1.知道新能源汽车驱动电机系统的组成和工作原理。

2.知道各类驱动电机的应用、组成、工作原理、检修方法和故障诊断流程。

3.知道电动汽车驱动电机控制系统的组成、工作原理、检修方法和故障诊断流程。

4.知道电动汽车驱动电机冷却系统的组成、工作原理、检修方法和故障诊断流程。

（四）技术技能

1. 能按照厂家提供的维修标准维护、拆卸、装配和诊断各类驱动电机。
2. 能按照厂家提供的维修标准维护、拆卸、装配和诊断电机控制系统。
3. 能按照厂家提供的维修标准维护、拆卸、装配和诊断电机冷却系统。

三、课程设置

（一）课程内容和"1+X"证书对接

依据《智能新能源汽车职业技能等级证书》标准中"新能源汽车动力驱动电机电池技术（初、中级）"模块，将新能源汽车驱动电机控制系统装调与检修工作任务、教学内容对接"1+X"证书中相关知识要求和技能要求，见表1。

表1　教学内容要求及对接"1+X"技能等级证书教学标准

项目	任务	学习活动	"1+X"技能等级证书教学标准	
			技能要求	知识要求
项目1 新能源汽车驱动电机系统基础知识	任务1.1 电学基础知识认知	1.驱动电机电磁基础知识回顾 2.认识 AC/DC 变换电路 3. 认识 PWM 整流电路 4.认识 DC/DC 变换电路 5.认识 DC/AC 变换电路	无	无
	任务1.2 电机基础知识认知	6.驱动电机发展现状及趋势 7.电动汽车对驱动电机的特性要求 8.驱动电机系统的基本组成 9.驱动电机的主要性能参数 10.电动汽车驱动电机选择依据 11.驱动电机系统的典型结构	2-1 初级 1.1.1 能查找和确认电机的代码和编号	2-1 初级 1.1.1 电机的代码和编号说明

续表

项目	任务	学习活动	"1+X"技能等级证书教学标准	
			技能要求	知识要求
项目2 电动汽车 直流电机 检修	任务2.1 直流电机 结构原理	12.直流电机的 发展历史 13.直流电机的 基本结构 14.直流电机的 工作原理	无	无
	任务2.2 直流电机 检修	15.直流电机的 拆装 16.直流电机的 检修	2-1 初级 1.1.5 能拆装驱动电机 总成 1.1.7 能清洁驱动电机 壳体 2-1 中级 1.1.2 能拆装、清洗和检查 驱动电机端盖及壳体 1.1.3 能拆装、清洗、检查 和测量驱动电机转子 1.1.5 能拆装、清洗、检查 和测量驱动电机转子 1.1.6 能拆装、清洗、检查 和测量驱动电机旋转定子 1.1.8 能检测驱动电机各 部件绝缘电阻,确认维修 项目 1.1.9 能拆装和更换驱动 电机密封件 1.1.10 能检测和更换驱动 电机相关电子元件 1.1.11 能检测驱动电机空 载时和负载时电机电流,确 认维修项目 1.1.12 能检测驱动电机运 转时轴承、转子的温度,确认 维修项目 1.1.13 能检测驱动电机运 转时工作声音,确认维修 项目 1.1.14 能检测驱动电机运 转时振动频率,确认维修 项目	2-1 初级 1.1.5 驱动电机总成的更 换流程 1.1.7 驱动电机壳体清洁 方法 2-1 中级 1.1.2 驱动电机端盖及壳 体的拆装和清理流程 1.1.3 驱动电机转子拆装 和清洗流程和测量方法 1.1.5 驱动电机转子拆装 流程和测量方法 1.1.6 驱动电机旋转定子 拆装流程和测量方法 1.1.8 驱动电机各部件绝 缘电阻检测方法 1.1.9 驱动电机密封件拆 装和更换方法 1.1.10 驱动电机相关电子 元件检测和更换方法 1.1.11 能检测驱动电机空 载时和负载时电机电流,确 认维修项目 1.1.12 驱动电机运转时轴 承、转子的温度检测方法 1.1.13 驱动电机运转时工 作声音检测方法 1.1.14 驱动电机运转时振 动频率检测方法

项目	任务	学习活动	"1+X"技能等级证书教学标准	
			技能要求	知识要求
项目3 电动汽车 异步电机 检修	任务3.1 交流异步 电机结构 原理	17.交流异步电机的发展历史 18.交流异步电机的基本结构 19.交流异步电机的工作原理	无	无
	任务3.2 交流异步 电机检测	20.交流异步电机的拆装 21.交流异步电机的检修	2-1　初级 1.1.5　能拆装驱动电机总成 1.1.7　能清洁驱动电机壳体 2-1　中级 1.1.2　能拆装、清洗和检查驱动电机端盖及壳体 1.1.3　能拆装、清洗、检查和测量驱动电机转子 1.1.4　能拆装、检查和测量驱动电机三相线束 1.1.5　能拆装、清洗、检查和测量驱动电机转子 1.1.6　能拆装、清洗、检查和测量驱动电机旋转定子 1.1.7　能测量驱动电机气隙长度 1.1.8　能检测驱动电机各部件绝缘电阻,确认维修项目 1.1.9　能拆装和更换驱动电机密封件 1.1.10　能检测和更换驱动电机相关电子元件 1.1.11　能检测驱动电机空载时和负载时电机电流,确认维修项目 1.1.12　能检测驱动电机运转时轴承、转子的温度,确认维修项目 1.1.13　能检测驱动电机运转时工作声音,确认维修项目 1.1.14　能检测驱动电机运转时振动频率,确认维修项目 1.1.15　能检测驱动电机及电缆的绝缘电阻和三相电压,确认维修项目	2-1　初级 1.1.5　驱动电机总成的更换流程 1.1.7　驱动电机壳体清洁方法 2-1　中级 1.1.2　驱动电机端盖及壳体的拆装和清理流程 1.1.3　驱动电机转子拆装、清洗流程和测量方法 1.1.4　驱动电机三相线束拆装流程和测量方法 1.1.5　驱动电机转子拆装流程和测量方法 1.1.6　驱动电机旋转定子拆装流程和测量方法 1.1.7　驱动电机气隙长度测量方法 1.1.8　驱动电机各部件绝缘电阻检测方法 1.1.9　驱动电机密封件拆装和更换方法 1.1.10　驱动电机相关电子元件检测和更换方法 1.1.11　驱动电机空载时和负载时电机电流检测方法 1.1.12　驱动电机运转时轴承、转子的温度检测方法 1.1.13　驱动电机运转时工作声音检测方法 1.1.14　驱动电机运转时振动频率检测方法 1.1.15　驱动电机及电缆的绝缘电阻和三相电压的检测方法

续表

项目	任务	学习活动	"1+X"技能等级证书教学标准	
			技能要求	知识要求
项目4 新能源永磁电机检修	任务4.1 永磁同步电机结构原理	22.永磁同步电机的发展历史 23.永磁同步电机的基本结构 24.永磁同步电机的工作原理	无	无
	任务4.2 永磁同步电机检修	25.永磁同步电机的拆装 26.永磁同步电机的检修	2-1 初级 1.1.5 能拆装驱动电机总成 1.1.7 能清洁驱动电机壳体 2-1 中级 1.1.2 能拆装、清洗和检查驱动电机端盖及壳体 1.1.3 能拆装、清洗、检查和测量驱动电机转子 1.1.4 能拆装、检查和测量驱动电机三相线束 1.1.5 能拆装、清洗、检查和测量驱动电机转子 1.1.6 能拆装、清洗、检查和测量驱动电机旋转定子 1.1.7 能测量驱动电机气隙长度 1.1.8 能检测驱动电机各部件绝缘电阻,确认维修项目 1.1.9 能拆装和更换驱动电机密封件 1.1.10 能检测和更换驱动电机相关电子元件 1.1.11 能检测驱动电机空载时和负载时电机电流,确认维修项目 1.1.12 能检测驱动电机运转时轴承、转子的温度,确认维修项目 1.1.13 能检测驱动电机运转时工作声音,确认维修项目 1.1.14 能检测驱动电机运转时振动频率,确认维修项目 1.1.15 能检测驱动电机及电缆的绝缘电阻和三相电压,确认维修项目	2-1 初级 1.1.5 驱动电机总成的更换流程 1.1.7 驱动电机壳体清洁方法 2-1 中级 1.1.2 驱动电机端盖及壳体的拆装和清理流程 1.1.3 驱动电机转子拆装和清洗流程和测量方法 1.1.4 驱动电机三相线束拆装流程和测量方法 1.1.5 驱动电机转子拆装流程和测量方法 1.1.6 驱动电机旋转定子拆装流程和测量方法 1.1.7 驱动电机气隙长度测量方法 1.1.8 驱动电机各部件绝缘电阻检测方法 1.1.9 驱动电机密封件拆装和更换方法 1.1.10 驱动电机相关电子元件检测和更换方法 1.1.11 驱动电机空载时和负载时电机电流检测方法 1.1.12 驱动电机运转时轴承、转子的温度检测方法 1.1.13 驱动电机运转时工作声音检测方法 1.1.14 驱动电机运转时振动频率检测方法 1.1.15 驱动电机及电缆的绝缘电阻和三相电压的检测方法

项目	任务	学习活动	"1+X"技能等级证书教学标准	
			技能要求	知识要求
项目5 电动汽车电机控制系统检修	任务5.1 电机控制系统认知	27.电机控制系统的功能 28.电机控制系统的基本组成 29.电机控制系统的特点 30.电机控制系统的结构原理	2-1 初级 1.2.1 能检查电机控制器工作情况 1.2.2 能测量驱动电机控制器的绝缘电阻 1.2.3 能检查驱动电机控制器的线束是否异常	2-1 初级 1.2.1 控制器工作情况检查方法 1.2.2 驱动电机控制器的绝缘电阻测量方法 1.2.3 驱动电机控制器的线束检查方法
	任务5.2 电机控制系统检修	31.电机控制系统检修的基本内容 32.电机控制系统的检修方法	2-1 初级 1.2.4 能拆装驱动电机控制器 1.2.5 能检查驱动电机控制器线路的绝缘电阻 1.2.6 能测量驱动电机壳体驱动电机控制器和线路有无漏电 2-1 中级 1.2.1 能检测驱动电机控制插头各端子电阻、电压 1.2.2 能检测驱动电机控制器控制电路电压及导通性	2-1 初级 1.2.4 驱动电机控制器拆装方法 1.2.5 驱动电机控制器线路的绝缘电阻测量方法 1.2.6 驱动电机壳体驱动电机控制器和线路漏电测量方法 2-1 中级 1.2.1 驱动电机控制插头各端子电阻、电压的检测方法 1.2.2 驱动电机控制器控制电路电压及导通性的检测方法
项目6 电动汽车电机冷却系统检修	任务6.1 电机冷却系统认知	33.电机及控制器冷却系统的功用 34.电机及控制器冷却系统的主要类型 35.电机及控制器冷却系统结构组成及主要零部件 36.电机及控制器冷却系统的工作原理	2-1 中级 1.4.1 能检测驱动电机冷却系统泄漏情况 1.4.2 能检查、维修或更换冷却系统部件	2-1 中级 1.4.1 驱动电机冷却系统泄漏检测方法 1.4.2 冷却系统部件拆装方法

续表

项目	任务	学习活动	"1+X"技能等级证书教学标准	
			技能要求	知识要求
项目6 电动汽车电机冷却系统检修	任务6.2 电机冷却系统检修	37.电机冷却系统日常维护的主要内容 38.新能源汽车冷却液液位检查 39.新能源汽车冷却液更换 40.驱动电机系统冷却系统的故障检修	2-1 初级 1.4.1 能检查驱动电机冷却液液位,确认需要维修的项目 1.4.2 能检查驱动电机冷却管路是否泄漏 1.4.3 能检查驱动电机水泵工作情况是否正常 1.4.4 能检测驱动电机冷却液冰点 1.4.5 能更换驱动电机冷却液,并排气	2-1 初级 1.4.1 驱动电机冷却液液位检查方法 1.4.2 驱动电机冷却管路泄漏检查方法 1.4.3 驱动电机水泵工作情况检查方法 1.4.4 驱动电机冷却液冰点检测方法 1.4.5 驱动电机冷却液更换方法

(二)课程内容支撑课程目标设计

课程内容支撑课程目标设计见表2。

表2　课程内容支撑课程目标设计

课程内容 ＼ 课程目标	职业素养		通用能力		专业知识				技术技能		
	1	2	1	2	1	2	3	4	1	2	3
任务1.1　电学基础知识认知	H		H		M						
任务1.2　电机基础知识认知		H		H	H						
任务2.1　直流电机结构原理	M		M			H			M		
任务2.2　直流电机检修		M		M		H			H		
任务3.1　交流异步电机结构原理	M		M			H			M		
任务3.2　交流异步电机检修		M		M		H			H		
任务4.1　永磁同步电机结构原理	M		M			H			M		
任务4.2　永磁同步电机检修		M		M		H			H		
任务5.1　电机控制系统认知	M		M				H			H	
任务5.2　电机控制系统检修		M		M			H			H	
任务6.1　电机冷却系统认知	M		M					H			H

课程目标 课程内容	职业素养		通用能力		专业知识				技术技能		
	1	2	1	2	1	2	3	4	1	2	3
任务6.2　电机冷却系统检修		M		M				H			H

四、课程实施安排

课程内容学时分配见表3。

表3　课程内容学时分配

项目	任务	学时		
		理论	实验 实训	小计
项目1 新能源汽车驱动电机系统基础知识	任务1.1　电学基础知识认知	2	2	4
	任务1.2　电机基础知识认知	2	2	4
项目2 电动汽车直流电机检修	任务2.1　直流电机结构原理	2	2	4
	任务2.2　直流电机检修	2	2	4
项目3 电动汽车异步电机检修	任务3.1　交流异步电机结构原理	2	2	4
	任务3.2　交流异步电机检修	2	2	4
项目4 新能源永磁电机检修	任务4.1　永磁同步电机结构原理	2	2	4
	任务4.2　永磁同步电机检修	2	2	4
项目5 电动汽车电机控制系统检修	任务5.1　电机控制系统认知	2	2	4
	任务5.2　电机控制系统检修	2	2	4
项目6 电动汽车电机冷却系统检修	任务6.1　电机冷却系统认知	2	2	4
	任务6.2　电机冷却系统检修	2	2	4
合计		24	24	48

五、教学评价

（一）课程目标达成度评价权重

课程目标达成度分为子课程目标达成度和总课程目标达成度。课程内容支撑课程目标达成,课程内容支撑各子课程目标的权重见表4。

表4　课程内容支撑课程目标权重表

课程内容		任务1.1	任务1.2	任务2.1	任务2.2	任务3.1	任务3.2	任务4.1	任务4.2	任务5.1	任务5.2	任务6.1	任务6.2	∑子课程目标达成度	∑总课程目标评价值
职业素养	1 具有良好的职业素质和工匠精神	0.5		0.1		0.1		0.1		0.1		0.1		1	0.05
	2 具有吃苦耐劳、爱岗敬业的精神		0.5		0.1		0.1		0.1		0.1		0.1	1	0.05
通用能力	1 具有认真观察、积极思考的能力	0.5		0.1		0.1		0.1		0.1		0.1		1	0.05
	2 具有分析和解决问题的能力		0.5		0.1		0.1		0.1		0.1		0.1	1	0.05
专业知识	1 知道新能源汽车驱动电机系统的组成和工作原理	0.6	0.1		0.1				0.1					1	0.1
	2 知道各类驱动电机的应用、组成、工作原理、检修方法和故障诊断流程	0.1		0.1	0.2	0.1	0.2	0.1	0.2					1	0.2
	3 知道电动汽车驱动电机控制系统的组成、工作原理、检修方法和故障诊断流程									0.5	0.5			1	0.1
	4 知道电动汽车驱动电机冷却系统的组成、工作原理、检修方法和故障诊断流程											0.5	0.5	1	0.1
技术技能	1 能按照厂家提供的维修教学标准维护、拆卸、装配和诊断各类驱动电机	0.1		0.1	0.2	0.1	0.2	0.1	0.2					1	0.1
	2 能按照厂家提供的维修教学标准维护、拆卸、装配和诊断电机控制系统									0.5	0.5			1	0.1
	3 能按照厂家提供的维修教学标准维护、拆卸、装配和诊断电机冷却系统											0.5	0.5	1	0.1
∑ 本课程目标达成度															1

说明:对课程内容的考核为在教学过程中对任务模块进行随堂测验或实践考核等的评分。

（二）评价方式

课程评价采用平时测评与期末终结性鉴定相结合的鉴定方式,采用线上评价与线下评价、理论评价与实操评价的方式进行,具体权重设置见表5。

表5 成绩指标权重表

一级指标	二级指标	三级指标	
平时测评 50%	课件学习 25%	学习进度	40%
		评价	30%
		问答	30%
	课堂活动 25%	考勤	40%
		参与	30%
		课堂表现	30%
	作业 25%	学习任务课后作业	50%
		学习任务工作页	50%
	平时测验 25%	单元测验	80%
		综合测验	20%
期末测评50%	期末考试100%		

六、实施保障

（一）师资队伍

本课程专(兼)职教师应具有良好的师德师风、扎实的专业相关理论水平、中级及以上相关专业职称或技师资格担任课堂理实一体化教学。

（二）教学设施

本专业设有新能源汽车实训基地,能为"新能源汽车驱动电机系统装调与检修"课程提供足够的教学条件。台套数能同时满足3个班的教学,按照4~5人/台配备。

具体包括:纯电动教学车辆、专用工具(新能源维修一体化工具、新能源汽车故障诊断仪器、新能源汽车专用绝缘表、数字钳形万用表等)、相关设备(驱动电机总成)。

（三）教学资源

1. 教材资源

按照国家教材选用原则和要求选用教材。

2. 网络资源

智慧职教课程平台"新能源汽车驱动电机及控制系统检修"课程。

(四)教学方法和手段

教学应立足于培养学生实际操作能力、职业素养等,采用任务驱动教学法、合作探究法、仿真教学法、小组讨论、案例分析、教师示范、角色扮演等多种以学生为中心的教学方法,让学生在"做中学""学中做"。在教学过程中,应运用多媒体、现代信息技术、实物等辅助资源教学。

"新能源汽车维护与故障诊断"课程教学标准

一、课程概述

(一)课程教学标准依据

本课程教学标准根据《汽车制造试验和售后服务技术人员能力标准》中的 QPBXM01 纯电动汽车高压电池与充电系统测试与检修、QPBXM02 纯电动汽车空调系统测试与检修、QPBXM03 纯电动汽车驱动电机测试与检修,依照教育部《高等职业学校新能源汽车技术专业教学标准》要求,依据新能源汽车技术专业人才培养方案,对接《智能新能源汽车职业技能等级证书》标准中"新能源汽车动力驱动电机电池技术""新能源汽车悬挂转向制动安全技术""新能源汽车电子电气空调舒适技术"模块进行制定。

(二)课程类型

本课程是新能源汽车技术专业的专业核心课程,共 80 学时。本课程是在学习汽车电路系统检测与维修、新能源汽车检查与维护、新能源汽车驱动电机系统装调与检修、新能源汽车充电系统装调与检修、新能源汽车动力电池系统装调与检修后的一门理实一体化课程。

(三)课程功能

本课程实现专业人才培养规格要求,发挥课程思政功能,落实立德树人根本任务,育训结合,支持专业教学目标达成和《智能新能源汽车职业技能等级证书》获取,培养学习者对新能源汽车故障进行诊断与维修排除的能力。

二、课程目标

学习者通过对该课程的学习,能更好地遵守新能源汽车维修安全规定,正确、安全地完成新能源汽车的诊断、维修及检测并具备对应的能力。该能力由以下几方面组成:

(一)职业素养

1.具有良好的职业素质和工匠精神。

2.具有吃苦耐劳、爱岗敬业的精神。

(二)通用能力

1.具有认真观察、积极思考的能力。

2.具有分析和解决问题的能力。

（三）专业知识

1. 知道新能源汽车日常维护的目的、类型、内容和流程。
2. 能识别动力电池系统相关组成部件、工作原理及检查、维护、维修方法和流程。
3. 能识别驱动电机系统相关组成部件、工作原理及检查、维护、维修方法和流程。
4. 能识别充电系统相关组成部件、工作原理及检查、维护、维修方法和流程。
5. 能识别辅助系统相关组成部件、工作原理及检查、维护、维修方法和流程。

（四）技术技能

1. 能够完成新能源汽车维护和诊断的准备工作。
2. 能按维修手册对新能源车辆各系统制订维护保养项目计划并安全完成保养作业。
3. 能使用新能源汽车故障诊断仪及拆装设备与仪器对新能源车辆完成测试、拆装、故障诊断与排除。

三、课程设置

（一）课程内容和"1+X"证书对接

依据《智能新能源汽车职业技能等级证书》标准中"新能源汽车动力驱动电机电池技术（初、中级）"模块，将新能源汽车维护与维修工作任务、教学内容对接"1+X"证书中相关知识要求和技能要求，见表1。

表1　教学内容要求及对接"1+X"技能等级证书教学标准

项目	任务	学习活动	"1+X"技能等级证书教学标准	
			技能要求	知识要求
项目1 新能源汽车的维护	任务1.1 新能源汽车首次维护	1. 新能源汽车首次维护的目的及内容 2. 新能源汽车首次维护的项目 3. 新能源汽车首次维护的操作过程 4. 安全防护工具的检查和使用	2-1　初级 1.2.1　能根据维修项目佩戴安全防护用具 1.2.2　能做好车辆维修前的安全准备事项，如断开电源等	2-1　初级 1.2.1　安全防护用具的使用规范 1.2.2　车辆维修前的安全准备事项

续表

项目	任务	学习活动	"1+X"技能等级证书教学标准	
			技能要求	知识要求
项目 1 新能源汽车的维护	任务 1.2 新能源汽车定期常规维护	5. 新能源汽车定期检查维护周期与内容 6. 新能源汽车定期检查维护的重要意义 7. 新能源汽车定期保养的特点 8. 新能源汽车定期保养计划和定期维护保养项目 9. 新能源汽车定期维护保养操作过程	2-1 初级 1.5.4 能在拔下紧急维修开关后，将开关交给专职监护员保管并确保维修过程中，不会将其插到高压配电箱上 1.5.5 能在断开维修开关 5 分钟后，使用数字万用表测量高压电回路，确保无电 1.6.4 能立即对拆卸的高压配线用绝缘胶带包扎绝缘 1.6.5 能在进行高压电维修过程中使用绝缘工具	2-1 初级 1.5.4 紧急维修开关拔下后的管理办法 1.5.5 断开维修开关 5 分钟后，测量高压电回路有无电的方法 1.5.6 高、低压系统调试过程中的安全防护措施 1.6.4 拆卸的高压配线的绝缘方法 1.6.5 绝缘工具的检查和使用说明 1.6.6 发生异常事故或火灾的处理措施
项目 2 新能源汽车电池系统故障诊断与排除	任务 2.1 母线电压/电流显示异常故障的诊断与排除	10. 动力电池系统的作用 11. 动力电池的类型及特点 12. 动力电池系统的组成 13. 动力电池系统工作原理 14. 母线电压/电流显示异常的故障诊断与排除	2-1 初级 1.5.7 能在拆装动力电池总成前，将高压配电箱连接高压线束插接器用绝缘胶带缠好，并确保在拆装过程中不损坏线束	2-1 初级 1.5.7 将高压配电箱连接高压线束插接器用绝缘胶带缠好的要求
	任务 2.2 电池状态信息显示异常故障的诊断与排除	15. 电池管理系统的功能 16. 电池管理系统的组成 17. 电池管理系统的信息管理 18. 电池状态信息显示常见故障诊断与排除	2-1 初级 1.1.7 能检查动力电池的电池托盘和防撞杆，确认是否更换 1.1.8 能检查动力电池高压线束及接插件是否松动、引脚是否烧蚀 1.1.9 能检查高压部件是否有涉水痕迹 1.1.10 能测量动力电池壳体及电缆的绝缘电阻和漏电量	2-1 初级 1.1.7 动力电池的电池托盘和防撞杆检查和更换方法 1.1.8 动力电池高压线束及接插件检查方法 1.1.9 高压部件是否有涉水痕迹检查方法 1.1.10 动力电池壳体及电缆的绝缘电阻和漏电量的测量方法

项目	任务	学习活动	"1+X"技能等级证书教学标准	
			技能要求	知识要求
项目3 新能源汽车驱动电机系统故障诊断与排除	任务3.1 电机异响故障的诊断与排除	19. 驱动电机控制系统组成及工作原理 20. 驱动电机种类及结构特点 21. 电机异响故障的诊断与排除	2-1　初级 1.1.1　能查找和确认电机的代码和编号 1.1.2　能测量驱动电机的工作温度 1.1.3　能测量驱动电机的绝缘电阻 1.1.4　能检查驱动电机的线束是否异常 1.1.5　能拆装驱动电机总成 1.1.6　能检查驱动电机线路的绝缘电阻 1.1.7　能清洁驱动电机壳体 1.1.8　能检查和验证驱动电机的工作情况 1.1.9　能测量驱动电机壳体和线路有无漏电	2-1　初级 1.1.1　电机的代码和编号说明 1.1.2　电机温度的检查方法 1.1.3　驱动电机绝缘电阻的测量方法 1.1.4　驱动电机的通信线路的检查方法 1.1.5　驱动电机总成的更换流程 1.1.6　驱动电机线路的绝缘电阻测量方法 1.1.7　驱动电机壳体的清洁方法 1.1.8　驱动电机工作情况的检查方法 1.1.9　驱动电机壳体和线路漏电的测量方法
	任务3.2 电机控制系统故障的诊断与排除	22. 驱动电机控制系统的概述 23. 驱动电机冷却系统的概述 24. 电机控制系统故障诊断与排除	2-1　初级 1.2.1　能检查电机控制器工作情况 1.2.2　能测量驱动电机控制器的绝缘电阻 1.2.3　能检查驱动电机控制器的线束是否异常 1.2.4　能拆装驱动电机控制器 1.2.5　能检查驱动电机控制器线路的绝缘电阻 1.2.6　能测量驱动电机壳体、驱动电机控制器和线路有无漏电	2-1　初级 1.2.1　控制器工作情况的检查方法 1.2.2　驱动电机控制器绝缘电阻的测量方法 1.2.3　驱动电机控制器线束的检查方法 1.2.4　驱动电机控制器的拆装方法 1.2.5　驱动电机控制器线路绝缘电阻的测量方法 1.2.6　驱动电机壳体、驱动电机控制器和线路漏电的测量方法

续表

项目	任务	学习活动	"1+X"技能等级证书教学标准	
			技能要求	知识要求
项目4 新能源汽车充电系统故障诊断与排除	任务4.1 慢充故障的诊断与排除	25. 慢充系统组成 26. 慢充系统各端子定义 27. 慢充系统电路识图 28. 慢充系统充电流程及原理 29. 慢充系统拆装及故障诊断	2-1 中级 1.3.5 能拆装、检查和检测车载充电机 1.3.6 能检测充电口各端子的电阻、电压	2-1 中级 1.3.5 车载充电机的检测方法 1.3.6 充电口各端子电阻、电压的检测方法
	任务4.2 快充故障的诊断与排除	30. 快充系统组成 31. 快充系统各端子定义 32. 快充系统电路识图 33. 快充系统充电流程及原理 34. 快充系统拆装及故障诊断	2-1 中级 1.3.1 能拆装直流充电口前保护件、直流充电口、直流充电电缆和插接件 1.3.2 能拆装交流充电口前保护件、交流充电口、交流充电电缆和插接件 1.3.3 能检测互锁对地端对地电阻、电压 1.3.4 能检测高压控制盒线束导通性	2-1 中级 1.3.1 直流充电口前保护件、直流充电口、直流充电电缆和插接件的拆装方法 1.3.2 交流充电口前保护件、交流充电口、交流充电电缆和插接件的拆装方法 1.3.3 互锁对地端对地电阻、电压的检测方法 1.3.4 高压控制盒线束导通性的检测方法
项目5 新能源汽车综合故障诊断与排除	任务5.1 车辆无法行驶故障的诊断与排除	35. 新能源汽车驱动原理 36. 新能源汽车低压控制系统 37. 新能源汽车高压回路系统 38. 车辆无法行驶故障排除方法	2-1 初级 1.5.8 能检修高压线束、油管等经过车身钣金孔的部件,检查车身钣金的防护是否正常	2-1 初级 1.5.4 紧急维修开关拔下后的管理办法 1.5.6 进行高、低压系统的调试的安全防护措施 1.5.7 将高压配电箱连接高压线束插接器用绝缘胶带缠好的要求 1.5.8 检修高压线束、油管等经过车身钣金孔的部件,检查车身钣金的防护要求
	任务5.2 VCU通信故障的诊断与排除	39. 整车控制系统概述 40. 整车控制器的主要功能 41. VCU通信故障排除方法	2-1 初级 1.5.4 能在拔下紧急维修开关后,将开关交给专职监护员保管,并确保维修过程中不会将其插到高压配电箱上 1.5.5 能在断开维修开关5分钟后,使用数字万用表测量高压电回路,确保无电 1.6.4 能立即对拆卸的高压配线用绝缘胶带包扎绝缘 1.6.5 能在进行高压电维修过程中,使用绝缘工具	2-1 初级 1.5.4 紧急维修开关拔下后的管理办法 1.5.5 断开维修开关5分钟后,测量高压电回路有无电的方法 1.5.6 进行高、低压系统调试的安全防护措施 1.6.4 拆卸的高压配线的绝缘方法 1.6.5 绝缘工具的检查和使用说明 1.6.6 发生异常事故或火灾的处理措施

项目	任务	学习活动	"1+X"技能等级证书教学标准	
			技能要求	知识要求
项目5 新能源汽车综合故障的诊断与排除	任务5.3 高压互锁故障的诊断与排除	42.高压互锁的结构及作用 43.高压互锁的工作原理 44.典型车型的高压互锁回路 45.高压互锁故障排除方法	无	无
	任务5.4 仪表无显示故障的诊断与排除	46.新能源汽车仪表概述 47.新能源汽车仪表工作原理 48.仪表无显示故障排除方法	2-4　中级 1.1.1　能检测仪表板控制模块插头端子的电阻 1.1.2　能检测仪表板控制模块电源和搭铁端子的电压 1.1.3　能检测仪表板控制模块与电子元件或控制模块之间线束的导通性 1.1.4　能检测仪表板控制模块与电子元件之间的供电电压 1.1.5　能读取和清除仪表板控制模块相关故障码 1.1.6　能读取仪表板控制模块相关数据流,分析是否正常 1.1.7　能读取仪表板控制模块的CAN总线HIGH和LOW的波形 1.1.8　能检测仪表板控制模块漏电电流 1.1.9　能检查、断开和插接仪表板控制模块插头 1.1.10　能检查和修复仪表板控制模块插头线束 1.1.11　能检查和更换仪表板控制模块,并使用仪器进行编程	2-4　中级 1.1.1　仪表板控制模块插头端子的电阻检测方法 1.1.2　仪表板控制模块电源和搭铁端子的电压检测方法 1.1.3　仪表板控制模块与电子元件或控制模块之间线束导通性的检测方法 1.1.4　仪表板控制模块与电子元件之间供电电压的检测方法 1.1.5　仪表板控制模块相关故障码读取和清除方法 1.1.6　仪表板控制模块相关数据流的教学标准范围 1.1.7　仪表板控制模块的CAN总线HIGH和LOW的教学标准波形图 1.1.8　仪表板控制模块漏电电流的检测方法 1.1.9　仪表板控制模块插头的断开和插接方法 1.1.10　仪表板控制模块插头线束的检查和修复方法 1.1.11　仪表板控制模块的编程流程
	任务5.5 空调系统不制热的故障诊断与排除	49.对空调系统电路图进行识读 50.对空调系统组成部件进行识别 51.对空调系统进行拆装及维护保养 52.对空调系统进行故障诊断	2-3　初级 1.2.1　能目视检查制冷组件泄漏迹象,确认是否需要维修 1.2.2　能检查电动空调冷凝器是否有气阻,检查、测试、更换冷凝器和固定件 1.2.3　能从用户手册中或车辆标签中找出制冷剂及电动压缩机机油的型号和加注量 1.2.4　能查阅所需的维修资料 1.2.5　能使用解码器读取电动汽车空调系统故障码和数据流	2-3　初级 1.2.1　制冷组件泄漏的迹象目视检查方法 1.2.2　空调冷凝器的检查细则及更换 1.2.3　制冷剂及电动压缩机油的型号判读及加注量查询 1.2.4　维修资料的使用 1.2.5　解码器读取电动空调系统故障码和数据流的流程

（二）课程内容支撑课程目标设计

课程内容支撑课程目标设计见表2。

表2 课程内容支撑课程目标设计

课程目标 / 课程内容	职业素养		通用能力		专业知识					技术技能		
	1	2	1	2	1	2	3	4	5	1	2	3
任务1.1 新能源汽车首次维护	H		H		M					H		
任务1.2 新能源定期常规维护		H		H		M					H	
任务2.1 母线电压/电流显示异常故障的诊断与排除	M		M			H						H
任务2.2 电池状态信息显示异常故障的诊断与排除		M		M		H					M	
任务3.1 电机异响故障的诊断与排除	M		M				H					H
任务3.2 电机控制系统故障的诊断与排除		M		M			H				M	
任务4.1 慢充故障的诊断与排除	M		M					H				H
任务4.2 快充故障的诊断与排除		M		M				H			M	
任务5.1 车辆无法行驶故障的诊断与排除	M		M						H	M		
任务5.2 VCU通信故障的诊断与排除		M		M					H	M		
任务5.3 高压互锁故障的诊断与排除	M		M						H			M
任务5.4 仪表无显示故障的诊断与排除		M		M					H		M	
任务5.5 空调系统不制热的故障诊断与排除	M		M						H	M		

四、课程实施安排

课程内容学时分配见表3。

表3 课程内容学时分配

项目	任务	学时		
		理论	实验实训	小计
项目1 新能源汽车的维护	任务1.1 新能源汽车首次维护	4	4	8
	任务1.2 新能源定期常规维护	2	2	4
项目2 新能源汽车电池系统故障的诊断与排除	任务2.1 母线电压/电流显示异常故障的诊断与排除	4	4	8
	任务2.2 电池状态信息显示异常故障的诊断与排除	2	2	4
项目3 新能源汽车驱动电机系统故障的诊断与排除	任务3.1 电机异响故障的诊断与排除	4	4	8
	任务3.2 电机控制系统故障的诊断与排除	2	2	4
项目4 新能源汽车充电系统故障的诊断与排除	任务4.1 慢充故障的诊断与排除	4	4	8
	任务4.2 快充故障的诊断与排除	2	2	4
项目5 新能源汽车综合故障的诊断与排除	任务5.1 车辆无法行驶故障的诊断与排除	4	4	8
	任务5.2 VCU通信故障的诊断与排除	4	4	8
	任务5.3 高压互锁故障的诊断与排除	2	2	4
	任务5.4 仪表无显示故障的诊断与排除	2	2	4
	任务5.5 空调系统不制热的故障诊断与排除	4	4	8
合计		40	40	80

五、教学评价

(一)课程目标达成度评价权重

课程目标达成度分为子课程目标达成度和总课程目标达成度。课程内容支撑课程目标达成,课程内容支撑各子课程目标的权重见表4。

表4 课程内容支撑课程目标权重表

课程内容 \ 课程目标权重		支撑课程内容 任务1.1	任务1.2	任务2.1	任务2.2	任务3.1	任务3.2	任务4.1	任务4.2	任务5.1	任务5.2	任务5.3	任务5.4	任务5.5	课程目标达成度 ∑子课程目标达成度	∑总课程目标评价值
职业素养	1 具有良好的职业素质和工匠精神	0.4		0.1		0.1		0.1		0.1		0.1		0.1	1	0.05
	2 具有吃苦耐劳、爱岗敬业的精神		0.5		0.1		0.1		0.1		0.1		0.1		1	0.05
通用能力	1 具有认真观察、积极思考的能力	0.4		0.1		0.1		0.1		0.1		0.1		0.1	1	0.05
	2 具有分析和解决问题的能力		0.5		0.1		0.1		0.1		0.1		0.1		1	0.05
专业知识	1 能知道新能源汽车日常维护的目的、类型、内容和流程	0.5	0.5												1	0.1
	2 能识别动力电池系统相关组成部件、工作原理及检查、维护、维修方法和流程			0.5	0.5										1	0.1
	3 能识别驱动电机系统相关组成部件、工作原理及检查、维护、维修方法和流程					0.5	0.5									0.1
	4 能识别充电系统相关组成部件、工作原理及检查、维护、维修方法和流程							0.5	0.5							0.1
	5 能识别辅助系统相关组成部件、工作原理及检查、维护、维修方法和流程									0.2	0.2	0.2	0.2	0.2	1	0.1
技术技能	1 能够完成新能源汽车维护和诊断的准备工作	0.4		0.1		0.1		0.1		0.1		0.1		0.1	1	0.1
	2 能按维修手册对新能源车辆各系统制订维护保养项目计划并安全完成保养作业		0.5		0.1		0.1		0.1		0.1		0.1		1	0.1

续表

课程内容	课程目标权重	任务1.1	任务1.2	任务2.1	任务2.2	任务3.1	任务3.2	任务4.1	任务4.2	任务5.1	任务5.2	任务5.3	任务5.4	任务5.5	∑子课程目标达成度	∑总课程目标评价值
						支撑课程内容									课程目标达成度	
技术技能	3 能使用新能源汽车故障诊断及拆装设备与仪器对新能源车辆完成测试、拆装、故障诊断与排除	0.1		0.1		0.5			0.1		0.1		0.1		1	0.1
∑ 本课程目标达成度																1

说明：对课程内容的考核为在教学过程中对任务模块进行随堂测验或实践考核等的评分。

（二）评价方式

　　课程评价采用平时测评与期末终结性鉴定相结合的鉴定方式，采用线上评价与线下评价、理论评价与实操评价的方式进行，具体权重设置见表5。

表5　成绩指标权重表

一级指标	二级指标	三级指标	
平时测评 50%	课件学习 25%	学习进度	40%
		评价	30%
		问答	30%
	课堂活动 25%	考勤	40%
		参与	30%
		课堂表现	30%
	作业 25%	学习任务课后作业	50%
		学习任务工作页	50%
	平时测验 25%	单元测验	80%
		综合测验	20%
期末测评 50%	期末考试 100%		

六、实施保障

（一）师资队伍

　　本课程专（兼）职教师应具有良好的师德师风、扎实的专业相关理论水平、中级及以上相关专业职称或技师资格担任课堂理实一体化教学。

（二）教学设施

本专业应设有纯电动汽车实训基地，能为"新能源汽车维护与故障诊断"课程提供足够的教学条件。台套数能同时满足 3 个班的教学，按照 4～5 人/台配备。

具体包括：纯电动教学车辆、专用工具（新能源维修一体化工具、新能源汽车故障诊断仪器、新能源汽车专用绝缘表、数字钳形万用表等工具）、相关设备（新能源汽车动力总成拆装实训系统、新能源汽车充电设备装配与调试实训系统、交流充电智能实训台、动力电池管理系统智能实训台）。

（三）教学资源

1. 教材资源

按照国家教材选用原则和要求选用教材。

2. 网络资源

智慧职教课程平台"新能源汽车故障诊断与维修"课程。

（四）教学方法和手段

教学应立足于培养学生实际操作能力、职业素养等，采用任务驱动教学法、合作探究法、仿真教学法、小组讨论、案例分析、教师示范、角色扮演等多种以学生为中心的教学方法，让学生在"做中学""学中做"。在教学过程中，应运用多媒体、现代信息技术、实物等辅助资源教学。

二

智能网联汽车技术专业核心课程教学标准

"车路协同系统测试装调"课程教学标准

一、课程概述

(一)课程教学标准依据

本课程教学标准根据《汽车制造试验和售后服务技术人员能力标准》中的 QPBZL03 车路协同系统试验,依据智能网联汽车技术专业人才培养方案,对接《智能网联汽车测试装调职业技能等级证书》标准进行制定。

(二)课程类型

本课程是学校智能网联汽车技术专业的专业核心课程,共 64 学时。本课程旨在培养在生产、服务一线能从事智能网联汽车检测维修、车辆测试,汽车智能系统的安装、调试、标定及维修等工作的高素质技术应用型人才。

(三)课程功能

本课程实现专业人才培养规格要求,发挥课程思政功能,落实立德树人根本任务,育训结合。其功能是对接专业人才目标,面向智能汽车系统装调、测试、维修岗位,通过对 V2X 技术、车路协同系统、车路协同车端、路端硬件和车云远程数据交互系统基础知识和维修技能内容的相关学习,培养学习者对智能汽车系统的装调、测试、检修能力,完善智能汽车技术的课程体系。

二、课程目标

学习者通过对该课程的学习,能更好地遵守智能网联汽车装调与测试安全规定,了解智能网联汽车的发展历程、装配过程及技术基础并具备对应的能力。该能力由以下几方面组成：

（一）职业素养

1. 具有良好的职业素质和工匠精神。

2. 具有吃苦耐劳、爱岗敬业、勇于探究的精神。

（二）通用能力

1. 具有认真观察、自我学习的能力。

2. 具有时间规划、制订计划的能力。

（三）专业知识

1. 知道车路协同系统的电气危害、救助步骤、高压安全操作步骤、整体构造、分类及产业构架。

2. 能识别车路协同系统的组成、工作原理、检查方法。

3. 能识别车路协同系统高精度地图与定位技术系统的组成、工作原理、检查方法。

4. 能识别车路协同智能决策与控制执行技术系统的组成、工作原理、检查方法。

5. 能识别车路协同人机交互与信息交互系统的组成、工作原理、检查方法。

（四）技术技能

1. 能够对车路协同系统及智能网联汽车车载系统进行检测诊断工作。

2. 能够操作车路协同各系统并完成测试装调工作。

三、课程设置

（一）课程内容与"1+X"证书对接

依据《智能网联汽车测试装调职业技能等级证书》，将车路协同测试与装调工作任务、教学内容对接"1+X"证书中相关知识要求和技能要求，见表1。

表1　教学内容要求及对接"1+X"技能等级证书教学标准

项目	任务	学习活动	"1+X"技能等级证书教学标准	
			技能要求	知识要求
项目1 智能网联汽车车路协同概述	任务1.1 车路协同技术的发展概述	1. 车路协同汽车技术发展历史 2. 车路协同汽车技术发展趋势 3. 现今车辆科技发展趋势	无	无

项目	任务	学习活动	"1+X"技能等级证书教学标准	
			技能要求	知识要求
项目1 智能网联汽车车路协同概述	任务1.2 车路协同系统概念介绍	4. 智能网联汽车定义 5. 智能网联汽车的基础概念 6. 智能网联汽车等级划分 7. 智能网联汽车相关术语 8. 智能网联汽车系统构成简介	无	无
项目2 车路协同产业架构及关键技术发展	任务2.1 车路协同系统的产业架构认知	9. 车路协同汽车产业发展历程 10. 车路协同汽车的体系架构 11. 车路协同汽车的产业状态	无	无
	任务2.2 车路协同汽车的关键技术认知	12. 车路协同汽车的关键技术状况 13. 汽车智能化与网联化的未来发展趋势	无	无
项目3 车路协同汽车环境感知技术	任务3.1 智能网联汽车环境感知技术认知	14. 环境感知技术定义、分类及部件组成 15. 环境感知技术发展趋势	初级 1.1.3 能按照工艺文件正确选择并使用装配工具、测量工具和上位机软件	初级 1.1.1 能正确理解并执行通用安全规范，识别智能传感器装配作业中的安全风险，并采取必要防范措施
	任务3.2 车路协同汽车雷达的应用认知	16. 雷达分类及特点 17. 激光雷达特性 18. 毫米波雷达特性 19. 超声波雷达特性	中级 1.2.4 能按照工艺文件正确完成各传感器的联合调试 1.3.3 能按照工艺文件正确选择并使用测试工具和上位机软件 1.3.4 能按照测试方案正确完成各传感器功能测试，并编写测试报告	中级 1.2.1 能识读调试工艺文件，正确理解智能传感器调试要求 1.3.1 能识读测试（诊断）技术文件，正确理解智能传感器测试（诊断）要求 1.3.2 能正确理解并执行传感器测试（诊断）报告的编写规范

续表

项目	任务	学习活动	"1+X"技能等级证书教学标准	
			技能要求	知识要求
项目3 车路协同 汽车环境 感知技术	任务3.3 车路协同 系统汽车 视觉传感 器的教学 应用认知	20.视觉传感器 的定义 21.视觉传感器 的特点 22.视觉传感器 的类型 23.视觉传感器 的功能 24.视觉传感器 的环境感知 流程 25.视觉传感器 的应用	中级 1.2.4 能按照工艺文件正 确完成各传感器的联合调试 1.3.3 能按照工艺文件正 确选择并使用测试工具和上 位机软件 1.3.4 能按照测试方案正 确完成各传感器功能测试, 并编写测试报告	中级 1.2.1 能识读调试工艺文 件,正确理解智能传感器调 试要求 1.3.1 能识读测试(诊断) 技术文件,正确理解智能传 感器测试(诊断)要求 1.3.2 能正确理解并执行 传感器测试(诊断)报告的编 写规范
项目4 车路协同 系统汽车 高精度地 图与定位 技术	任务4.1 智能网联 汽车的高 精度地图 及应用	26.高精度地图 的基本概念 27.高精度地图 的采集与生产 28.高精度地图 的应用	无	无
	任务4.2 智能网联 汽车的高 精度定位 及应用	29.高精度定位 的定义和分类 30.高精度定位 结构体系 31.全局独立高 精度定位系统 的作用及特性 32.智能网联汽 车的应用	无	无
项目5 车路协同 系统汽车 决策与控 制执行技 术应用	任务5.1 智能网联 汽车智能 决策技术 的认知	33.智能决策技 术的定义 34.智能决策技 术的发展趋势	无	无

续表

项目	任务	学习活动	"1+X"技能等级证书教学标准	
			技能要求	知识要求
项目5 车路协同系统汽车决策与控制执行技术应用	任务5.2 车路协同汽车计算平台的应用	35.智能网联汽车计算平台的硬件需求 36.计算平台的实现状态 37.现有计算平台的解决方案	中级 2.1.2 能正确编写计算平台整车装配工艺文件 2.1.3 能正确绘制计算平台电路与信号传输原理图 2.2.2 能按照工艺文件正确选择并使用测试工具和上位机软件 2.3.4 能按照测试方案正确完成计算平台功能测试,并编写测试报告	中级 2.1.1 能正确理解并执行计算平台装配工艺文件及图纸的编写绘制规范 2.2.1 能识读计算平台调试工艺文件,正确理解计算平台调试要求 2.3.1 能识读测试(诊断)技术文件,正确理解计算平台测试(诊断)要求
	任务5.3 车路协同系统控制执行技术的认知	38.控制执行技术的概念 39.控制执行技术的未来发展趋势	无	无
	任务5.4 车路协同系统控制技术及应用	40.汽车底盘与控制执行技术的结合 41.汽车线控技术的应用 42.转向系统与控制执行技术的结合	无	无
项目6 车路协同系统人机交互技术	任务6.1 人机交互技术发展现状及未来	43.人机交互技术的发展背景 44.汽车显示界面的发展历程 45.交互技术与智能网联汽车结合的发展现状	无	无
	任务6.2 人机交互技术在智能网联汽车上的应用	46.人机交互与智能网联汽车结合发展的作用 47.车内人机交互的优势 48.人机交互的品牌问题	无	无

续表

项目	任务	学习活动	"1+X"技能等级证书教学标准	
			技能要求	知识要求
项目7 车路协同系统信息交互技术	任务7.1 车路协同系统汽车信息交互技术的认知	49.信息交互技术的定义及概念 50.信息交互技术的发展趋势	无	无
	任务7.2 V2X技术在车路协同系统汽车上的应用	51.V2X技术的关键组成 52.V2X技术的使用场景	无	无
	任务7.3 数据云平台在智能网联汽车上的应用	53.智能网联汽车的大数据特征 54.数据云平台的作用	无	无
	任务7.4 智能网联汽车的信息安全	55.信息安全威胁的分类 56.信息安全的防范重点 57.信息安全的应对手段	无	无

(二)课程内容支撑课程目标设计

课程内容支撑课程目标设计见表2。

表2 课程内容支撑课程目标设计

课程目标 / 课程内容	职业素养		通用能力		专业知识					技术技能	
	1	2	1	2	1	2	3	4	5	1	2
项目1 智能网联汽车车路协同概述	H			H	M						
项目2 车路协同产业架构及关键技术发展		H	H								
项目3 车路协同汽车环境感知技术					H	H				M	

课程内容＼课程目标	职业素养		通用能力		专业知识					技术技能	
	1	2	1	2	1	2	3	4	5	1	2
项目4 车路协同系统高精度地图与定位技术				M			H			H	
项目5 车路协同系统决策与控制执行技术应用			M					H			H
项目6 车路协同系统人机交互技术			M						H		M
项目7 车路协同系统信息交互技术									H	M	

注解：1. 根据课程对培养规格的支撑度，可划分为高支撑（H）、中支撑（M）和低支撑（L）。

2. 每门课程任务至少对 1 项培养规格形成高支撑，或对多项培养规格形成中支撑。

3. 每项培养规格至少有一个任务对其形成高支撑。

四、课程实施安排

课程内容学时分配见表3。

表3　课程内容学时分配

项目	任务	学时		
		理论	实验实训	小计
项目1 车路协同系统概述	任务1.1　车路协同系统的产生	2	2	4
	任务1.2　车路协同系统的发展及现状	2	2	4
项目2 车路协同系统产业架构及关键技术	任务2.1　车路协同系统的产业架构	2	2	4
	任务2.2　车路协同系统的关键技术	1	1	2
项目3 车路协同系统环境感知技术	任务3.1　车路协同系统环境感知技术认知	2	2	4
	任务3.2　车路协同系统雷达的应用	2	2	4
	任务3.3　车路协同系统视觉传感器的应用	1	1	2
项目4 车路协同系统高精度地图与定位技术	任务4.1　车路协同系统的高精度地图及应用	2	2	4
	任务4.2　车路协同系统的高精度定位及应用	2	2	4

续表

项目	任务	学时		
		理论	实验实训	小计
项目5 车路协同系统决策与控制执行技术应用	任务5.1　车路协同系统智能决策技术的认知	2	2	4
	任务5.2　车路协同系统计算平台的应用	2	2	4
	任务5.3　车路协同系统控制执行技术的认知	1	1	2
	任务5.4　车路协同系统控制技术及应用	1	1	2
项目6 车路协同系统人机交互技术	任务6.1　人机交互技术发展现状及未来	2	2	4
	任务6.2　人机交互技术在车路协同系统上的应用	2	2	4
项目7 车路协同系统信息交互技术	任务7.1　车路协同系统信息交互技术的认知	2	2	4
	任务7.2　V2X技术在车路协同系统上的应用	1	1	2
	任务7.3　数据云平台在车路协同系统上的应用	1	1	2
	任务7.4　车路协同系统的信息安全	2	2	4
合计		32	32	64

五、教学评价

(一)课程目标达成度评价权重

课程目标达成度分为子课程目标达成度和总课程目标达成度。课程内容支撑课程目标达成,课程内容支撑各子课程目标的权重见表4。

表4　课程内容支撑课程目标权重表

课程目标 / 权重 / 课程内容		支撑课程内容							课程目标达成度	
		项目1	项目2	项目3	项目4	项目5	项目6	项目7	∑ 子课程目标达成度	∑ 总课程目标评价值
职业素养	1　具有吃苦耐劳、爱岗敬业、勇于探究的精神	1							1	0.05
	2　具有吃苦耐劳、爱岗敬业的精神		1						1	0.05
通用能力	1　具有认真观察、自我学习的能力		0.5			0.3	0.2		1	0.1
	2　具有时间规划、制订计划的能力	0.6			0.2			0.2	1	0.1

续表

课程目标 权重 课程内容		支撑课程内容							课程目标达成度	
		项目1	项目2	项目3	项目4	项目5	项目6	项目7	∑ 子课程目标达成度	∑ 总课程目标评价值
专业知识	1 知道车路协同系统的电气危害、救助步骤、高压安全操作步骤、整体构造、分类及产业构架	0.3		0.7					1	0.1
	2 能识别车路协同系统的组成、工作原理、检查方法			1					1	0.1
	3 能识别车路协同系统高精度地图与定位技术系统的组成、工作原理、检查方法				1				1	0.1
	4 能识别车路协同系统智能决策与控制执行技术系统的组成、工作原理、检查方法					1			1	0.1
	5 能识别车路协同系统人机交互与信息交互系统的组成、工作原理、检查方法						0.5	0.5	1	0.1
技术技能	1 能够对车路协同系统及智能网联汽车车载系统进行检测诊断工作		0.2	0.6				0.2	1	0.1
	2 能够操作车路协同系统各系统部件并完成测试装调工作					0.6	0.4		1	0.1
∑ 本课程目标达成度										1

说明:对课程内容的考核为在教学过程中对任务模块进行随堂测验或实践考核等的评分。

(二)评价方式

课程评价采用过程评价与期末终结性鉴定相结合的鉴定方式,采用线上评价与线下评价、理论评价与实操评价的方式进行,具体权重设置如表5。

表5 成绩指标权重表

一级指标	二级指标	三级指标	
平时测评 50%	线上学习 40%	参与度	40%
		线上作业	30%
		线上测验	30%
	课堂活动 10%	考勤	70%
		课堂表现	30%

续表

一级指标	二级指标	三级指标
平时测评 50%	学习工作页 50%	项目1学习工作页　5%
		项目2学习工作页　5%
		项目3学习工作页　20%
		项目4学习工作页　20%
		项目5学习工作页　20%
		项目6学习工作页　20%
		项目7学习工作页　10%
期末测评50%		期末考试100%

六、实施保障

(一)师资队伍

本课程专(兼)职教师应具有良好的师德师风、扎实的专业相关理论水平、中级及以上相关专业职称或技师资格担任课堂理实一体化教学。

(二)教学实施

本专业应设有智能网联汽车实训基地,该基地能够为"平路协同系统测试装调"课程提供足够的教学条件。台套数能同时满足3个班的教学,按照4~5人/台配备。

具体要求为:

1. 智能网联整车系统教学车辆4辆。

2. 专用工具:智能新能源维修一体化工具8套,智能新能源汽车故障诊断仪器4台,智能新能源汽车专用绝缘表、数字钳形万用表等工具和防护用品若干。

3. 相关设备:智能网联环境感知理实一体化教学台架(激光雷达台架、毫米波雷达台架、超声波雷达台架、计算平台台架及视觉传感器台架)2套,智能网联理实一体化教室两间,配套教具若干。

(三)教学资源

1. 教材资源

按照国家教材选用原则和要求选用教材。

2. 网络资源

国家职业教育智慧教育平台。

(四)教学方法和手段

教学应立足培养学生实际操作能力、职业素养等,采用任务驱动教学法、合作探究法、仿真教学法、小组讨论、案例分析、教师示范、角色扮演等多种以学生为中心的教学方法,让学生在"做中学""学中做"。在教学过程中,应运用多媒体、现代信息技术、实物等辅助资源教学。

"底盘线控执行系统测试装调"课程教学标准

一、课程概述

(一)课程教学标准依据

本课程教学标准根据《汽车制造试验和售后服务技术人员能力标准》中的 QPBZL01 智能车载设备功能性试验,依据智能网联汽车技术专业人才培养方案,对接《智能网联汽车测试装调职业技能等级证书》标准进行制定。

(二)课程类型

本课程是智能网联汽车技术专业的专业核心课程,共 40 个学时。本课程是在学习智能网联汽车底盘线控执行系统装配、调试和测试后的一门理实一体化课程。

(三)课程功能

本课程实现专业人才培养规格要求,发挥课程思政功能,落实立德树人根本任务,育训结合,支持专业教学目标达成和《智能网联汽车测试装调职业技能等级证书》获取,培养学习者对智能网联汽车底盘线控执行系统进行测试与装调的能力。

二、课程目标

学习者通过对该课程的学习,能具备底盘线控执行系统的测试和装调的能力。该能力由以下方面组成:

(一)职业素养

1. 具有良好的职业素质和工匠精神。
2. 具有吃苦耐劳、爱岗敬业的精神。

(二)通用能力

1. 具有认真观察、积极思考的能力。
2. 具有分析和解决问题的能力。

(三)专业知识

1. 知道底盘线控执行系统的概念、优缺点、功能、组成、工作原理、发展与应用场景。
2. 知道线控驱动系统的功能与组成、性能参数、工作原理、通信原理和测试方法。
3. 知道线控转向系统的功能与组成、性能参数、工作原理、通信原理和测试方法。
4. 知道线控制动系统的功能与组成、性能参数、工作原理、通信原理和测试方法。

(四)技术技能

1. 能根据操作规范及技术要求,完成底盘线控系统的基本认知,查阅随车资料并识读线控底盘系统结构布置图及相关电路图。
2. 能按照装调工艺文件技术规范对线控驱动系统进行安装和调试。
3. 能按照装调工艺文件技术规范对线控转向系统进行安装和调试。
4. 能按照装调工艺文件技术规范对线控制动系统进行安装和调试。

三、课程设置

（一）课程内容和"1+X"证书对接

依据《智能网联汽车测试装调职业技能等级证书》要求,将底盘线控执行系统装调工作任务、教学内容对接"1+X"证书中职业技能要求,见表1。

表1 教学内容要求及对接"1+X"技能等级证书教学标准

项目	任务	学习活动	"1+X"技能等级证书教学标准
			智能网联汽车测试装调职业技能要求
项目1 智能网联 汽车底盘 线控系统 的认知	任务1.1 底盘线控 系统的 认知	1.认识整车底盘线控执行系统的发展与未来 2.底盘线控系统概述 3.认识底盘线控系统	初级 4.1.2 能识读电路图和装配图,正确选择元器件和识别安装位置,正确理解各线控系统的装配要求
项目2 线控驱动 系统的安 装与调试	任务2.1 线控驱动 系统的 认知	4.认知线控驱动系统的功能与组成 5.认识线控驱动系统的工作原理	初级 4.1.2 能识读电路图和装配图,正确选择元器件和识别安装位置,正确理解各线控系统的装配要求
	任务2.2 线控驱动 系统的安 装与调试	6.认识驱动电机 7.认识电机控制器 8 认识减速器	初级 4.1.3 能按照工艺文件正确选择并使用装配工具和测量工具 4.1.4 能按照工艺文件正确完成各线控系统及部件的生产装配和品质检测 4.1.5 能识别各线控系统型号及硬件接口,按照工艺文件正确完成各系统的整车装配和装配参数测量;能按照工艺文件正确完成各系统线路的连接和检查 中级 4.1.1 能按照相关规程正确完成各线控系统部件程序刷写 4.1.2 能编制各线控系统及部件生产装配工艺文件 4.1.3 能编制各线控系统整车装配工艺文件 4.1.4 能绘制各线控系统电路与信号传输原理图 4.2.1 能按照相关规程正确完成各线控系统软件升级 4.3.1 能按照测试方案正确完成各线控系统硬件、软件功能测试,并编写测试报告 4.3.2 能按照诊断流程正确完成各线控系统故障分析与处理,并编写诊断报告

项目	任务	学习活动	"1+X"技能等级证书教学标准
			智能网联汽车测试装调职业技能要求
项目2 线控驱动系统的安装与调试			高级 4.1.1　能编制各线控系统及部件生产调试工艺文件 4.1.2　能编制各线控系统整车调试工艺文件 4.2.1　能根据需求调整各线控系统软件参数 4.2.2　能编制各线控系统软硬件测试方案和诊断流程
	任务2.3 线控驱动系统通信线路的检测与调试	9.认识线控驱动系统控制模块 10.认识线控驱动系统的通信原理	初级 4.1.3　能按照工艺文件正确选择并使用装配工具和测量工具 中级 4.3.1　能按照测试方案正确完成各线控系统硬件、软件功能测试,并编写测试报告 4.3.2　能按照诊断流程正确完成各线控系统故障分析与处理,并编写诊断报告 高级 4.2.1　能根据需求调整各线控系统软件参数 4.2.2　能编制各线控系统软硬件测试方案和诊断流程
项目3 线控转向系统的安装与调试	任务3.1 线控转向系统的认知	11.认知线控转向系统的作用与组成 12.认识线控转向系统的工作原理	1-1　初级 4.1.2　能识读电路图和装配图,正确选择元器件和识别安装位置,正确理解各线控系统的装配要求
	任务3.2 线控转向系统的安装与调试	13.认识转向盘模块 14.认识转向执行模块 15.检测线控转向系统通信线路	1-1　初级 4.1.3　能按照工艺文件正确选择并使用装配工具和测量工具 4.1.4　能按照工艺文件正确完成各线控系统及部件的生产装配和品质检测 4.1.5　能识别各线控系统型号及硬件接口,按照工艺文件正确完成各系统的整车装配和装配参数测量;能按照工艺文件正确完成各系统线路的连接和检查 1-1　中级 4.1.1　能按照相关规程正确完成各线控系统部件程序刷写

续表

项目	任务	学习活动	"1+X"技能等级证书教学标准
			智能网联汽车测试装调职业技能要求
项目3 线控转向系统的安装与调试			4.1.2 能编制各线控系统及部件生产装配工艺文件 4.1.3 能编制各线控系统整车装配工艺文件 1-1 高级 4.1.1 能编制各线控系统及部件生产调试工艺文件 4.1.2 能编制各线控系统整车调试工艺文件 4.2.1 能根据需求调整各线控系统软件参数
	任务3.3 线控转向系统通信线路检测	16.认识线控转向的控制系统控制模块 17.认识线控转向的控制系统的通信原理	1-1 初级 4.1.3 能按照工艺文件正确选择并使用装配工具和测量工具 1-1 中级 4.3.1 能按照测试方案正确完成各线控系统硬件、软件功能测试,并编写测试报告 4.3.2 能按照诊断流程正确完成各线控系统故障分析与处理,并编写诊断报告 1-1 高级 4.2.1 能根据需求调整各线控系统软件参数 4.2.2 能编制各线控系统软硬件测试方案和诊断流程
项目4 线控制动系统的安装与调试	任务4.1 线控制动系统的认知	18.认知线控制动系统的作用与结构组成 19.认识线控制动系统的工作原理	1-1 初级 4.1.2 能识读电路图和装配图,正确选择元器件和识别安装位置,正确理解各线控系统的装配要求
	任务4.2 线控制动系统(EHB)的安装与调试	20.认知电子助力器带制动泵总成的工作原理 21.认知电子助力器带制动泵总成系统的功能与特点	1-1 初级 4.1.3 能按照工艺文件正确选择并使用装配工具和测量工具 4.1.4 能按照工艺文件正确完成各线控系统及部件的生产装配和品质检测 1-1 中级 4.1.1 能按照相关规程正确完成各线控系统部件程序刷写 4.1.2 能编制各线控系统及部件生产装配工艺文件

项目	任务	学习活动	"1+X"技能等级证书教学标准 智能网联汽车测试装调职业技能要求
项目4 线控制动系统的安装与调试			4.1.3 能编制各线控系统整车装配工艺文件 1-1 高级 4.1.1 能编制各线控系统及部件生产调试工艺文件 4.1.2 能编制各线控系统整车调试工艺文件
	任务4.3 线控制动系统通信线路检测	22.认识EHB控制系统组成 23.认识线控制动系统的通信原理	1-1 初级 4.1.3 能按照工艺文件正确选择并使用装配工具和测量工具 1-1 中级 4.3.1 能按照测试方案正确完成各线控系统硬件、软件功能测试，并编写测试报告 1-1 高级 4.2.1 能根据需求调整各线控系统软件参数 4.2.2 能编制各线控系统软硬件测试方案和诊断流程

（二）课程内容支撑课程目标设计

课程内容支撑课程目标设计见表2。

表2　课程内容支撑课程目标设计

课程内容＼课程目标	职业素养 1	职业素养 2	通用能力 1	通用能力 2	专业知识 1	专业知识 2	专业知识 3	专业知识 4	技术技能 1	技术技能 2	技术技能 3	技术技能 4
任务1.1 底盘线控系统的认知	H				H				H			
任务2.1 线控驱动系统的认知						H				H		
任务2.2 线控驱动系统的安装与调试		H				H				H		
任务2.3 线控驱动系统通信线路的检测与调试						H				H		
任务3.1 线控转向系统的认知			H			H					H	

续表

课程目标 课程内容	职业素养		通用能力		专业知识				技术技能			
	1	2	1	2	1	2	3	4	1	2	3	4
任务 3.2 线控转向系统的安装与调试				H			H				H	
任务 3.3 线控转向系统通信线路检测							H				H	
任务 4.1 线控制动系统的认知								H				H
任务 4.2 线控制动系统（EHB）的安装与调试								H				
任务 4.3 线控制动系统通信线路检测								H				H

四、课程实施安排

课程内容学时分配见表3。

表3 课程内容学时分配

项目	任务	理论	实验实训	小计
项目1 智能网联汽车底盘线控系统的认知	任务 1.1 底盘线控系统的认知	2	2	4
项目2 线控驱动系统的安装与调试	任务 2.1 线控驱动系统的认知	2	2	4
	任务 2.2 线控驱动系统的安装与调试	2	2	4
	任务 2.3 线控驱动系统通信线路的检测与调试	2	2	4
项目3 线控转向系统的安装与调试	任务 3.1 线控转向系统的认知	2	2	4
	任务 3.2 线控转向系统的安装与调试	2	2	4
	任务 3.3 线控转向系统通信线路检测	2	2	4

续表

项目	任务	理论	实验实训	小计
项目4 线控制动系统的安装与调试	任务4.1　线控制动系统的认知	2	2	4
	任务4.2　线控制动系统（EHB）的安装与调试	2	2	4
	任务4.3　线控制动系统通信线路检测	2	2	4
合计		20	20	40

五、教学评价

（一）课程目标达成度评价权重

课程目标达成度分为子课程目标达成度和总课程目标达成度。课程内容支撑课程目标达成，课程内容支撑各子课程目标的权重见表4。

表4　课程内容支撑课程目标权重表

课程内容 / 课程目标 权重		任务1.1	任务2.1	任务2.2	任务2.3	任务3.1	任务3.2	任务3.3	任务4.1	任务4.2	任务4.3	∑子课程目标达成度	∑总课程目标评价值
职业素养	1　具有良好的职业素质和工匠精神	1										1	0.05
	2　具有吃苦耐劳、爱岗敬业的精神		1									1	0.05
通用能力	1　具有认真观察、积极思考的能力					1						1	0.05
	2　具有分析和解决问题的能力						1					1	0.05
专业知识	1　知道底盘线控执行系统的概念、优缺点、功能、组成、工作原理、发展与应用场景	1										1	0.1
	2　知道线控驱动系统的功能与组成、性能参数、工作原理、通信原理和测试方法		0.3	0.3	0.4							1	0.1
	3　知道线控转向系统的功能与组成、性能参数、工作原理、通信原理和测试方法					0.3	0.3	0.4				1	0.1
	4　知道线控制动系统的功能与组成、性能参数、工作原理、通信原理和测试方法								0.3	0.3	0.4	1	0.1

续表

课程目标 / 权重 / 课程内容		任务1.1	任务2.1	任务2.2	任务2.3	任务3.1	任务3.2	任务3.3	任务4.1	任务4.2	任务4.3	∑子课程目标达成度	∑总课程目标评价值
技术技能	1 能根据操作规范及技术要求,完成底盘线控系统的基本认知,查阅随车资料并识读线控底盘系统结构布置图及相关电路图	1										1	0.1
	2 能按照装调工艺文件技术规范对线控驱动系统进行安装和调试		0.3	0.3	0.4							1	0.1
	3 能按照装调工艺文件技术规范对线控转向系统进行安装和调试					0.3	0.3	0.4				1	0.1
	4 能按照装调工艺文件技术规范对线控制动系统进行安装和调试								0.3	0.3	0.4	1	0.1
∑ 本课程目标达成度													1

说明:对课程内容的考核为在教学过程中对任务模块进行随堂测验或实践考核等的评分。

(二)评价方式

课程评价采用平时测评与期末终结性鉴定相结合的鉴定方式,采用线上评价与线下评价、理论评价与实操评价的方式进行,具体权重设置见表5。

表5 成绩指标权重表

一级指标	二级指标	三级指标	
平时测评 50%	线上学习 40%	参与度	40%
		线上作业	30%
		线上测验	20%
		线上考试	10%
	课堂活动 10%	考勤	50%
		课堂表现	50%

一级指标	二级指标	三级指标	
平时测评 50%	学习工作页 50%	任务 1.1 学习工作页	10%
		任务 2.1 学习工作页	10%
		任务 2.2 学习工作页	10%
		任务 2.3 学习工作页	10%
		任务 3.1 学习工作页	10%
		任务 3.2 学习工作页	10%
		任务 3.3 学习工作页	10%
		任务 4.1 学习工作页	10%
		任务 4.2 学习工作页	10%
		任务 4.3 学习工作页	10%
期末测评 50%	期末考试 100%		

六、实施保障

(一)师资队伍

本课程专(兼)职教师应具有良好的师德师风、扎实的专业相关理论水平、中级及以上相关专业职称或技师资格担任课堂理实一体化教学、实践教学。

(二)教学设施

本专业应设有汽车整车维修实训中心,其中底盘实训区能为"底盘线控执行系统测试装调"课程提供足够的教学条件。台套数能同时满足 3 个班的教学,按照 4~5 人/台配备。

具体要求为:

1. 底盘线控执行系统车辆。

2. 专业工具:专用诊断仪、标定软件 INCA 等。

(三)教学资源

1. 教材资源

按照国家教材选用原则和要求选用教材。

2. 网络资源

国家职业教育智慧教育平台。

(四)教学方法和手段

教学应立足于培养学生实际操作能力、职业素养等,采用任务驱动教学法、合作探究法、仿真教学法、小组讨论、案例分析、教师示范、角色扮演等多种以学生为中心的教学方法,让学生在"做中学""学中做"。在教学过程中,应运用多媒体、现代信息技术、实物等辅助资源教学。

"环境感知系统装调与测试"课程教学标准

一、课程概述

（一）课程教学标准依据

本课程教学标准根据《汽车制造试验和售后服务技术人员能力标准》中的 QPBZL01 智能车载设备功能性试验、QPBZL02 智能网联汽车场景试验，依据智能网联汽车技术专业人才培养方案，对接《智能网联汽车测试装调职业技能等级证书》标准进行制定。

（二）课程类型

本课程是智能网联汽车技术专业的专业核心课程，共 72 学时。本课程是在学习汽车零部件识别与检测、车间安全与工具设备使用、数字电路与模拟电路后的一门理实一体化课程。

（三）课程功能

本课程实现专业人才培养规格要求，发挥课程思政功能，落实立德树人根本任务，育训结合，支持专业教学目标达成和《智能网联汽车测试装调职业技能等级证书》获取，培养学习者了解智能网联汽车传感器测试装调技术基础的能力。

二、课程目标

学习者通过对该课程的学习，能更好地遵守智能网联汽车装调与测试安全规定，具有安全而正确地完成智能网联汽车传感器装配、调试、测试、标定的能力。该能力由以下几方面组成：

（一）职业素养

1. 具有良好的职业素质和工匠精神。
2. 具有吃苦耐劳、爱岗敬业的精神。

（二）通用能力

1. 具有查询资料，收集信息，分析、处理工作数据的能力。
2. 具有较强的分析与解决问题的能力。

（三）专业知识

1. 能描述环境感知系统的组成及发展历史。
2. 能描述超声波雷达的结构、工作原理、装调、标定及检测方法。
3. 能描述毫米波雷达的结构、工作原理、装调、标定及检测方法。
4. 能描述激光雷达的结构、工作原理、装调、标定及检测方法。
5. 能描述视觉传感器的结构、工作原理、装调、标定及检测方法。
6. 能描述组合导航系统的结构、工作原理、装调、标定及检测方法。
7. 能描述传感器的融合方法。

（四）技术技能

1. 能实施超声波雷达的装调、标定及检测。

2.能实施毫米波雷达的装调、标定及检测。

3.能实施激光雷达的装调、标定及检测。

4.能实施视觉传感器的装调、标定及检测。

5.能实施组合导航系统的装调、标定及检测。

6.能实施传感器的融合。

三、课程设置

（一）课程内容与"1+X"证书对接

依据《智能网联汽车测试装调职业技能等级证书》，对接智能网联汽车测试与装调工作任务，教学内容中对接"1+X"证书中相关知识要求和技能要求，见表1。

表1　教学内容要求及对接"1+X"技能等级证书教学标准

项目	任务	学习活动	"1+X"技能等级证书教学标准
项目1 环境感知系统认知	任务1.1 车辆行驶状态传感器认知	1.传感器基本原理 2.车辆行驶状态传感器的类型及工作原理	无
	任务1.2 智能感知传感器认知	3.智能感知定义、功能 4.环境感知传感器的种类	无
	任务1.3 车辆定位传感器认知	5.汽车定位定义、功能 6.车辆定位传感器的种类	无
	任务1.4 环境感知传感器发展历史	7.智能传感器发展历史 8.车辆定位传感器发展历史	无
项目2 超声波传感器检测与标定	任务2.1 超声波雷达的认知及结构原理	9.超声波雷达认知 10.超声波雷达结构原理	中级 1.1.2　能设计编写传感器生产装配工艺文件；能设计编写传感器整车装配工艺文件；能设计编写传感器在整车上的电路与信号传输原图
	任务2.2 超声波雷达的装调与标定	11.超声波雷达的调试 12.超声波雷达标定	中级 1.1.1　能对车载传感器进行维护，根据电路图更换相关元器件；能根据传感器安装环境要求（温度、湿度、噪声、干涉等）优化安装位置 1.2.1　能使用外置设备、外置电源进行车载传感器调试 1.2.2　能进行车载多传感器的联合调试 1.3.1　能按照测试方案搭建相关测试场景，对传感器进行测试 1.4.1　能按照标定方案进行传感器的单独标定

续表

项目	任务	学习活动	"1+X"技能等级证书教学标准
项目2 超声波传感器检测与标定	任务2.3 超声波雷达的检测	13.超声波雷达的检测 14.超声波雷达的控制逻辑	中级 1.3.2 能识别传感器电路故障,并按照诊断流程进行分析与处理;能识别传感器工作异常,并按照诊断流程进行分析与处理
项目3 毫米波雷达检测与标定	任务3.1 毫米波雷达的认知及结构原理	15.毫米波雷达认知 16.毫米波雷达结构原理	中级 1.1.2 能设计编写传感器生产装配工艺文件;能设计编写传感器整车装配工艺文件;能设计编写传感器在整车上的电路与信号传输原图
	任务3.2 毫米波雷达的装调与标定	17.毫米波雷达的调试 18.毫米波雷达标定	中级 1.1.1 能对车载传感器进行维护,根据电路图更换相关元器件;能根据传感器安装环境要求(温度、湿度、噪声、干涉等)优化安装位置 1.2.1 能使用外置设备、外置电源进行车载传感器调试 1.2.2 能进行车载多传感器的联合调试 1.4.1 能按照标定方案进行传感器的单独标定
	任务3.3 超声波雷达的检测	19.毫米波雷达的检测 20.毫米波雷达的控制逻辑	中级 1.3.2 能识别传感器电路故障,并按照诊断流程进行分析与处理;能识别传感器工作异常,并按照诊断流程进行分析与处理
项目4 激光雷达检测与标定	任务4.1 激光雷达的认知及结构原理	21.激光雷达认知 22.激光雷达结构原理	中级 1.1.2 能设计编写传感器生产装配工艺文件;能设计编写传感器整车装配工艺文件;能设计编写传感器在整车上的电路与信号传输原图
	任务4.2 激光雷达的装调与标定	23.激光雷达的调试 24.激光雷达标定	中级 1.1.1 能对车载传感器进行维护,根据电路图更换相关元器件;能根据传感器安装环境要求(温度、湿度、噪声、干涉等)优化安装位置

项目	任务	学习活动	"1+X"技能等级证书教学标准
项目4 激光雷达检测与标定			中级 1.2.1 能使用外置设备、外置电源进行车载传感器调试 1.2.2 能进行车载多传感器的联合调试 1.4.1 能按照标定方案进行传感器的单独标定
	任务4.3 激光雷达的检测	25.激光雷达的检测 26.激光雷达的控制逻辑	1.3 中级 1.3.2 能识别传感器电路故障，并按照诊断流程进行分析与处理；能识别传感器工作异常，并按照诊断流程进行分析与处理
项目5 视觉传感器检测与标定	任务5.1 视觉传感器的认知及结构原理	27.视觉传感器认知 28.视觉传感器结构原理	1.1 中级 1.1.2 能设计编写传感器生产装配工艺文件；能设计编写传感器整车装配工艺文件；能设计编写传感器在整车上的电路与信号传输原图
	任务5.2 视觉传感器的装调与标定	29.视觉传感器的调试 30.视觉传感器标定	中级 1.1.1 能对车载传感器进行维护，根据电路图更换相关元器件；能根据传感器安装环境要求（温度、湿度、噪声、干涉等）优化安装位置 1.2.1 能使用外置设备、外置电源进行车载传感器调试 1.2.2 能进行车载传感器的联合调试 1.3.1 能按照测试方案搭建相关测试场景，对传感器进行测试 1.4.1 能按照标定方案进行传感器的单独标定
	任务5.3 视觉传感器的检测	31.视觉传感器的检测 32.视觉传感器的控制逻辑	中级 1.3.2 能识别传感器电路故障，并按照诊断流程进行分析与处理；能识别传感器工作异常，并按照诊断流程进行分析与处理
项目6 组合导航系统检测与标定	任务6.1 组合导航系统的认知及结构原理	33.组合导航系统认知 34.组合导航系统结构原理	中级 1.1.2 能设计编写传感器生产装配工艺文件；能设计编写传感器整车装配工艺文件；能设计编写传感器在整车上的电路与信号传输原图

续表

项目	任务	学习活动	"1+X"技能等级证书教学标准
项目6 组合导航系统检测与标定	任务6.2 组合导航系统的装调与标定	35.组合导航系统的调试 36.组合导航系统标定	中级 1.1.1 能对车载传感器进行维护,根据电路图更换相关元器件;能根据传感器安装环境要求(温度、湿度、噪声、干涉等)优化安装位置 1.2.1 能使用外置设备、外置电源进行车载传感器调试 1.2.2 能进行车载传感器的联合调试 1.3.1 能按照测试方案搭建相关测试场景,对传感器进行测试 1.4.1 能按照标定方案进行传感器的单独标定
	任务6.3 组合导航系统的检测	37.组合导航系统的检测 38.组合导航系统的控制逻辑	中级 1.3.2 能识别传感器电路故障,并按照诊断流程进行分析与处理;能识别传感器工作异常,并按照诊断流程进行分析与处理
项目7 传感器的融合	任务7.1 智能传感器的数据	39.激光雷达的点云数据示例 40.毫米波雷达的点云数据示例 41.视觉传感器图像处理数据示例 42.超声波雷达的测距数据示例 43.组合导航系统的定位数据示例	中级 1.4.3 能测量传感器坐标系转换数据
	任务7.2 多传感器的融合方案	44.智能传感器的时间同步 45.环境感知传感器融合方案 46.定位传感器融合方案	中级 1.2.2 能进行车载多传感器的联合调试
	任务7.3 多传感器联合标定	47.毫米波雷达与视觉传感器联合标定 48.激光雷达与视觉传感器联合标定 49.GPS与IMU联合标定	中级 1.4.2 能按照标定方案在整车上进行传感器的标定

(二)课程内容支撑课程目标设计

课程内容支撑课程目标设计见表2。

表2 课程内容支撑课程目标设计

课程目标 课程内容	职业素养		通用能力		专业知识							技术技能					
	1	2	1	2	1	2	3	4	5	6	7	1	2	3	4	5	6
项目1 环境感知系统认知	H		H		H												

续表

课程内容＼课程目标	职业素养		通用能力		专业知识							技术技能					
	1	2	1	2	1	2	3	4	5	6	7	1	2	3	4	5	6
项目2 超声波传感器检测与标定	H	H	H	H		H						H					
项目3 毫米波雷达检测与标定	H	H	H	H			H						H				
项目4 激光雷达检测与标定	H	H	H	H				H						H			
项目5 视觉传感器检测与标定	H	H	H	H					H						H		
项目6 组合导航系统检测与标定	H	H	H	H						H						H	
项目7 传感器的融合	H	H	H	H							H						H

注解：1. 根据课程对培养规格的支撑度，可划分为高支撑(H)、中支撑(M)和低支撑(L)。

2. 每门课程任务至少对1项培养规格形成高支撑，或对多项培养规格形成中支撑。

3. 每项培养规格至少有一个任务对其形成高支撑。

四、课程实施安排

课程内容学时分配见表3所示。

表3　课程内容学时分配

项目	任务	学时		
		理论	实验实训	小计
项目1 环境感知系统认知	任务1.1　车辆行驶状态传感器认知	1	0	1
	任务1.2　智能感知传感器认知	1	0	1
	任务1.3　车辆定位传感器认知	1	0	1
	任务1.4　环境感知传感器发展历史	1	0	1

续表

项目	任务	学时		
		理论	实验实训	小计
项目2 超声波传感器检测与标定	任务2.1 超声波雷达的认知及结构原理	2	1	3
	任务2.2 超声波雷达的装调与标定	2	2	4
	任务2.3 超声波雷达的检测	2	2	4
项目3 毫米波雷达检测与标定	任务3.1 毫米波雷达的认知及结构原理	2	1	3
	任务3.2 毫米波雷达的装调与标定	2	2	4
	任务3.3 超声波雷达的检测	2	2	4
项目4 激光雷达检测与标定	任务4.1 激光雷达的认知及结构原理	2	1	3
	任务4.2 激光雷达的装调与标定	2	2	4
	任务4.3 激光雷达的检测	2	2	4
项目5 视觉传感器检测与标定	任务5.1 视觉传感器的认知及结构原理	2	1	3
	任务5.2 视觉传感器的装调与标定	2	2	4
	任务5.3 视觉传感器的检测	2	2	4
项目6 组合导航系统检测与标定	任务6.1 组合导航系统的认知及结构原理	2	2	4
	任务6.2 组合导航系统的装调与标定	2	2	4
	任务6.3 组合导航系统的检测	2	2	4
项目7 传感器的融合	任务7.1 智能传感器的数据	2	2	4
	任务7.2 多传感器的融合方案	2	2	4
	任务7.3 多传感器联合标定	2	2	4
合计		40	32	72

五、教学评价

（一）课程目标达成度评价权重

本课程目标达成度分为子课程目标达成度和总课程目标达成度。课程内容支撑课程目标达成,课程内容支撑各子课程目标的权重见表4。

表4　课程内容支撑课程目标权重表

课程内容	课程目标 权重	项目1	项目2	项目3	项目4	项目5	项目6	项目7	∑子课程目标达成度	∑总课程目标评价值
职业素养	1　具有良好的职业素质和工匠精神	0.1	0.15	0.15	0.15	0.15	0.15	0.15	1	0.025
职业素养	2　具有吃苦耐劳、爱岗敬业的精神		0.15	0.15	0.15	0.15	0.2	0.2	1	0.025
通用能力	1　具有查询资料,收集信息,分析、处理工作数据的能力	0.1	0.15	0.15	0.15	0.15	0.15	0.15	1	0.025
通用能力	2　具有较强的分析与解决问题的能力		0.15	0.15	0.15	0.15	0.2	0.2	1	0.025
专业知识	1　能描述环境感知系统的组成及发展历史	1							1	0.025
专业知识	2　能描述超声波雷达的结构、工作原理、装调、标定及检测方法		1						1	0.025
专业知识	3　能描述毫米波雷达的结构、工作原理、装调、标定及检测方法			1					1	0.05
专业知识	4　能描述激光雷达的结构、工作原理、装调、标定及检测方法				1				1	0.05
专业知识	5　能描述视觉传感器的结构、工作原理、装调、标定及检测方法					1			1	0.05
专业知识	6　能描述组合导航系统的结构、工作原理、装调、标定及检测方法						1		1	0.05
专业知识	7　能描述传感器的融合方法							1	1	0.05
技术技能	1　能实施超声波雷达的装调、标定及检测		1						1	0.1
技术技能	2　能实施毫米波雷达的装调、标定及检测			1					1	0.1
技术技能	3　能实施激光雷达的装调、标定及检测				1				1	0.1
技术技能	4　能实施视觉传感器的装调、标定及检测					1			1	0.1
技术技能	5　能实施组合导航系统的装调、标定及检测						1		1	0.1
技术技能	6　能实施传感器的融合							1	1	0.1
∑　本课程目标达成度										1

（二）评价方式

课程评价采用过程评价与期末终结性鉴定相结合的鉴定方式，采用线上评价与线下评价、理论评价与实操评价的方式进行，具体权重设置见表5。

表5　成绩指标权重表

一级指标	二级指标	三级指标	
平时测评 50%	线上学习 40%	参与度	40%
		线上作业	30%
		线上测验	30%
	课堂活动 10%	考勤	50%
		课堂表现	50%
	学习工作页 50%	项目1学习工作页	14%
		项目2学习工作页	14%
		项目3学习工作页	14%
		项目4学习工作页	14%
		项目5学习工作页	14%
		项目6学习工作页	14%
		项目7学习工作页	16%
期末测评 50%	期末考试 100%		

六、实施保障

（一）师资队伍

本课程专（兼）职教师应具有良好的师德师风、扎实的专业相关理论水平、中级及以上相关专业职称或技师资格担任课堂理实一体化教学。

（二）教学实施

本专业应设有智能网联汽车实训基地，能够为"环境感知系统装调与测试"课程提供足够的教学条件。台套数能同时满足多个班教学。

具体要求为：

1. 智能网联整车系统教学车辆。

2. 专用工具：智能新能源维修一体化工具，智能新能源汽车故障诊断仪器，智能新能源汽车专用绝缘表、数字钳形万用表等工具和防护用品若干。

3. 相关设备：智能网联环境感知理实一体化教学台架（激光雷达台架、毫米波雷达台架、超声波雷达台架、计算平台台架及视觉传感器台架），智能网联理实一体化教室两间，配套教具若干。

（三）教学资源

1.教材资源

按照国家教材选用原则和要求选用教材。

2.网络资源

国家职业教育智慧教育平台。

（四）教学方法和手段

教学应立足于培养学生实际操作能力、职业素养等,采用任务驱动教学法、合作探究法、仿真教学法、小组讨论、案例分析、教师示范、角色扮演等多种以学生为中心的教学方法,让学生在"做中学""学中做"。在教学过程中,应运用多媒体、现代信息技术、实物等辅助资源教学。

"智能决策系统装调与测试"课程教学标准

一、课程概述

（一）课程教学标准依据

本课程教学标准根据《汽车制造试验和售后服务技术人员能力标准》中的 QPBZL01 智能车载设备功能性试验、QPBZL02 智能网联汽车场景试验,依据智能网联汽车技术专业人才培养方案,对接《智能网联汽车测试装调职业技能等级证书》标准进行制定。

（二）课程类型

本课程是智能网联汽车技术专业的专业核心课程,共 112 学时。本课程是在学习智能传感器装调测试、汽车电子技术基础、车载网络系统检修、纯电动汽车构造与检修后的一门理实一体化课程。

（三）课程功能

本课程实现专业人才培养规格要求,发挥课程思政功能,落实立德树人根本任务,育训结合,支持专业教学目标达成和《智能网联汽车测试装调职业技能等级证书》获取,培养学习者了解智能网联汽车智能决策系统装调与测试的能力。

二、课程目标

学习者通过对该课程的学习,能更好地遵守智能网联汽车装调与测试安全规定,具备正确、安全地完成测试、装调智能网联汽车智能决策系统的能力。该能力由以下几方面组成:

（一）职业素养

具有吃苦耐劳、爱岗敬业、勇于探究的精神。

（二）通用能力

1.具有认真观察、自我学习的能力。

2.具有时间规划、制订计划的能力。

（三）专业知识

1. 能描述智能网联汽车的定义与分级，车辆决策规划技术的定义。
2. 能掌握智能网联汽车的电气危害、救助步骤、高压安全操作步骤。
3. 能识别智能网联汽车工艺技术文件与各种元器件的组成、工作原理。
4. 能描述自适应巡航系统装调与测试的流程与方法。
5. 能描述车道保持系统装调与测试的流程与方法。
6. 能描述防撞辅助系统装调与测试的流程与方法。
7. 能描述自动泊车系统装调与测试的流程与方法。

（四）技术技能

1. 能够使用计算平台相关工具并对智能网联汽车计算平台进行装配及调试工作。
2. 能够实施智能网联汽车自适应巡航系统的装调与测试。
3. 能够实施智能网联汽车车道保持系统的装调与测试。
4. 能够实施智能网联汽车防撞辅助系统的装调与测试。
5. 能够实施智能网联汽车自动泊车系统的装调与测试。

三、课程设置

（一）课程内容与"1+X"证书对接

依据《智能网联汽车测试装调职业技能等级证书》，对接智能网联汽车智能决策系统的测试与装调工作任务，教学内容中对接"1+X"证书中相关知识要求和技能要求，见表1。

表1 教学内容要求及对接"1+X"技能等级证书教学标准

项目	任务	学习活动	"1+X"技能等级证书教学标准 智能网联汽车测试装调职业技能要求
项目1 作业规范	任务1.1 健康安全认知	1. 高压安全防护知识学习 2. 触电急救措施学习	2-1 初级 2.1.1 能正确理解并执行通用安全规范，识别智能网联汽车及零部件相关作业中的安全风险，并采取必要防范措施
	任务1.2 工具设备的使用	3. 智能网联汽车相关工具设备（包含各种扭力工具及螺丝刀，万用表，电流钳，绝缘测试仪及示波器等）的展示与使用 4. 智能网联汽车相关工具设备的维护与保养 5. 智能网联汽车相关工具设备存放要求的学习	2-1 初级 2.1.1 能正确理解并执行通用安全规范，识别智能网联汽车及零部件相关作业中的安全风险，并采取必要防范措施 2.1.3 能按照工艺文件正确选择并使用装配工具和测量工具

项目	任务	学习活动	"1+X"技能等级证书教学标准
			智能网联汽车测试装调职业技能要求
项目1 作业规范	任务1.3 工艺技术 文件识读	6.工艺文件(包含原理图、布线图、线束图及接线图等)解读方法及流程 7.工艺技术文件种类识别 8.根据不同工艺文件进行对应检查及校对	2-2 初级 2.2.1 能按照工艺文件正确完成计算平台生产调试 2.2.2 能按照工艺文件正确完成计算平台整车调试
项目2 认知电工 电子基础	任务2.1 元器件的识别与检测	9.元器件识别 10.元器件分类 11.各种元器件作用及功能识别 12.元器件安装及保养手段学习	无
	任务2.2 焊接、组装 工具的使用	13.各种焊接、组装工具结构识别 14.学习各种工具的主要功能及使用方法 15.学习各种工具存放及维保方法	2-1 初级 2.1.5 能识别计算平台的型号及硬件接口,按照工艺文件正确完成计算平台整车装配和装配参数测量;能按照工艺文件正确完成计算平台线路的连接和检查
	任务2.3 电路图识读及电路焊接	16.电路图基本组成学习 17.电路图各单元功能学习 18.根据电路图要求对实际线路进行焊接或组装	2-1 初级 2.1.2 能识读电路图和装配图,正确选择元器件和识别安装位置,正确理解计算平台装配要求
	任务2.4 电路板卡 制作工艺	19.电路板卡制作工艺流程学习 20.工艺流程注意事项学习 21.工艺流程工作环境安全要求学习	2-1 初级 2.1.4 能按照工艺文件正确完成计算平台生产装配和品质检测 2.1.5 能识别计算平台的型号及硬件接口,按照工艺文件正确完成计算平台整车装配和装配参数测量;能按照工艺文件正确完成计算平台线路的连接和检查
项目3 认知智能网联汽车的机械基础	任务3.1 机械制图方法及国家教学标准认知	22.机械制度案例学习 23.国家相关教学标准认知学习 24.机械制图软件学习	无
	任务3.2 装配图和装配工艺文件识读	25.对各种装配图和装配工艺文件进行识读学习	2-1 初级 2.1.3 能按照工艺文件正确选择并使用装配工具和测量工具 2.1.4 能按照工艺文件正确完成计算平台的生产装配和品质检测

续表

项目	任务	学习活动	"1+X"技能等级证书教学标准
			智能网联汽车测试装调职业技能要求
项目3 认知智能网联汽车的机械基础	任务3.3 公差和配合认知	26.平台装配图纸中的各种配合分类及性质学习 27.国家教学标准结合教学标准公差计算方法学习	无
	任务3.4 工程材料的辨识	28.材料种类基础学习 29.材料相关参数学习 30.材料相关拓展学习 31.材料选取方式学习	无
项目4 计算平台安装与调试	任务4.1 计算平台架构总体框架	32.计算平台框架总体认知 33.自动驾驶行业教学标准体系学习 34.自动驾驶计算平台发展史学习 35.自动驾驶系统功能分类学习	无
	任务4.2 计算平台硬件单元的认知与安装	36.自动驾驶电子控制域学习 37.CPU架构和工作原理学习 38.处理器架构学 39.AI单元的计算方法（NPU,DSP,FPGA,ASIC）	2-3　中级 2.3.1　能按照测试方案正确完成计算平台硬件、软件功能测试,并编写测试报告 2.3.2　能按照诊断流程正确完成计算平台故障分析与处理,并编写诊断报告
	任务4.3 计算平台决策原理与调试	40.了解自动驾驶系统的作用及组成 41.安装与调试自动驾驶操作系统 42.了解自动驾驶控制单元平台 43.搭建与调试控制单元软件环境	
项目5 自适应巡航系统装调与测试	任务5.1 认知自适应巡航系统	44.了解主动巡航系统的组成 45.认知主动巡航系统的工作原理 46.认识主动巡航系统的工作模式	2-2　高级 2.2.1　能根据需求调整计算平台软件参数 2.2.2　能编制计算平台软硬件测试方案和诊断流程 3-2　高级 3.2.3　能根据特定测试需求,正确使用测试平台编写测试脚本
	任务5.2 自适应巡航系统检修	47.认知主动巡航系统的电路原理 48.检测主动巡航系统电路	
	任务5.3 自适应巡航系统失效模式分析	49.了解DFMEA的基本概念 50.认知DFMEA的分析思路 51.编写DFMEA文件	

续表

项目	任务	学习活动	"1+X"技能等级证书教学标准
			智能网联汽车测试装调职业技能要求
项目6 车道保持系统装调与测试	任务6.1 认知车道辅助系统	52.了解车道辅助系统的组成 53.认知车道辅助系统的工作原理 54.认识车道辅助系统的工作模式	2-2　高级 2.2.1　能根据需求调整计算平台软件参数 2.2.2　能编制计算平台软硬件测试方案和诊断流程 3-2　高级 3.2.3　能根据特定测试需求,正确使用测试平台编写测试脚本
	任务6.2 车道辅助系统检修	55.认知车道辅助系统的电路原理 56.检测车道辅助系统电路	
项目7 并线辅助系统装调与测试	任务7.1 认知并线辅助系统	57.了解并线辅助系统的组成 58.认知并线辅助系统的工作原理 59.认识并线辅助系统的工作模式	2-2　高级 2.2.1　能根据需求调整计算平台软件参数 2.2.2　能编制计算平台软硬件测试方案和诊断流程 3-2　高级 3.2.3　能根据特定测试需求,正确使用测试平台编写测试脚本
	任务7.2 并线辅助系统检修	60.认知并线辅助系统的电路原理 61.检测并线辅助系统电路	
项目8 防撞辅助系统装调与测试	任务8.1 认知防撞辅助系统	62.了解防撞辅助系统的组成 63.认知防撞辅助系统的工作原理 64.认识防撞辅助系统的工作模式	2-2　高级 2.2.1　能根据需求调整计算平台软件参数 2.2.2　能编制计算平台软硬件测试方案和诊断流程 3-2　高级 3.2.3　能根据特定测试需求,正确使用测试平台编写测试脚本
	任务8.2 防撞辅助系统检修	65.认知防撞辅助系统的电路原理 66.检测防撞辅助系统电路	
项目9 自动泊车系统装调与测试	任务9.1 认知自动泊车系统	67.了解自动泊车系统的组成 68.认知自动泊车系统的工作原理和工作模式 69.了解360°环视系统的组成和分类 70.认知360°环视系统的基本原理	2-2　高级 2.2.1　能根据需求调整计算平台软件参数 2.2.2　能编制计算平台软硬件测试方案和诊断流程 3-2　高级 3.2.3　能根据特定测试需求,正确使用测试平台编写测试脚本
	任务9.2 自动泊车系统检修	71.认知自动泊车系统的电路原理 72.检测自动泊车系统电路	
	任务9.3 自动泊车系统失效模式分析	73.认知自动泊车系统DFMEA的分析思路 74.编写自动泊车系统DFMEA文件	

（二）课程内容支撑课程目标设计

课程内容支撑课程目标设计见表2。

表2　课程内容支撑课程目标设计

课程内容＼课程目标	职业素养		通用能力		专业知识							技术技能				
	1	2	1	2	1	2	3	4	5	6	7	1	2	3	4	5
项目1 作业规范	H			M	H											
项目2 认知电工电子基础	H	H	H	H	M	M	H									
项目3 认知智能网联汽车机械基础	H	H	H			H	H					M				
项目4 计算平台安装与调试	H	H	H	H								H				
项目5 自适应巡航系统装调与测试	H	H	H	H				H				H	H			
项目6 车道保持系统装调与测试	H	H	H	H						H		H		H		
项目7 并线辅助系统装调与测试	H	H	H	H						H		H		H		
项目8 防撞辅助系统装调与测试	H	H	H	H							H	H			H	
项目9 自动泊车系统装调与测试	H	H	H	H								H	H			H

注解：1. 根据课程对培养规格的支撑度，可划分为高支撑（H）、中支撑（M）和低支撑（L）。

2. 每门课程任务至少对1项培养规格形成高支撑，或对多项培养规格形成中支撑。

3. 每项培养规格至少有一个任务对其形成高支撑。

四、课程实施安排

课程内容学时分配见表3。

表3　课程内容学时分配

项目	任务	学时		
		理论	实验实训	小计
项目1 作业规范	任务1.1　健康安全认知	2	2	4
	任务1.2　工具设备的使用	1	1	2
	任务1.3　工艺技术文件识读	1	1	2
项目2 认知电工电子基础	任务2.1　元器件的识别与检测	2	2	4
	任务2.2　焊接、组装工具的使用	2	2	4
	任务2.3　电路图识读及电路焊接	2	2	4
	任务2.4　电路板卡制作工艺	2	2	4
项目3 认知智能网联汽车的机械基础	任务3.1　机械制图方法及国家教学标准认知	2	2	4
	任务3.2　装配图和装配工艺文件识读	1	1	2
	任务3.3　公差和配合认知	2	2	4
	任务3.4　工程材料的辨识	1	1	2
项目4 计算平台安装与调试	任务4.1　计算平台架构总体框架	2	2	4
	任务4.2　计算平台硬件单元的认知与安装	4	4	8
	任务4.3　计算平台决策原理与调试	4	4	8
项目5 自适应巡航系统装调与测试	任务5.1　认知自适应巡航系统	2	2	4
	任务5.2　自适应巡航系统检修	2	2	4
	任务5.3　自适应巡航系统失效模式分析	4	4	8
项目6 车道保持系统装调与测试	任务6.1　认知车道辅助系统	2	2	4
	任务6.2　车道辅助系统检修	2	2	4
项目7 并线辅助系统装调与测试	任务7.1　认知并线辅助系统	2	2	4
	任务7.2　并线辅助系统检修	2	2	4
项目8 防撞辅助系统装调与测试	任务8.1　认知防撞辅助系统	2	2	4
	任务8.2　防撞辅助系统检修	2	2	4
项目9 自动泊车系统装调与测试	任务9.1　认知自动泊车系统	2	2	4
	任务9.2　自动泊车系统检修	2	2	4
	任务9.3　自动泊车系统失效模式分析	4	4	8
合计		56	56	112

五、教学评价

（一）课程目标达成度评价权重

课程目标达成度分为子课程目标达成度和总课程目标达成度。课程内容支撑课程目标达成,课程内容支撑各子课程目标的权重见表4。

表4 课程内容支撑课程目标权重表

课程目标 / 权重 / 课程内容		支撑课程内容									课程目标达成度	
		项目1	项目2	项目3	项目4	项目5	项目6	项目7	项目8	项目9	∑ 子课程目标达成度	∑ 总课程目标评价值
职业素养	1 具有吃苦耐劳、爱岗敬业、勇于探究的精神	0.15	0.15	0.1	0.1	0.1	0.1	0.1	0.1	0.1	1	0.025
			0.15	0.15	0.15	0.15	0.1	0.1	0.1	0.1	1	0.025
通用能力	1 具有认真观察、自我学习的能力		0.15	0.15	0.15	0.15	0.1	0.1	0.1	0.1	1	0.05
	2 具有时间规划、制订计划的能力	0.05	0.1	0.1	0.1	0.15	0.15	0.15	0.1		1	0.05
专业知识	1 能描述智能网联汽车的定义与分级,车辆决策规划技术的定义	0.4	0.2		0.4						1	0.05
	2 能掌握智能网联汽车的电气危害、救助步骤、高压安全操作步骤		0.4	0.6							1	0.05
	3 能识别智能网联汽车工艺技术文件与各种元器件的组成、工作原理		0.5	0.5							1	0.05
	4 能描述自适应巡航系统装调与测试的流程与方法					1					1	0.05
	5 能描述车道保持系统装调与测试的流程与方法						0.5	0.5			1	0.05
	6 能描述防撞辅助系统装调与测试的流程与方法								1		1	0.05
	7 能描述自动泊车系统装调与测试的流程与方法									1	1	0.05
技术技能	1 能够使用计算平台相关工具并对智能网联汽车计算平台进行装配及调试工作			0.1	0.15	0.15	0.15	0.15	0.15	0.15	1	0.1
	2 能够实施智能网联汽车自适应巡航系统的装调与测试					1					1	0.1
	3 能够实施智能网联汽车车道保持系统的装调与测试						0.5	0.5			1	0.1

续表

课程目标 权重 课程内容	支撑课程内容									课程目标达成度	
	项目1	项目2	项目3	项目4	项目5	项目6	项目7	项目8	项目9	∑子课程目标达成度	∑总课程目标评价值
技术技能 4 能够实施智能网联汽车防撞辅助系统的装调与测试								1		1	0.1
技术技能 5 能够实施智能网联汽车自动泊车系统的装调与测试									1	1	0.1
∑ 本课程目标达成度											1

说明:对课程内容的考核为在教学过程中对任务模块进行随堂测验或实践考核等的评分。

(二)评价方式

课程评价采用过程评价与期末终结性鉴定相结合的鉴定方式,采用线上评价与线下评价、理论评价与实操评价的方式进行,具体权重设置见表5。

表5　成绩指标权重表

一级指标	二级指标	三级指标	
平时测评 50%	线上学习 40%	参与度	40%
		线上作业	30%
		线上测验	20%
		线上考试	10%
	课堂活动 10%	考勤	70%
		课堂表现	30%
	学习工作页 50%	项目1学习工作页	5%
		项目2学习工作页	5%
		项目3学习工作页	5%
		项目4学习工作页	15%
		项目5学习工作页	15%
		项目6学习工作页	15%
		项目7学习工作页	15%
		项目8学习工作页	15%
		项目9学习工作页	10%
期末测评50%	期末考试100%		

六、实施保障

（一）师资队伍

本课程专（兼）职教师应具有良好的师德师风、扎实的专业相关理论水平、中级及以上相关专业职称或技师资格担任课堂理实一体化教学。

（二）教学实施

本专业应设有智能网联汽车实训基地，该基地能够为"智能决策系统装调与测试"课程提供足够的教学条件。台套数能同时满足多个班教学。

具体要求为：

1. 智能网联整车系统教学车辆。

2. 专用工具：智能新能源维修一体化工具，智能新能源汽车故障诊断仪器，智能新能源汽车专用绝缘表、数字钳形万用表等工具和防护用品若干。

3. 相关设备：智能网联环境感知理实一体化教学台架（激光雷达台架、毫米波雷达台架、超声波雷达台架、计算平台台架及视觉传感器台架），智能网联理实一体化教室两间，配套教具若干。

（三）教学资源

1. 教材资源

按照国家教材选用原则和要求选用教材。

2. 网络资源

国家职业教育智慧教育平台。

（四）教学方法和手段

教学应立足于培养学生实际操作能力、职业素养等，采用任务驱动教学法、合作探究法、仿真教学法、小组讨论、案例分析、教师示范、角色扮演等多种以学生为中心的教学方法，让学生在"做中学""学中做"。在教学过程中，应运用多媒体、现代信息技术、实物等辅助资源教学。

"智能网联汽车整车综合测试"课程教学标准

一、课程概述

（一）课程教学标准依据

本课程教学标准根据《汽车制造试验和售后服务技术人员能力标准》中的 QPBZL01 智能车载设备功能性试验、QPBZL02 智能网联汽车场景试验，依据智能网联汽车技术专业人才培养方案，对接《智能网联汽车测试装调职业技能等级证书》标准进行制定。

（二）课程类型

本课程是汽车智能技术专业的一门必修专业核心课程，共 72 学时，同时也是一门知识性、技能性和实践性很强的课程,前期课程有汽车测试基础、车路协同系统装调与测试、环境感知传感器装调与测试等。

(三)课程功能

本课程是在学习环境感知传感器装调与测试、底盘线控系统装调与测试、智能决策系统装调与测试、智能座舱系统装调与测试、车路协同系统装调与测试、汽车测试基础的基础上开设的一门理实一体化课程,其功能是对接专业人才培养目标,面向智能网联汽车测试等工作岗位,通过对智能网联汽车高级辅助驾驶与车联网测试等内容的学习,培养学习者对智能网联汽车整车进行测试与评价等方面的能力。

二、课程目标

学习者通过对该课程的学习,能具备完成智能网联汽车整车综合测试的能力。该能力由以下方面组成:

(一)职业素养

具有吃苦耐劳、爱岗敬业、勇于探究的精神。

(二)通用能力

1. 具有认真观察、自我学习的能力。

2. 具有时间规划、制订计划的能力。

(三)专业知识

1. 知道智能网联汽车的电气危害、救助步骤、高压安全操作步骤、整体构造、分类及产业构架。

2. 能根据测试要求准确选择测试方法和测试流程。

3. 知道智能网联汽车测试场景的相关规范与技术要求。

4. 知道测试系统的组成和工作原理。

5. 知道测试设备使用与维护的注意事项。

6. 知道车车通讯的测试流程。

(四)技术技能

1. 能够对智能网联汽车及智能网联汽车车载系统进行检测诊断工作。

2. 能够操作智能网联汽车各系统并完成测试装调工作。

三、课程设置

(一)课程内容和"1+X"证书对接

依据《智能网联汽车测试装调职业技能等级证书》,对接智能网联汽车智能决策系统的测试与装调工作任务,教学内容中对接"1+X"证书中相关知识要求和技能要求,见表1。

表1　教学内容要求及对接"1+X"技能等级证书教学标准

项目	任务	学习活动	"1+X"技能等级证书教学标准
			智能网联汽车测试装调职业技能要求
项目1 智能网联 汽车整车 综合测试 的认知	任务1.1 整车综合 测试防护 准备	1. 测试防护准备 2. 场景搭建准备	2-1　初级 2.1.1　能正确理解并执行通用安全规范,识别智能网联汽车及零部件相关作业中的安全风险,并采取必要防范措施
	任务1.2 整车综合 测试认知	3. 智能网联汽车的系统特点 4. 智能网联汽车的测试方法	2-1　初级 2.1.1　能正确理解并执行通用安全规范,识别智能网联汽车及零部件相关作业中的安全风险,并采取必要防范措施 2.1.3　能按照工艺文件正确选择并使用装配工具和测量工具
	任务1.3 整车综合 测试场景 认知	5. 智能网联汽车测试场景搭建 6. 智能网联汽车测试场景技术要求 7. 智能网联汽车测试场景规范	2-2　初级 2.2.1　能按照工艺文件正确完成计算平台生产调试 2.2.2　能按照工艺文件正确完成计算平台整车调试
	任务1.4 整车综合 测试设备 认知	8. 测试系统的组成和工作原理 9. 整车综合测试流程	无
项目2 智能网联 汽车整车 测试	任务2.1 限速标志 识别及响 应测试	10. 限速标志识别及响应测试 11. 使用相关设备完成测试及测试数据主观评价	无
	任务2.2 机动车信号 灯识别及响 应测试	12. 搭建机动车信号灯识别及响应测试场景 13. 使用相关设备完成机动车信号灯识别及响应测试数据主观评价	2-1　初级 2.1.5　能识别计算平台的型号及硬件接口,按照工艺文件正确完成计算平台整车装配和装配参数测量;能按照工艺文件正确完成计算平台线路的连接和检查
	任务2.3 方向指示 信号灯识 别及响应 测试	14. 搭建方向指示信号灯识别及响应测试场景 15. 使用相关设备完成方向指示信号灯识别及响应测试数据主观评价	2-1　初级 2.1.2　能识读电路图和装配图,正确选择元器件和识别安装位置,正确理解计算平台装配要求

续表

项目	任务	学习活动	"1+X"技能等级证书教学标准 智能网联汽车测试装调职业技能要求
项目3 智能网联汽车网联测试	任务3.1 长直路段车车通信测试	16.搭建长直路段车车通信测试场景 17.车车通信测试数据采集与主观评价	无
	任务3.2 车车通信测试	18.搭建车车通信相关测试场景 19.使用相关设备完成车车通信测试及测试数据主观评价	2-1 初级 2.1.3 能按照工艺文件正确选择并使用装配工具和测量工具 2.1.4 能按照工艺文件正确完成计算平台生产装配和品质检测
	任务3.3 十字交叉口车车通信测试	20.搭建十字交叉路口车车通信测试场景 21.使用相关设备完成十字交叉口车车通信测试数据主观评价	无

（二）课程内容支撑课程目标设计

课程内容支撑课程目标设计见表2。

表2 课程内容支撑课程目标设计

课程内容＼课程目标	职业素养		通用能力		专业知识					技术技能		
	1	2	1	2	1	2	3	4	5	6	1	2
项目1 智能网联汽车整车综合测试的认知	H			M								
项目2 智能网联汽车整车测试		H						H				M
项目3 智能网联汽车网联测试		H								H		M

四、课程实施安排

课程内容学时分配见表3。

表3 课程内容学时分配

项目	任务	学时		
		理论	实验实训	小计
项目1 智能网联汽车整车综合测试的认知	任务1.1 整车综合测试防护准备	2	2	4
	任务1.2 整车综合测试认知	2	2	4
	任务1.3 整车综合测试场景认知	2	2	4
	任务1.4 整车综合测试设备认知	2	2	4
项目2 智能网联汽车整车测试	任务2.1 限速标志识别及响应测试	2	6	8
	任务2.2 机动车信号灯识别及响应测试	4	8	12
	任务2.3 方向指示信号灯识别及响应测试	4	8	12
项目3 智能网联汽车网联测试	任务3.1 长直路段车车通信测试	2	6	8
	任务3.2 长直路段车路通信测试	2	6	8
	任务3.3 十字交叉口车车通信测试	2	6	8
合计		24	48	72

五、教学评价

（一）课程目标达成度评价权重

课程目标达成度分为子课程目标达成度和总课程目标达成度。课程内容支撑课程目标达成,课程内容支撑各子课程目标的权重见表4。

表4 课程内容支撑课程目标权重表

课程目标 / 权重 / 课程内容		支撑课程内容			课程目标达成度	
		项目1	项目2	项目3	∑ 子课程目标达成度	∑ 总课程目标评价值
职业素养	1 具有吃苦耐劳、爱岗敬业、勇于探究的精神	1			1	0.05
			1		1	0.05
通用能力	1 具有认真观察、自我学习的能力		0.5	0.5	1	0.05
	2 具有时间规划、制定计划的能力	0.6		0.4	1	0.1
专业知识	1 知道智能网联汽车的电气危害、救助步骤、高压安全操作步骤、整体构造、分类及产业构架			1	1	0.1
	2 能根据测试要求准确选择测试方法和测试流程			1	1	0.1

续表

课程目标		支撑课程内容			课程目标达成度	
权重 课程内容		项目1	项目2	项目3	∑ 子课程目标达成度	∑ 总课程目标评价值
专业知识	3 知道智能网联汽车测试场景的相关规范与技术要求			1	1	0.1
	4 知道测试系统的组成和工作原理	1			1	0.1
	5 知道测试设备使用与维护的注意事项	1			1	0.1
	6 知道车车通信的测试流程		0.5	0.5	1	0.05
技术技能	1 能够对智能网联汽车及智能网联汽车车载系统进行检测诊断工作	0.2	0.6	0.2	1	0.1
	2 能够操作智能网联汽车各系统部件并完成测试装调工作	0.2	0.4	0.4	1	0.1
∑ 本课程目标达成度						1

说明:对课程内容的考核为在教学过程中对任务模块进行随堂测验或实践考核等的评分。

(二)评价方式

课程评价采用平时测评与期末终结性鉴定相结合的鉴定方式,采用线上评价与线下评价、理论评价与实操评价的方式进行,具体权重设置如表5。

学生成绩的认定,包括2个方面,一是平时过程性考核50%,满分50分;二是按照课程考核教学标准进行的期末考核,满分50分。两项分之和,即为学生最终成绩。

表5 成绩指标权重表

一级指标	二级指标	三级指标	
平时测评 50%	线上学习 40%	参与度	40%
		线上作业	30%
		线上测验	20%
		线上考试	10%
	课堂活动 10%	考勤	50%
		课堂表现	50%
	学习工作页 50%	项目1学习工作页	30%
		项目2学习工作页	30%
		项目3学习工作页	40%
期末测评 50%	期末理论考试50%		
	实践综合测试50%		

六、实施保障

（一）师资队伍

本课程专（兼）职教师应具有良好的师德师风、扎实的专业相关理论水平、中级及以上相关专业职称或技师资格担任课堂理实一体化教学。

（二）教学设施

本专业应设有智能网联汽车实训基地，该基地能够为"智能网联汽车整车综合测试"课程提供足够的教学条件。台套数能同时满足多个班教学。

具体要求为：

1. 智能网联整车系统教学车辆。

2. 专用工具：智能新能源维修一体化工具，智能新能源汽车故障诊断仪器，智能新能源汽车专用绝缘表、数字钳形万用表等工具和防护用品若干。

3. 相关设备：智能网联环境感知理实一体化教学台架（激光雷达台架、毫米波雷达台架、超声波雷达台架、计算平台台架及视觉传感器台架），智能网联理实一体化教室两间，配套教具若干。

（三）教学资源

1. 教材资源

按照国家教材选用原则和要求选用教材。

2. 网络资源

国家职业教育智慧教育平台。

（四）教学方法和手段

教学应立足于培养学生实际操作能力、职业素养等，采用任务驱动教学法、合作探究法、仿真教学法、小组讨论、案例分析、教师示范、角色扮演等多种以学生为中心的教学方法，让学生在"做中学""学中做"。在教学过程中，应运用多媒体、现代信息技术、实物等辅助资源教学。

"智能座舱系统装调与检测"课程教学标准

一、课程概述

（一）课程教学标准依据

本课程教学标准依据智能网联汽车技术专业人才培养方案，对接《智能网联汽车测试装调职业技能等级证书》标准进行制定。

（二）课程类型

本课程是智能网联汽车技术专业的专业核心课程，共72学时。本课程是在学习环境感知系统装调与测试、智能决策系统装调与测试、底盘线控系统装调与测试后的一门理实一体化课程。

（三）课程功能

本课程实现专业人才培养规格要求,发挥课程思政功能,落实立德树人根本任务,育训结合,支持专业教学目标达成和《智能网联汽车测试装调职业技能等级证书》获取,培养学习者对汽车智能座舱进行装调与检测的能力。

二、课程目标

学习者通过对该课程的学习,能具备安全而正确地装调与检测智能座舱的能力。该能力由以下方面组成:

（一）职业素养

1. 具有良好的职业素质和工匠精神。
2. 具有吃苦耐劳、爱岗敬业的精神。

（二）通用能力

1. 具有查阅资料、收集信息、分析处理工作数据的能力。
2. 具有分析问题与解决问题的能力。

（三）专业知识

1. 能描述智能座舱的发展历史、系统组成、交互技术。
2. 能描述车载收音机系统的装调流程及检测方法。
3. 能描述车载音响系统的装调流程及检测方法。
4. 能描述车载显示屏系统的装调流程及检测方法。
5. 能描述电动座椅系统的装调流程及检测方法。
6. 能描述车载无线通信系统的装调流程及检测方法。
7. 能描述智能座舱电控系统控制电路的检测方法。

（四）技术技能

1. 能实施车载收音机系统的装调与检测。
2. 能实施车载音响系统的装调与检测。
3. 能实施车载显示屏系统的装调与检测。
4. 能实施电动座椅系统的装调与检测。
5. 能实施车载无线通信系统的装调与检测。
6. 能实施智能座舱电控系统控制电路的检测。

三、课程设置

（一）课程内容与"1+X"证书对接

依据"1+X"《智能网联汽车测试装调职业技能等级证书》标准,将智能座舱系统装调与检测的工作任务、教学内容对接"1+X"证书中相关知识要求和技能要求,见表1。

表1 教学内容要求及对接"1+X"技能等级证书教学标准

项目	任务	学习活动	"1+X"技能等级证书教学标准
项目1 智能座舱认知	任务1.1 智能座舱认知	1. 了解智能座舱的发展历史 2. 识别智能座舱的系统组成 3. 理解智能座舱的解决方案 4. 认知智能座舱交互技术	3.1 初级 3.1.4 能按照工艺文件对智能座舱系统各部件进行生产装配;能识别智能座舱系统各部件的型号,认知部件功能;能识别智能座舱系统各部件的硬件接口
项目2 车载收音机系统装调与检测	任务2.1 车载收音机系统认知	5. 认知AM/FM收音机 6. 认知调谐器 7. 认知收音天线	3.1 初级 3.1.4 能按照工艺文件对智能座舱系统各部件进行生产装配;能识别智能座舱系统各部件的型号,认知部件功能;能识别智能座舱系统各部件的硬件接口
	任务2.2 车载收音机系统装调	8. 拆卸车载收音机系统 9. 安装车载收音机系统 10. 调试车载收音机系统	3.1 初级 3.1.4 能按照工艺文件对智能座舱系统各部件进行生产装配;能识别智能座舱系统各部件的型号,认知部件功能;能识别智能座舱系统各部件的硬件接口 3.1 中级 3.1.1 能识读电器线路图,识别对应的电子部件接口定义 3.3 中级 3.3.1 能按照测试方案对智能座舱系统的硬件、软件功能进行测试
	任务2.3 车载收音机系统检测	11. 检测车载收音机系统的部件 12. 检测车载收音机系统的电路	3.1 中级 3.1.1 能识读电器线路图,识别对应的电子部件接口定义 3.3 中级 3.3.2 能按照诊断流程对智能座舱系统故障进行分析与处理
项目3 车载音响系统装调与检测	任务3.1 车载音响系统认知	13. 认知车载音响系统 14. 认知扬声器 15. 认知音频放大器	3.1 初级 3.1.4 能按照工艺文件对智能座舱系统各部件进行生产装配;能识别智能座舱系统各部件的型号,认知部件功能;能识别智能座舱系统各部件的硬件接口

项目	任务	学习活动	"1+X"技能等级证书教学标准
项目3 车载音响系统装调与检测	任务3.2 车载音响系统装调	16.拆卸车载音响系统 17.安装车载音响系统 18.调试车载音响系统	3.1　初级 3.1.4　能按照工艺文件对智能座舱系统各部件进行生产装配;能识别智能座舱系统各部件的型号,认知部件功能;能识别智能座舱系统各部件的硬件接口 3.1　中级 3.1.1　能识读电器线路图,识别对应的电子部件接口定义 3.3　中级 3.3.1　能按照测试方案对智能座舱系统的硬件、软件功能进行测试
	任务3.3 车载音响系统检测	19.检测车载音响系统的部件 20.检测车载音响系统的电路	3.1　中级 3.1.1　能识读电器线路图,识别对应的电子部件接口定义 3.3　中级 3.3.2　能按照诊断流程对智能座舱系统故障进行分析与处理
项目4 车载显示屏系统装调与检测	任务4.1 车载显示屏系统认知	21.认知车载显示屏、中控屏 22.认知车载导航系统、娱乐影音系统、车机互联系统 23.了解车载应用软件开发流程	3.1　初级 3.1.4　能按照工艺文件对智能座舱系统各部件进行生产装配;能识别智能座舱系统各部件的型号,认知部件功能;能识别智能座舱系统各部件的硬件接口
	任务4.2 显示屏系统装调	24.拆卸车载显示屏系统 25.安装车载显示屏系统 26.调试车载显示屏系统	3.1　初级 3.1.4　能按照工艺文件对智能座舱系统各部件进行生产装配;能识别智能座舱系统各部件的型号,认知部件功能;能识别智能座舱系统各部件的硬件接口 3.1　中级 3.1.1　能识读电器线路图,识别对应的电子部件接口定义 3.3　中级 3.3.1　能按照测试方案对智能座舱系统的硬件、软件功能进行测试
	任务4.3 显示屏系统检测	27.检测车载显示屏系统的部件 28.检测车载显示屏系统的电路	3.1　中级 3.1.1　能识读电器线路图,识别对应的电子部件接口定义 3.3　中级 3.3.2　能按照诊断流程对智能座舱系统故障进行分析与处理

续表

项目	任务	学习活动	"1+X"技能等级证书教学标准
项目5 电动座椅系统装调与检测	任务5.1 电动座椅系统认知	29.认知电动座椅系统	3.1 初级 3.1.4 能按照工艺文件对智能座舱系统各部件进行生产装配;能识别智能座舱系统各部件的型号,认知部件功能;能识别智能座舱系统各部件的硬件接口
	任务5.2 电动座椅系统装调	30.拆卸电动座椅系统 31.安装电动座椅系统 32.调试电动座椅系统	3.1 初级 3.1.4 能按照工艺文件对智能座舱系统各部件进行生产装配;能识别智能座舱系统各部件的型号,认知部件功能;能识别智能座舱系统各部件的硬件接口 3.1 中级 3.1.1 能识读电器线路图,识别对应的电子部件接口定义 3.3 中级 3.3.1 能按照测试方案对智能座舱系统的硬件、软件功能进行测试
	任务5.3 电动座椅系统检测	33.检测电动座椅系统部件 34.检测电动座椅系统电路	3.1 中级 3.1.1 能识读电器线路图,识别对应的电子部件接口定义 3.3 中级 3.3.2 能按照诊断流程对智能座舱系统故障进行分析与处理
项目6 车载无线通信系统装调与检修	任务6.1 车载蓝牙通信系统装调与检修	35.认知车载蓝牙通信系统 36.拆卸车载蓝牙通信系统 37.安装车载蓝牙通信系统 38.调试车载蓝牙通信系统 39.检测车载蓝牙通信系统	3.1 初级 3.1.4 能按照工艺文件对智能座舱系统各部件进行生产装配;能识别智能座舱系统各部件的型号,认知部件功能;能识别智能座舱系统各部件的硬件接口 3.1 中级 3.1.1 能识读电器线路图,识别对应的电子部件接口定义 3.3 中级 3.3.1 能按照测试方案对智能座舱系统的硬件、软件功能进行测试 3.3.2 能按照诊断流程对智能座舱系统故障进行分析与处理

续表

项目	任务	学习活动	"1+X"技能等级证书教学标准
项目6 车载无线通信系统装调与检修	任务6.2 车载 WIFI 系统装调与检修	40.认知车载 WIFI 系统 41.拆卸车载 WIFI 系统 42.安装车载 WIFI 系统 43.调试车载 WIFI 系统 44.检测车载 WIFI 系统	3.1 初级 3.1.4 能按照工艺文件对智能座舱系统各部件进行生产装配;能识别智能座舱系统各部件的型号,认知部件功能;能识别智能座舱系统各部件的硬件接口 3.1 中级 3.1.1 能识读电器线路图,识别对应的电子部件接口定义 3.3 中级 3.3.1 能按照测试方案对智能座舱系统的硬件、软件功能进行测试 3.3.2 能按照诊断流程对智能座舱系统故障进行分析与处理
	任务6.3 车载 LTE 系统装调与检修	45.认知车载 LTE 系统 46.拆卸车载 LTE 系统 47.安装车载 LTE 系统 48.调试车载 LTE 系统 49.检测车载 LTE 系统	3.1 初级 3.1.4 能按照工艺文件对智能座舱系统各部件进行生产装配;能识别智能座舱系统各部件的型号,认知部件功能;能识别智能座舱系统各部件的硬件接口 3.1 中级 3.1.1 能识读电器线路图,识别对应的电子部件接口定义 3.3 中级 3.3.1 能按照测试方案对智能座舱系统的硬件、软件功能进行测试 3.3.2 能按照诊断流程对智能座舱系统故障进行分析与处理
	任务6.4 汽车 OTA 空中下载技术认知	50.认知汽车 OTA 空中下载技术	3.2 中级 3.2.1 能完成车载智能座舱系统的软件升级
项目7 智能座舱电控系统控制电路检测	任务7.1 电控空调系统控制电路检测	51.检测电控空调系统控制电路	3.1 中级 3.1.1 能识读电器线路图,识别对应的电子部件接口定义 3.3 中级 3.3.2 能按照诊断流程对智能座舱系统故障进行分析与处理

续表

项目	任务	学习活动	"1+X"技能等级证书教学标准
项目7 智能座舱 电控系统 控制电路 检测	任务7.2 电控车窗 系统控制 电路检测	52.检测电控车窗系统控制电路	3.1 中级 3.1.1 能识读电器线路图,识别对应的电子部件接口定义 3.3 中级 3.3.2 能按照诊断流程对智能座舱系统故障进行分析与处理
	任务7.3 电控灯光 系统控制 电路检测	53.检测电控灯光系统控制电路	3.1 中级 3.1.1 能识读电器线路图,识别对应的电子部件接口定义 3.3 中级 3.3.2 能按照诊断流程对智能座舱系统故障进行分析与处理
	任务7.4 电控门锁 系统控制 电路检测	54.检测电控门锁系统控制电路	3.1 中级 3.1.1 能识读电器线路图,识别对应的电子部件接口定义 3.3 中级 3.3.2 能按照诊断流程对智能座舱系统故障进行分析与处理

(二)课程内容支撑课程目标设计

课程内容支撑课程目标设计见表2。

表2 课程内容支撑课程目标设计

课程目标 课程内容	职业素养		通用能力		专业知识							技术技能					
	1	2	1	2	1	2	3	4	5	6	7	1	2	3	4	5	6
项目1 智能座舱认知	H				H												
项目2 车载收音机系统装调 与检测	H	H	H	H		H						H					
项目3 车载音响系统装调与 检测	H	H	H	H			H						H				
项目4 车载显示屏系统装调 与检测	H	H	H	H				H					H				

续表

课程目标 课程内容	职业素养		通用能力		专业知识							技术技能					
	1	2	1	2	1	2	3	4	5	6	7	1	2	3	4	5	6
项目5 电动座椅系统装调与检测	H	H	H	H					H						H		
项目6 车载无线通信系统装调与检修	H	H	H	H						H							H	
项目7 智能座舱电控系统控制电路检测	H	H	H	H							H						H

四、课程实施安排

课程内容学时分配见表3。

表3　课程内容学时分配

项目	任务	学时		
		理论	实验实训	小计
项目1 智能座舱认知	任务1.1　智能座舱认知	1	1	2
项目2 车载收音机系统装调与检测	任务2.1　车载收音机系统认知	1	0	1
	任务2.2　车载收音机系统装调	2	3	5
	任务2.3　车载收音机系统检测	2	2	4
项目3 车载音响系统装调与检测	任务3.1　车载音响系统认知	1	0	1
	任务3.2　车载音响系统装调	2	3	5
	任务3.3　车载音响系统检测	2	2	4
项目4 车载显示屏系统装调与检测	任务4.1　车载显示屏系统认知	1	0	1
	任务4.2　显示屏系统装调	2	3	5
	任务4.3　显示屏系统检测	2	2	4
项目5 电动座椅系统装调与检测	任务5.1　电动座椅系统认知	1	0	1
	任务5.2　电动座椅系统装调	2	3	5
	任务5.3　电动座椅系统检测	2	2	4

续表

项目	任务	学时		
		理论	实验实训	小计
项目6 车载无线通信系统装调与检修	任务6.1 车载蓝牙通信系统装调与检修	2	2	4
	任务6.2 车载WIFI系统装调与检修	2	2	4
	任务6.3 车载LTE系统装调与检修	2	2	4
	任务6.4 汽车OTA空中下载技术认知	1	1	2
项目7 智能座舱电控系统控制电路检测	任务7.1 电控空调系统控制电路检测	2	2	4
	任务7.2 电控车窗系统控制电路检测	2	2	4
	任务7.3 电控灯光系统控制电路检测	2	2	4
	任务7.4 电控门锁系统控制电路检测	2	2	4
合计		36	36	72

五、教学评价

(一)课程目标达成度评价权重

课程目标达成度分为子课程目标达成度和总课程目标达成度。课程内容支撑课程目标达成,课程内容支撑各子课程目标的权重见表4。

表4 课程内容支撑课程目标权重表

课程目标 / 权重 / 课程内容		支撑课程内容							课程目标达成度	
		项目1	项目2	项目3	项目4	项目5	项目6	项目7	∑子课程目标达成度	∑总课程目标评价值
职业素养	1 具有良好的职业素质和工匠精神	0.1	0.15	0.15	0.15	0.15	0.15	0.15	1	0.025
	2 具有吃苦耐劳、爱岗敬业的精神		0.15	0.15	0.15	0.15	0.2	0.2	1	0.025
通用能力	1 具有查阅资料、收集信息、分析处理工作数据的能力		0.15	0.15	0.15	0.15	0.2	0.2	1	0.025
	2 具有分析问题与解决问题的能力		0.15	0.15	0.15	0.15	0.2	0.2	1	0.025
专业知识	1 能描述智能座舱的发展历史、系统组成、交互技术	1							1	0.025
	2 能描述车载收音机系统的装调流程及检测方法		1						1	0.025

课程目标 权重 课程内容	支撑课程内容							课程目标达成度	
	项目1	项目2	项目3	项目4	项目5	项目6	项目7	∑子课程目标达成度	∑总课程目标评价值
专业知识 3　能描述车载音响系统的装调流程及检测方法			1					1	0.05
4　能描述车载显示屏系统的装调流程及检测方法				1				1	0.05
5　能描述电动座椅系统的装调流程及检测方法					1			1	0.05
6　能描述车载无线通信系统的装调流程及检测方法						1		1	0.05
7　能描述智能座舱电控系统控制电路的检测方法							1	1	0.05
技术技能 1　能实施车载收音机系统的装调与检测	1							1	0.1
2　能实施车载音响系统的装调与检测		1						1	0.1
3　能实施车载显示屏系统的装调与检测				1				1	0.1
4　能实施电动座椅系统的装调与检测					1			1	0.1
5　能实施车载无线通讯系统的装调与检测						1		1	0.1
6　能实施智能座舱电控系统控制电路的检测						1		1	0.1
∑　本课程目标达成度									1

说明:对课程内容的考核为在教学过程中对任务模块进行随堂测验或实践考核等的评分。

(二)评价方式

课程评价采用过程评价与期末终结性鉴定相结合的鉴定方式,采用线上评价与线下评价、理论评价与实操评价的方式进行,具体权重设置见表5。

表5　成绩指标权重表

一级指标	二级指标	三级指标	
平时测评 50%	线上学习 40%	参与度	40%
		线上作业	30%
		线上测验	30%

续表

一级指标	二级指标	三级指标	
平时测评 50%	课堂活动 10%	考勤	70%
		课堂表现	30%
	学习工作页 50%	项目1学习工作页	10%
		项目2学习工作页	15%
		项目3学习工作页	15%
		项目4学习工作页	15%
		项目5学习工作页	15%
		项目6学习工作页	15%
		项目7学习工作页	15%
期末测评50%	期末考试100%		

六、实施保障

(一)师资队伍

本课程专(兼)职教师应具有良好的师德师风、扎实的专业相关理论水平、中级及以上相关专业职称或技师资格担任课堂理实一体化教学、实践教学。

(二)教学设施

本专业应设有智能网联汽车实训基地,该基地能够为"智能座舱系统装调与检测"课程提供足够的教学条件。台套数能同时满足多个班教学。

具体要求为:

1. 智能网联整车系统教学车辆。

2. 专用工具:智能新能源维修一体化工具,智能新能源汽车故障诊断仪器,智能新能源汽车专用绝缘表、数字钳形万用表等工具和防护用品若干。

3. 相关设备:智能网联环境感知理实一体化教学台架,智能网联理实一体化教室,配套教具若干。

(三)教学资源

1. 教材资源

按照国家教材选用原则和要求选用教材。

2. 网络资源

国家职业教育智慧教育平台。

(四)教学方法和手段

教学应立足于培养学生实际操作能力、职业素养等,采用任务驱动教学法、合作探究法、仿真教学法、小组讨论、案例分析、教师示范、角色扮演等多种以学生为中心的教学方法,让学生在"做中学""学中做"。在教学过程中,应运用多媒体、现代信息技术、实物等辅助资源教学。

三

汽车电子技术专业核心课程教学标准

"车载网络系统检修"课程教学标准

一、课程概述

(一)课程教学标准依据

本课程教学标准依据汽车电子技术专业人才培养方案,根据教育部《高等职业学校汽车电子技术专业教学标准》,对接《汽车运用与维修职业技能等级证书》标准中"汽车全车网关控制与娱乐系统技术(初、中、高级)"模块进行制定。

(二)课程类型

本课程是汽车电子技术专业的专业核心课程,共48学时,属于汽车电子技术方面综合运用专业核心课程。本课程通过对常用车载网络技术的基础知识学习和对其故障诊断与维修基本技能训练,使学生获得汽车车载网络与通信技术方面的基本知识、基本理论和基本技能。本课程在第三学年开设的一门理实一体化课程,其前导课程是《汽车零部件识别》《模拟电路与数字电路》《汽车电路电路系统检测与维修》,本门课程为大三学生开设,为学生毕业后从事汽车机电技术方面工作在理论基础与基本技能方面打下坚实的基础。

(三)课程功能

本课程对接汽车电子技术专业人才培养规格和培养目标,面向汽车质量与性能检测技术员、汽车机电维修技师、试验技师、汽车服务顾问等岗位。本课程将职业素养、通用能力融入教学中,落实立德树人根本任务,将爱国主义精神,民族品牌精神,爱岗敬业、脚踏实地、精益求精的工匠精神等融入教学中。通过对汽车车载网络技术的基本知识(包括计算机网络技术发展、分类,车载网络技术常用技术术语、分类、通信协议含义及类型等),典型汽车车载网络系统(CAN总线、LIN总线、MOST总线)的结构及其通信原理,汽车车载网络系统故障检测与诊断方法及典型汽车(大众车系、日本车系)车载网络系统原理与故障检修等内容的学习,培养学生认识汽车车载网络系统检测流程和维修方法、知道汽车车载网络系统故障诊断方法、具备制订维修方案,排除汽车车载网络系统故障的能力。本课程对接《汽车运用与维修职业技能等级证书》中"汽车全车网关控制与娱乐系统技术(初、中、高级)"模块,学习者学完该课程后可以考取相关"1+X"证书。

二、课程目标

学习者通过对该课程的学习,应该了解各种车型常用的车载网络系统——CAN 总线/LIN 总线/MOST 总线的结构、通信原理以及具备对其故障诊断与排除的能力。该能力由以下方面组成:

(一)职业素养

1. 遵守职业规范,具有良好的专业精神、职业精神和工匠精神。

2. 具备创新创业思维与职业生涯规划意识。

(二)通用能力

1. 具备必要的人文社会知识和科学知识,能运用科学基本原理处理工作中遇到的问题。

2. 具有分析和解决问题的能力。

3. 具有终身学习与专业发展的能力。

(三)专业知识

1. 知道汽车网络技术的基本知识(包括常用技术术语、车载网络分类、通信协议含义及类型)。

2. 知道 CAN 总线的结构、通信原理、波形检测方法及故障类型。

3. 知道 LIN 总线的结构、通信原理、波形检测方法及故障类型。

4. 知道 MOST 总线的结构、通信原理、波形检测方法及故障类型。

5. 知道车载网络系统的故障检测、诊断方法。

6. 知道典型汽车车载网络系统的原理与故障检修方法。

(四)技术技能

1. 能熟练识读车载网络系统的汽车电路图,根据电路图实车指出车载网络相关零部件。

2. 能够使用万用表、示波器进行 CAN 总线波形、终端电阻及线路等检测。

3. 能够使用万用表、示波器进行 LIN 总线波形及线路等检测。

4. 能进行 MOST 总线波形及光纤检测。

5. 能对典型车系(大众车系)车载网络进行故障检测与排除。

6. 能对典型车系(日本车系)车载网络进行故障检测与排除。

三、课程设置

(一)课程内容和"1+X"证书对接

本课程属于汽车电子技术专业核心课,依据《汽车运用与维修职业技能等级证书》中

"汽车全车网关控制与娱乐系统技术(中级)"模块,对接汽车车载网络系统检测与维护工作任务,教学内容中对接"1+X"证书中相关知识要求和技能要求,见表1。

表1 教学内容要求及对接"1+X"技能等级证书教学标准

项目	任务	学习活动	"1+X"技能等级证书教学标准	
			技能要求	知识要求
项目1 汽车车载网络技术认知	任务1.1 汽车车载网络技术的发展	1.计算机网络技术概述 2.计算机网络技术在汽车控制中的应用背景	无	无
	任务1.2 汽车车载网络技术的作用和分类	3.汽车车载网络技术的作用 4.汽车车载网络技术的分类	无	无
项目2 汽车车载网络技术分析	任务2.1 汽车车载网络的组成	5.汽车电控单元结构与原理 6.汽车车载网络多路传输系统的结构与原理	无	无
	任务2.2 CAN总线系统技术分析	7.CAN总线系统的技术特征 8.CAN总线系统的结构 9.CAN总线系统的数据传输原理 10.CAN总线系统的通信协议 11.CAN总线系统的应用	2-4 中级 1.1.7 能读取发动机控制模块的CAN总线HIGH和LOW的波形图 1.2.7 能读取自动变速器控制模块的CAN总线HIGH和LOW的波形图 1.3.7 能读取电池管理控制模块的CAN总线HIGH和LOW的波形图	2-4 中级 1.1.7 发动机控制模块的CAN总线HIGH和LOW的教学标准波形图 1.2.7 自动变速器控制模块的CAN总线HIGH和LOW的教学标准波形图 1.3.7 电池管理控制模块的CAN总线HIGH和LOW的教学标准波形图
	任务2.3 LIN总线系统技术分析	12.LIN总线系统的技术特征 13.LIN总线系统的结构 14.LIN总线系统的数据传输原理 15.LIN总线系统的通信协议 16.LIN总线系统的应用	无	无

续表

项目	任务	学习活动	"1+X"技能等级证书教学标准	
			技能要求	知识要求
项目2 汽车车载 网络技术 分析	任务2.4 MOST总线 系统技术 分析	17. MOST总线系统的技术特征 18. MOST总线系统的结构 19. MOST总线系统的数据传输原理 20. MOST总线系统的通信协议 21. MOST总线系统的应用	无	无
项目3 汽车车载 网络系统 故障的检 查与诊断	任务3.1 车载网络 系统的故 障检测	22. 车载网络系统的故障类型 23. 车载网络系统的故障检测注意事项 24. 专业诊断仪在车载网络系统的故障检测中的应用	无	无
	任务3.2 汽车车载网 络系统的故 障诊断	25. 车载网络系统的故障诊断方法 26. 车载网络系统的故障自诊断 27. 车载网络系统的故障分析	无	无
项目4 典型汽车车 载网络系统 的原理与故 障检修	任务4.1 日本车系 车载网络 系统的故 障检修	28. 丰田车系车载网络系统的故障检修 29. 本田雅阁车载网络系统的故障检修	无	无

续表

项目	任务	学习活动	"1+X"技能等级证书教学标准	
			技能要求	知识要求
项目4 典型汽车车载网络系统的原理与故障检修	任务4.2 大众车系车载网络系统的故障检修	30. 大众车系CAN数据总线系统的故障检修 31.迈腾轿车总线的系统检修 32.宝来轿车舒适 CAN 总线检修	1-4　中级 1.1.7　能读取发动机控制模块的CAN总线HIGH和LOW的波形图 1.2.7　能读取自动变速器控制模块的CAN总线HIGH和LOW的波形图	1-4　中级 1.1.7　发动机控制模块的CAN总线HIGH和LOW的教学标准波形图 1.2.7　自动变速器控制模块的CAN总线HIGH和LOW的教学标准波形图

(二)课程内容支撑课程目标设计

课程内容支撑课程目标设计见表2。

表2　课程内容支撑课程目标设计

课程目标 课程内容	职业素养		通用能力			专业知识						技术技能					
	1	2	1	2	3	1	2	3	4	5	6	1	2	3	4	5	6
项目1 汽车车载网络技术认知	M	M	M			H											
项目2 汽车车载网络技术分析						H	H	H	H	H	H	H	H	H	H	H	H
项目3 汽车车载网络系统故障的检查与诊断	M	M	H	H	H				H	H							
项目4 典型汽车车载网络系统的原理与故障检修	H	H	M	M	M								M	M	M	H	H

注解:1.根据课程对培养规格的支撑度,可划分为高支撑(H)、中支撑(M)和低支撑(L)。

　　2.每门课程任务至少对1项培养规格形成高支撑,或对多项培养规格形成中支撑。

　　3.每项培养规格至少有一个任务对其形成高支撑。

四、课程实施安排

课程内容学时分配见表3。

表3 课程内容学时分配

项目	任务	学时		
		理论	实训	小计
项目1 汽车车载网络技术认知	任务1.1 汽车车载网络技术的发展	1	1	2
	任务1.2 汽车车载网络技术的作用和分类	1	1	2
项目2 汽车车载网络技术分析	任务2.1 汽车车载网络的组成	2	2	4
	任务2.2 CAN总线系统技术分析	4	4	8
	任务2.3 LIN总线系统技术分析	2	2	4
	任务2.4 MOST总线系统技术分析	2	2	4
项目3 汽车车载网络系统故障的检查与诊断	任务3.1 车载网络系统的故障检测	2	2	4
	任务3.2 汽车车载网络系统的故障诊断	2	2	4
项目4 典型汽车车载网络系统的原理与故障检修	任务4.1 日本车系车载网络系统的故障检修	2	2	4
	任务4.2 大众车系车载网络系统的故障检修	6	6	12
合计		24	24	48

五、教学评价

(一)课程目标达成度评价权重

课程目标达成度分为子课程目标达成度和总课程目标达成度。课程内容支撑课程目标达成,课程内容支撑各子课程目标的权重见表4。

表4 课程内容支撑课程目标权重表

课程内容 \ 课程目标权重		支撑课程内容				课程目标达成度	
		项目1	项目2	项目3	项目4	∑ 子课程目标达成度	∑ 总课程目标评价值
职业素养	1 遵守职业规范,具有良好的专业精神、职业精神和工匠精神	0.4	0.4	0.2		1	0.05
	2 具备创新创业思维与职业生涯规划意识	0.4	0.4		0.2	1	0.05
通用能力	1 具备必要的人文社会知识和科学知识,能运用科学基本原理处理工作中遇到的问题	0.4	0.4		0.2	1	0.05
	2 具有分析和解决问题的能力	0.4	0.4		0.2	1	0.05
	3 具有终身学习与专业发展的能力	0.4	0.4		0.2	1	0.05

续表

课程目标 / 权重 / 课程内容	支撑课程内容				课程目标达成度	
	项目1	项目2	项目3	项目4	∑子课程目标达成度	∑总课程目标评价值
专业知识 1 知道汽车网络技术的基本知识(包括常用技术术语、车载网络分类、通信协议含义及类型)	0.2	0.8			1	0.05
2 知道CAN总线的结构、通信原理、波形检测方法及故障类型		0.7	0.15	0.15	1	0.1
3 知道LIN总线的结构、通信原理、波形检测方法及故障类型		0.7	0.15	0.15	1	0.05
4 知道MOST总线的结构、通信原理、波形检测方法及故障类型		0.7	0.15	0.15	1	0.05
5 知道车载网络系统的故障检测、诊断方法		0.7	0.15	0.15	1	0.05
6 知道典型汽车车载网络系统的原理与故障检修方法		0.7	0.15	0.15	1	0.05
技术技能 1 能熟练识读车载网络系统的汽车电路图,根据电路图实车指出车载网络相关零部件			0.2	0.8	1	0.05
2 能够使用万用表、示波器进行CAN总线波形、终端电阻及线路等检测			0.2	0.8	1	0.1
3 能够使用万用表、示波器进行LIN总线波形及线路等检测			0.2	0.8	1	0.1
4 能进行MOST总线波形及光纤检测			0.2	0.8	1	0.05
5 能对典型车系(大众车系)车载网络进行故障检测与排除			0.2	0.8	1	0.05
6 能对典型车系(日本车系)车载网络进行故障检测与排除			0.2	0.8	1	0.05
∑ 本课程目标达成度						1

说明:对课程内容的考核为在教学过程中对任务模块进行随堂测验或实践考核等的评分。

(二)评价方式

课程评价采用平时测评与期末终结性鉴定相结合的鉴定方式,采用线上评价与线下评价、理论评价与实操评价的方式进行,具体权重设置见表5。

表5　成绩指标权重表

一级指标	二级指标	三级指标	
平时测评 50%	线上学习 40%	参与度	40%
		线上作业	30%
		线上测验	20%
		线上考试	10%
	课堂活动 10%	考勤	70%
		课堂表现	30%
	学习工作页 50%	任务1.1学习工作页	20%
		任务2.1学习工作页	10%
		任务2.2学习工作页	10%
		任务2.3学习工作页	10%
		任务2.4学习工作页	10%
		任务3.1学习工作页	10%
		任务3.2学习工作页	10%
		任务4.1学习工作页	10%
		任务4.2学习工作页	10%
期末测评50%	期末考试100%		

六、实施保障

(一)师资队伍

本课程专(兼)职教师应具有良好的师德师风、扎实的专业相关理论水平、中级及以上相关专业职称或技师资格担任课堂理实一体化教学。

(二)教学设施

本专业应设有整车实训中心,拥有教学车辆实训车辆,汽车故障诊断仪器,示波器,万用表、试灯、测试导线若干,车辆及工具数能同时满足2个班的教学,按照4~5人/台配备。

(三)教学资源

1.教材资源

按照国家教材选用原则和要求选用教材。

2.网络资源

智慧职教国家资源库"汽车检测与维修技术(汽车车身维修技术)"课程。

（四）教学方法和手段

教学应立足于培养学生实际操作能力、职业素养等，采用任务驱动教学法、合作探究法、仿真教学法、小组讨论、案例分析、教师示范、角色扮演等多种以学生为中心的教学方法，让学生在"做中学""学中做"。在教学过程中，应运用多媒体、现代信息技术、实物等辅助资源教学。

"电子线路辅助设计"课程教学标准

一、课程概述

（一）课程教学标准依据

本课程教学标准依据汽车电子技术专业人才培养方案，根据教育部《高等职业学校汽车电子技术专业教学标准》，对接《汽车运用与维修职业技能等级证书》标准进行制定。

（二）课程类型

本课程是汽车电子技术专业的专业核心课程，共 64 学时。本课程通过对数字电路与模拟电路原理图绘制的基础上，通过设计和定义元器件封装，然后进行 PCB 电路板的制作，达到最终的制版及电器元件焊装，使学生获得电子线路原理图及 PCB 板电路图绘制的基本技能，为毕业后进入电子线路的设计和制作相关岗位打下基础。本课程是在学习汽车电路系统检测与维修、数字电路与模拟电路后的一门理实一体化课程。

（三）课程功能

本课程对接汽车电子技术专业人才培养规格和培养目标，面向汽车电子产品质量与性能检测技术员、汽车机电维修技师、汽车电子产品设计等岗位。本课程将职业素养、通用能力融入教学中，落实立德树人根本任务，将爱国主义精神，民族品牌精神，爱岗敬业、脚踏实地、精益求精的工匠精神等融入教学中。通过对 protel 软件的学习，培养学生认识 protel 软件的使用方法、知道电路板的设计流程、具备制订设计方案，排除电路板故障的能力。本课程对接《集成电路版图设计职业技能等级证书》标准中相关（初、中、高级）模块，学习者学完该课程后可以考取相关"1+X"证书。

二、课程目标

学习者通过对该课程的学习，应该掌握电子线路的辅助设计基础理论和基础知识，掌握电子线路的辅助设计的基础操作技能，具备对简单产品设计、制造、调试与检测的能力。该能力由以下几方面组成：

（一）职业素养

1. 遵守职业规范，具有良好的专业精神、职业精神和工匠精神。
2. 具备创新创业思维与职业生涯规划意识。

（二）通用能力

1. 具有良好的沟通能力和团队合作能力，能有效地与相关工作人员和客户进行交流。

2.具有终身学习与专业发展的能力。

（三）专业知识

1.PCB 的生产工艺。

2.Protel XP2004 SP2 设计入门。

3.原理图设计。

4.原理图元器件设计。

5.PCB 设计基础。

6.PCB 手工布线。

7.PCB 自动布线。

（四）技术技能

1.熟练使用 PCB 设计软件的能力。

2.规范绘制电路原理图的能力。

3.按国标要求设计元件符号和元件封装的能力。

4.能掌握常用类型 PCB 的布局、布线基本原则的能力。

5.能掌握窜扰控制和屏蔽保护方法的能力。

6.能完成低频板、高频板、模数混合板及双面贴片板设计的能力。

7.能掌握一定的 PCB 设计技巧的能力。

三、课程设置

（一）课程内容与"1+X"证书对接

本课程属于汽车电子技术方面专业拓展课，依据《集成电路版图设计职业技能等级证书》中"集成电路版图设计（初、中、高级）"模块，对接集成电路设计与验证工作任务，教学内容中对接"1+X"证书中相关知识要求和技能要求，见表1。

表1　教学内容要求及对接"1+X"技能等级证书教学标准

项目	任务	学习活动	"1+X"技能等级证书教学标准	
			技能要求	知识要求
项目 1 Protel XP2004 SP2 设计入门	任务 1.1 PCB 设计简介	1. PCB 设计简介 2. Protel 的发展历史 3. Protel XP2004 SP2 的特点 4. Protel 99 SE 安装 5. Protel XP2004 SP2 升级包安装 6. 激活 Protel XP2004 SP2 软件	无	无

续表

项目	任务	学习活动	"1+X"技能等级证书教学标准	
			技能要求	知识要求
项目1 Protel XP2004 SP2 设计 入门	任务 1.2 Protel　XP2004 SP2 软件应用	7. Protel XP2004 SP2 应用初步 8. Protel XP2004 SP2 基本操作	无	无
项目2 原理图 设计	任务 2.1 原理图设计 基础	9. 国标元器件符号 认知 10. 原理图绘制软 件基本使用及简单 原理图绘制 11. 原理图库元件 设计 12. 绘制复杂电路 原理图 13. ERC 检查、网络 表生成、BOM 文件 生成及原理图输出	1.1.1　查看并编辑工艺 规则层（Layer）和过孔 （Via）信息 1.1.2　查看并编辑器件 （Device）和金属（Metal） 信息 1.1.3　查看并编辑各层 的显示信息	无
	任务 2.2 单管放大电路 原理图设计	14. PCB 设计软件 基本使用 15. 元件封装 16. 规划印制板、设 计定位孔 17. 元件布局与 布线	2.1.1　使用 Aether LE 工 具基本命令操作，包括缩 放、显示与去显、选中与 去选、测量等 2.1.2　执行各种基本布 局操作，包括插入并编辑 器件、移动、复制、对齐等 2.1.3　安排小规模版图 整体布局，如逻辑门和五 管运放等	无
	任务 2.3 采用总线形式 设计接口电路	18. 放置总线 19. 放置网络标号 20. 阵列式粘贴	无	无
	任务 2.4 单片机层次电 路图设计	21. 层次电路设计 概念 22. 层次电路主图 设计 23. 层次电路子图 设计 24. 设置图纸信息 25. 多通道原理图 设计	1.2.1　查看并使用 Aether 设计管理界面 1.2.2　图形化定义并使 用各层、过孔、器件和金 属信息 1.2.3 图形化定义并使用 各层的显示信息	无

续表

项目	任务	学习活动	"1+X"技能等级证书教学标准	
			技能要求	知识要求
项目2 原理图设计	任务2.5 电气检查与报表生成及原理图输出	26.独立原理图电气检查 27.目文件原理图电气检查 28.生成网络表及元件清单 29.原理图输出	无	无
项目3 原理图元器件设计	任务3.1 元器件库编辑器	30.启动元器件库编辑器 31.元器件库编辑管理器的使用 32.绘制元器件工具	1.3.1 使用基础库analog和basic 1.3.2 使用0.18 um PDK各种基本器件 1.3.3 建立并编辑库(Library)、元件(Cell)和视图(View)三层次的设计结构	无
	任务3.2 原理图元器件设计	33.设计前的准备 34.新建元器件库和元器件 35.不规则分立元件设计 36.规则的集成电路元件设计 37.多功能单元元器件设计 38.利用已有的库元件设计新元件	3.2.3 能理解Foundry所提供PDK中的各种器件	3.2.1 能了解典型EDA工具所提供的各种器件
	任务3.3 产生元器件报表	39.元器件报表的产生方法 40.元器件库报表的产生方法	无	无
	任务3.4 设计实例	41.行输出变压器设计 42.USB2.0微控制器CY7C6801356PVC设计	无	无

项目	任务	学习活动	"1+X"技能等级证书教学标准	
			技能要求	知识要求
项目4 PCB设计 基础	任务4.1 印制电路板 概述	43.印制电路板的发展 44.印制电路板的种类 45.PCB设计中的基本组件 46.印制电路板制作生产的工艺流程 47.常用元件封装	无	4.1.1　能了解集成电路的开发过程 4.1.2　能理解集成电路版图设计的概念流程 4.1.3　能理解集成电路版图设计的方法 4.1.4　能掌握集成电路版图设计的基础知识
	任务4.2 Protel XP2004 SP2 PCB 编 辑器	48.启动PCB编辑器 49.PCB编辑器的管理 50.工作环境设置 51.印制电路板的工作层面		无
	任务4.3 使用制板向导 创建PCB模板	52.使用已有的模板 53.自定义电路模板		无
项目5 PCB手工 布线	任务5.1 简单PCB设 计—单管放大 电路	54.规划PCB尺寸 55.设置PCB元件库 56.放置元件封装 57.放置焊盘 58.放置过孔 59.制作螺钉孔等定位孔 60.元件手工布局 61.3D预览 62.手工布线 63.根据产品的实际尺寸定义板子和选择元件	2.2.1　执行工具布线并调整线长、线宽 2.2.2　执行各种基本绕线操作,包括移动、拉伸、环绕、自动打孔、Bus线等 2.2.3　能针对小规模版图,如逻辑门和五管运放等,执行整体布线	无
	任务5.2 PCB 布局、布 线的一般原则	64.PCB布局基本原则 65.PCB布线基本原则	无	无

续表

项目	任务	学习活动	"1+X"技能等级证书教学标准	
			技能要求	知识要求
项目5 PCB手工布线	任务5.3 PCB元件设计	66.认知元件封装形式 67.创建PCB元件库 68.采用设计向导方式设计元件封装 69.采用手工绘制方式设计元件封装 70.元件封装编辑 71.创建集成元件库	无	无
	任务5.4 低频PCB—声光控节电开关PCB设计	72.产品介绍 73.设计前准备 74.设计PCB时考虑的因素 75.从原理图加载网络表和元件到PCB 76.声光控节电开关PCB手工布局 77.声光控节电开关PCB手工布线	无	无
	任务5.5 高密度圆形PCB—节能灯PCB设计	78.产品结构,产品资料,产品原理 79.PCB设计规范要求 80.根据面板特点及按钮位置规划PCB 81.贴片元件的使用 82.印刷电感设计 83.SMD布线规则设置及布线 84.PCB输出	无	无

项目	任务	学习活动	"1+X"技能等级证书教学标准	
			技能要求	知识要求
项目5 PCB手工 布线	任务5.6 有源音箱产品 设计	85. 产品介绍 86. 设计前准备 87. 设计 PCB 时考虑的因素 88. 从原理图加载网络表和元件到 PCB 89. 节能灯 PCB 手工布局 90. 节能灯 PCB 手工布线 91. 雕刻 PCB、采购元件 92. 生成 PCB 的元器件报表	无	无
项目6 PCB自动 布线	任务6.1 流水灯 PCB 设计	93. 设计前的准备 94. 设计 PCB 时考虑的因素 95. 元件预布局及载入网络表和元件 96. 元件布局 97. 元件预布线 98. 常用自动布线设计规则设置 99. 自动布线 100. 手工调整布线 101. 设计规则检查	无	无
	任务6.2 高频 PCB—单片调频发射电路设计	102. 电路原理 103. 设计前的准备 104. 设计 PCB 时考虑的因素 105. PCB 自动布局及调整 106. 地平面的设置 107. PCB 自动布线及调整	2.3.1　调整并优化版图的布局 2.3.2　调整并优化版图的布线 2.3.3　执行版图隔离保护	无

续表

项目	任务	学习活动	"1+X"技能等级证书教学标准	
			技能要求	知识要求
项目6 PCB自动 布线	任务6.3 模数混合 PCB—模拟信号采集电路设计	108.电路原理 109.设计前的准备 110.设计PCB时考虑的因素 111.PCB自动布局及调整 112.PCB自动布线及调整 113.模拟的和数字的分隔	无	无
	任务6.4 贴片双面PCB—电动车报警器遥控电路设计	114.产品介绍 115.设计前准备 116.设计PCB时考虑的因素 117.PCB布局 118.有关SMD元件的布线规则设置 119.PCB布线及调整 120.露铜设置	无	无
	任务6.5 印制电路板输出	121.PCB图打印输出 122.制造文件输出	无	无

(二)课程内容支撑课程目标设计

课程内容支撑课程目标设计见表2。

表2　课程内容支撑课程目标设计

课程目标 课程内容	职业素养		通用能力		专业知识					技术技能		
	1	2	1	2	1	2	3	4	5	1	2	3
项目1 Protel XP2004 SP2设计入门	H				H					H	H	
项目2 原理图设计	M				H						M	

课程目标 课程内容	职业素养		通用能力		专业知识					技术技能		
	1	2	1	2	1	2	3	4	5	1	2	3
项目3 原理图元器件设计	H			H		M	M	M	M	H	H	
项目4 PCB 设计基础		H	H	H		H						H
项目5 PCB 手工布线		H	H	H			H					H
项目6 PCB 自动布线		H	H	H				H				H

注解:1.根据课程对培养规格的支撑度,可划分为高支撑(H)、中支撑(M)和低支撑(L)。

2.每门课程任务至少对 1 项培养规格形成高支撑,或对多项培养规格形成中支撑。

3.每项培养规格至少有一个任务对其形成高支撑。

四、课程实施安排

课程内容学时分配见表3。

表3 课程内容学时分配

项目	任务	学时		
		理论	实训	小计
项目1 Protel XP2004 SP2 设计入门	任务 1.1 PCB 设计简介	1	1	2
	任务 1.2 Protel XP2004 SP2 软件应用	1	1	2
项目2 原理图设计	任务 2.1 原理图设计基础	1	1	2
	任务 2.2 单管放大电路原理图设计	2	2	4
	任务 2.3 采用总线形式设计接口电路	1	1	2
	任务 2.4 单片机层次电路图设计	1	1	2
	任务 2.5 电气检查与报表生成及原理图输出	1	1	2
项目3 原理图元器件设计	任务 3.1 元器件库编辑器	1	1	2
	任务 3.2 原理图元器件设计	1	1	2
	任务 3.3 产生元器件报表	1	1	2
	任务 3.4 设计实例	2	2	4

续表

项目	任务	学时		
		理论	实训	小计
项目4 PCB 设计基础	任务4.1　印制电路板概述	1	1	2
	任务4.2　Protel DXP2004 SP2 PCB 编辑器	1	1	2
	任务4.3　使用制板向导创建 PCB 模板	1	1	2
项目5 PCB 手工布线	任务5.1　简单 PCB 设计——单管放大电路	1	1	2
	任务5.2　PCB 布局、布线的一般原则	1	1	2
	任务5.3　PCB 元件设计	1	1	2
	任务5.4　低频 PCB——声光控节电开关 PCB 设计	1	1	2
	任务5.5　高密度圆形 PCB——节能灯 PCB 设计	2	2	4
	任务5.6　有源音箱产品设计	2	2	4
项目6 PCB 自动布线	任务6.1　流水灯 PCB 设计	1	1	2
	任务6.2　高频 PCB——单片调频发射电路设计	2	2	4
	任务6.3　模数混合 PCB——模拟信号采集电路设计	2	2	4
	任务6.4　贴片双面 PCB——电动车报警器遥控电路设计	2	2	4
	任务6.5　印制电路板输出	1	1	2
合计		32	32	64

五、教学评价

（一）课程目标达成度评价权重

课程目标达成度分为子课程目标达成度和总课程目标达成度。课程内容支撑课程目标达成,课程内容支撑各子课程目标的权重见表4。

表4　课程内容支撑课程目标权重表

课程目标　权重　课程内容		支撑课程内容						课程目标达成度	
		项目1	项目2	项目3	项目4	项目5	项目6	$\sum$ 子课程目标达成度	$\sum$ 总课程目标评价值
职业素养	1　具有良好的职业素质和工匠精神	0.1	0.2	0.2	0.1	0.2	0.2	1	0.05
	2　具备创新创业思维与职业生涯规划意识	0.1	0.2	0.2	0.1	0.2	0.2	1	0.05

续表

课程目标 权重 课程内容		支撑课程内容						课程目标达成度	
		项目1	项目2	项目3	项目4	项目5	项目6	∑ 子课程目标达成度	∑ 总课程目标评价值
通用能力	1 具有良好的沟通能力和团队合作能力		0.25	0.25		0.25	0.25	1	0.05
	2 具有终身学习与专业发展的能力	0.1	0.2	0.2	0.1	0.2	0.2	1	0.05
专业知识	1 了解 PCB 的生产工艺				1			1	0.05
	2 知道 Protel XP2004 SP2 设计入门	1						1	0.1
	3 熟悉原理图设计		1					1	0.05
	4 掌握原理图元器件设计			1				1	0.05
	5 掌握 PCB 设计基础				1			1	0.05
	6 掌握 PCB 手工布线					1		1	0.05
	7 PCB 自动布线						1	1	0.05
技术技能	1 熟练使用 PCB 设计软件的能力	1						1	0.1
	2 规范绘制电路原理图的能力			1				1	0.05
	3 按国标要求设计元件符号和元件封装的能力				1			1	0.05
	4 能掌握常用类型 PCB 的布局、布线基本原则的能力						1	1	0.05
	5 能掌握窜扰控制和屏蔽保护方法的能力		1					1	0.05
	6 能完成低频板、高频板、模数混合板及双面贴片板设计的能力			1				1	0.05
	7 能掌握一定的 PCB 设计技巧的能力					0.5	0.5	1	0.05
∑ 本课程目标达成度									1

说明:对课程内容的考核为在教学过程中对任务模块进行随堂测验或实践考核等的评分。

(二)评价方式

课程评价采用过程评价与期末终结性鉴定相结合的鉴定方式,采用线上评价与线下评价、理论评价与实操评价的方式进行,具体权重设置见表 5。

表 5　成绩指标权重表

一级指标	二级指标	三级指标	
平时测评 50%	线上学习 40%	参与度	40%
		线上作业	30%
		线上测验	20%
		线上考试	10%
	课堂活动 10%	考勤	70%
		课堂表现	30%
	学习工作页 50%	项目 1 学习工作页	10%
		项目 2 学习工作页	15%
		项目 3 学习工作页	20%
		项目 4 学习工作页	15%
		项目 5 学习工作页	20%
		项目 6 学习工作页	20%
期末测评 50%	期末考试 100%		

六、实施保障

（一）师资队伍

本课程专（兼）职教师应具有良好的师德师风、扎实的专业相关理论水平、中级及以上相关专业职称或技师资格担任课堂理实一体化教学。

（二）教学设施

本专业应设有汽车电子实训中心为"电子线路辅助设计"课程提供了足够的教学条件。具体要求为：

1. 电工电子实训设备：示波器、稳压电源、信号发生器、模拟电路实验箱、数字逻辑实验箱、电动机等。

2. 电工电子实训工具：万用表、交流接触器、开关、电烙铁、焊锡丝、实验板、电阻、电容、二极管、三极管、继电器、74LS151、74LS76 等。

3. 汽车电子实训台架：电源电路台架、启动电路台架、点火系统台架、照明与灯光信号装置电路台架、仪表信息系统电路台架、电子控制系统电路台架等。

设备能同时满足 2 个班的教学，按照 4 ~ 5 人/台配备。

（三）教学资源

1. 教材资源

按照国家教材选用原则和要求选用教材。

2.网络资源

智慧职教课程平台"Protel XP2004 SP2印制电路板设计教程"课程。

（四）教学方法和手段

教学应立足于培养学生实际操作能力、职业素养等，采用任务驱动教学法、合作探究法、仿真教学法、小组讨论、案例分析、教师示范、角色扮演等多种以学生为中心的教学方法，让学生在"做中学""学中做"。在教学过程中，应运用多媒体，现代信息技术，实物等辅助资源教学。

"汽车测试技术"课程教学标准

一、课程概述

（一）课程教学标准依据

本课程教学标准依据汽车电子技术专业人才培养方案，根据教育部《高等职业学校汽车电子技术专业教学标准》，对接《工业传感器集成应用职业技能等级证书》标准进行制定。

（二）课程类型

本课程是汽车电子技术专业的专业核心课程，共72学时，属于汽车电子技术方面综合运用专业核心课程。本课程通过对汽车测试技术的基础知识学习和对其测试方法及数据处理的技能训练，使学生获得汽车测试技术方面的基本知识、基本理论和基本技能。本课程是在第三学年开设的一门理实一体化课程，其前导课程是"汽车零部件识别""模拟电路与数字电路""汽车电路电路系统检测与维修""汽车安全与舒适系统维修""发动机管理系统维修"以及"电子产品的测试"。本门课程为高年级大三学生开设，为学生毕业后从事汽车测试技术方面工作在理论基础与基本技能方面打下了坚实的基础。

（三）课程功能

本课程对接电子技术专业人才培养规格和培养目标，面向汽车质量与性能检测技术员、汽车机电维修技师、汽车服务顾问等岗位。本课程将职业素养、通用能力融入教学中，落实立德树人根本任务，将爱国主义精神，民族品牌精神，爱岗敬业、脚踏实地、精益求精的工匠精神等融入教学中。通过对传感器结构原理、信号描述、测试系统基本特性、信号调理分析理论以及常见物理量的测量等内容的学习，培养学生认识传感器、知道信号分类、测试系统基本特性、信号处理过程、具备汽车常见传感器故障诊断的能力。本课程对接《工业传感器集成应用职业技能等级证书》，学习者学完该课程后可以考取相关"1+X"证书。

二、课程目标

学习者通过对该课程的学习，应该具有能正确地进行信号测试和简单分析测试数据的能力。该能力由以下方面组成：

（一）职业素养

1.遵守职业规范，具有良好的专业精神、职业精神和工匠精神。

2.具备创新创业思维与职业生涯规划意识。

（二）通用能力

1.具有较强的分析与解决技术问题的能力。

2.具有终身学习与专业发展的能力。

（三）专业知识

1.知道信号的描述（时域描述、频域描述）。

2.知道测试系统的基本特性（静态、动态特性，不失真测试条件）。

3.知道信号的调理（放大、调制和解调、滤波、模-数转换）、分析（相关分析）。

（四）技术技能

1.能按照厂家提供的技术手册安装、连接传感器和模块总成。

2.能按照厂家提供的技术教学标准测试分析传感器和模块信号。

三、课程设置

（一）课程内容和"1+X"证书对接

依据汽车电子技术专业关于人才培养目标和人才培养规格的要求,根据《工业传感器集成应用职业技能等级证书》中级模块,将汽车测试技术的工作任务、教学内容对接"1+X"证书中相关知识要求和技能要求,见表1。

表1　教学内容要求及对接"1+X"技能等级证书教学标准

项目	任务	学习活动	"1+X"技能等级证书教学标准	
			技能要求	知识要求
项目1 常用传感器及应用	任务1.1 认识测试技术	1.课程准备 2.测试技术 3.测量基础	无	无
	任务1.2 传感器概述	4.传感器概述 5.电阻式传感器 6.电容式传感器 7.电感式传感器 8.压电式传感器 9.磁电式传感器 10.霍尔式传感器 11.光电式传感器	中级 1.1　工业传感器识别 1.1.1　能识读电气原理图和接线图 1.1.2　能识读电气原理图、识别主要元器件 1.1.3　能识别各类常用工业传感器	中级 1.1　工业传感器识别 1.1.1　电气原理图和接线图 1.1.2　传感器结构原理 1.1.3　识别各类常用工业传感器

续表

项目	任务	学习活动	"1+X"技能等级证书教学标准	
			技能要求	知识要求
项目2 信号描述	任务2.1 信号概述	12. 信号和信息 13. 信号分类 14. 信号的时域、频域描述	无	无
	任务2.2 常见信号的描述	15. 周期信号 16. 非周期信号 17. 典型信号 18. 随机信号	无	无
项目3 测试系统	任务3.1 认识测试系统特性	19. 测试系统主要性质 20. 测试系统静态特性 21. 测试系统动态特性	中级 1.3 工业传感器调试 1.3.1 能根据需要查阅工业传感器操作手册,测量对象与测量环境确定传感器的灵敏度、频率响应特性、线性范围、稳定性、精度 1.3.2 能根据任务要求在云平台上验证传感器数据的准确性	中级 1.3 工业传感器调试 1.3.1 系统的灵敏度、频率响应特性、线性范围、稳定性、精度
	任务3.2 测试系统不失真条件	22. 不失真测试条件 23. 典型测试系统的动态特性 24. 测试系统动态特性参数的确定	无	无
项目4 信号调理	任务4.1 信号放大	25. 信号的目的 26. 信号放大的种类 27. 信号放大仿真	无	无
	任务4.2 信号调制与解调	28. 什么是调制与解调 29. 幅度调制与解调 30. 频率调制与解调	无	无
	任务4.3 信号滤波	31. 滤波器 32. 理想滤波器 33. 实际滤波器	无	无

续表

项目	任务	学习活动	"1+X"技能等级证书教学标准 技能要求	知识要求
项目5 信号分析	任务5.1 信号的相关分析	34.自相关 35.互相关	无	无
项目6 汽车常见物理量的测量	任务6.1 振动检测	36.振动检测原理 37.振动分析方法	无	无
	任务6.2 空气流量测量	38.流量测量概念 39.空气流量传感器	无	无
	任务6.3 位置测量	40.电阻式位置传感器 41.霍尔式位置传感器 42.磁电式位置传感器	无	无

（二）课程内容支撑课程目标设计

课程内容支撑课程目标设计见表2。

表2 课程内容支撑课程目标设计

课程内容 ＼ 课程目标	职业素养 1	职业素养 2	通用能力 1	通用能力 2	专业知识 1	专业知识 2	专业知识 3	技术技能 1	技术技能 2
任务1.1 认识测试技术	H					H			
任务1.2 传感器概述	H					H			
任务2.1 信号概述		H			H				
任务2.2 常见信号的描述		H			H				
任务3.1 认识测试系统特性			H			H			
任务3.2 测试系统不失真条件			H			H			

续表

课程目标 课程内容	职业素养		通用能力		专业知识			技术技能	
	1	2	1	2	1	2	3	1	2
任务4.1 信号放大				H			H		
任务4.2 信号调制与解调				H			H		
任务4.3 信号滤波				H			H		
任务5.1 信号的相关分析							H		
任务6.1 振动检测								H	H
任务6.2 空气流量测量								H	H
任务6.3 位置测量								H	H

四、课程实施安排

课程内容学时分配见表3。

表3　课程内容学时分配

项目	任务	学时		
		理论	实验实训	小计
项目1 常用传感器及应用	任务1.1　认识测试技术	2	2	4
	任务1.2　传感器概述	4	4	8
项目2 信号描述	任务2.1　信号概述	2	2	4
	任务2.2　常见信号的描述	2	2	4
项目3 测试系统	任务3.1　认识测试系统特性	4	4	8
	任务3.2　测试系统不失真条件	2	2	4
项目4 信号调理	任务4.1　信号放大	2	2	4
	任务4.2　信号调制与解调	2	2	4
	任务4.3　信号滤波	2	2	4

续表

项目	任务	理论	实验实训	小计
项目5 信号分析	任务5.1 信号的相关分析	2	2	4
项目6 汽车常见物理量的测量	任务6.1 振动检测	2	2	4
	任务6.2 空气流量测量	2	2	4
	任务6.3 位置测量	2	2	4
复习答疑	复习答疑	2	2	4
	随堂考试(在线考试)	4	0	4
合计		36	36	72

五、教学评价

(一)课程目标达成度评价权重

课程目标达成度分为子课程目标达成度和总课程目标达成度。课程内容支撑课程目标达成,课程内容支撑各子课程目标的权重见表4。

表4 课程内容支撑课程目标权重表

课程内容 \ 课程目标权重		1.1	1.2	2.1	2.2	3.1	3.2	3.3	4.1	4.2	∑子课程目标达成度	∑总课程目标评价值
项目1 常用传感器及应用	任务1.1 认识测试技术	0.5					0.5				1	0.05
	任务1.2 传感器概述	0.5					0.5				1	0.05
项目2 信号描述	任务2.1 信号概述		0.5			0.5					1	0.05
	任务2.2 常见信号的描述		0.5			0.5					1	0.1
项目3 测试系统	任务3.1 认识测试系统特性			0.5			0.5				1	0.1
	任务3.2 测试系统不失真条件				0.5		0.5				1	0.1
项目4 信号调理	任务4.1 信号放大				0.5			0.5			1	0.1
	任务4.2 信号调制与解调				0.5			0.5			1	0.05
	任务4.3 信号滤波				0.5			0.5			1	0.05

续表

课程目标 权重 课程内容		支撑课程内容									课程目标达成度	
		1.1	1.2	2.1	2.2	3.1	3.2	3.3	4.1	4.2	$\sum$子课程目标达成度	$\sum$总课程目标评价值
项目5 信号分析	任务5.1　信号的相关分析							1			1	0.05
项目6 汽车常见物理量的测量	任务6.1　振动检测								0.5	0.5	1	0.1
	任务6.2　空气流量测量								0.5	0.5	1	0.1
	任务6.3　位置测量								0.5	0.5	1	0.1
$\sum$本课程目标达成度												1

说明:对课程内容的考核为在教学过程中对任务模块进行随堂测验或实践考核等的评分。

(二)评价方式

课程评价采用平时测评与期末终结性鉴定相结合的鉴定方式,采用线上评价与线下评价、理论评价与实操评价的方式进行,具体权重设置见表5。

表5　成绩指标权重表

一级指标	二级指标	三级指标	
平时测评 50%	课件学习25%	学习进度	100%
	课堂活动 20%	考勤	30%
		参与	30%
		课堂表现	20%
		测验平均分	20%
	学习工作页 25%	项目1学习工作页	15%
		项目2学习工作页	15%
		项目3学习工作页	15%
		项目4学习工作页	15%
		项目5学习工作页	20%
		项目6学习工作页	20%
	线上测试30%	线上测试	100%
期末测评50%	期末考试100%		

六、实施保障

（一）师资队伍

本课程专（兼）职教师应具有良好的师德师风、扎实的专业相关理论水平、中级及以上相关专业职称或技师资格担任课堂理实一体化教学。

（二）教学设施

本专业应设有汽车电子产品检测实验室、电子实验室，其中电子实验室为"汽车测试技术"课程提供了足够的教学条件。台套数能同时满足1个班的教学，按照4~5人/台配备。

具体要求为：

1. 汽车常见传感器实验箱若干。

2. 示波器若干台。

（三）教学资源

1. 教材资源

按照国家教材选用原则和要求选用教材。

2. 网络资源

智慧职教课程平台"汽车测试技术"课程。

（四）教学方法和手段

教学应立足于培养学生实际操作能力、职业素养等，采用任务驱动教学法、合作探究法、仿真教学法、小组讨论、案例分析、教师示范、角色扮演等多种以学生为中心的教学方法，让学生在"做中学""学中做"。在教学过程中，应运用多媒体、现代信息技术、实物等辅助资源教学。

"汽车电子产品检测与鉴定"课程教学标准

一、课程概述

（一）课程教学标准依据

本课程教学标准依据汽车电子技术专业人才培养方案，根据教育部《高等职业学校汽车电子技术专业教学标准》，依据《汽车制造试验和售后服务技术人员能力标准》中QPBPI01汽车电子产品盐雾试验、QPBPI02汽车电子产品耐久性试验、QPBPI03汽车整车及电子零部件电磁兼容性试验等进行制定。

（二）课程类型

本课程是汽车电子技术专业的专业核心课程，共48学时。本课程通过对电子产品测试教学标准和测试方法的基础知识学习和对测试操作规程基本技能的训练，帮助学生掌握汽车电子产品测试技术方面的基本知识、基本理论和基本技能。本课程是在第三学年开设的一门理实一体化课程,其前导课程是"模拟电路与数字电路""汽车电路电路系统检测与维修"及"汽车单片机技术"。本门课程为大三学生开设,为学生毕业后从事汽车电子产品测试方面工作在理论基础与基本技能方面打下了坚实的基础。

(三)课程功能

本课程对接汽车电子技术专业人才培养规格和培养目标,面向汽车质量与性能检测技术员、汽车机电维修技师等岗位。本课程将职业素养、通用能力融入教学中,落实立德树人根本任务,将爱国主义精神,民族品牌精神,爱岗敬业、脚踏实地、精益求精的工匠精神等融入教学中。通过对车电子产品质量认证、认可体系,汽车电子产品的测量误差概念、测量数据处理、安全性检测,汽车电子产品的可靠性检测、电磁兼容性检测,汽车电子产品质量认证认可体系准确评定汽车电子设备,对汽车电子产品进行可靠性、电磁兼容性检测等内容的学习,培养学生掌握汽车电子产品的检测流程和检测维修方法、汽车电子产品故障诊断方法、制订维修方案以及拥有排除汽车电子产品部分故障的能力。

二、课程目标

学习者通过对该课程的学习,能更好地遵守汽车维修安全规定,正确、安全地完成汽车的诊断、维修及检测并具备对应的能力。该能力由以下几方面组成:

(一)职业素养

1. 遵守职业规范,具有良好的专业精神、职业精神和工匠精神。

2. 具有创新创业思维与职业生涯规划意识。

(二)通用能力

1. 具有较强的分析与解决技术问题的能力。

2. 具有良好的沟通能力和团队合作能力,能有效地与相关工作人员和客户进行交流。

(三)专业知识

1. 了解并掌握汽车电子产品质量认证、认可体系。

2. 了解并掌握汽车电子产品的测量误差概念、测量数据处理、安全性检测、关键元部件的安全要求。

3. 了解并掌握汽车电子产品的可靠性检测、电磁兼容性检测。

(四)技术技能

1. 能按照汽车电子产品质量认证认可体系标准准确评定汽车电子设备。

2. 能按照厂家提供的维修教学标准诊断和测量汽车各电子元部件。

3. 能按照厂家提供的维修标准对汽车电子产品进行可靠性、电磁兼容性检测。

三、课程设置

(一)课程内容

本课程属于汽车电子技术方面的专业核心课,根据教育部《高等职业学校汽车电子技术专业教学教学标准》,依据《汽车测试技术人员培训能力教学标准》中 QCPBD1 汽车电子产品盐雾试验、QCPBD2 汽车电子产品耐久性试验及 QCPBD3 汽车整车及电子零部件 EMC 测试教学标准等制定。教学内容相关知识要求和技能要求列举在表 1 中,没有相关的"1+X"模块与本课程内容相对应。

表1 教学内容要求及对接"1+X"技能等级证书教学标准

项目	任务	学习活动	"1+X"技能等级证书教学标准	
			技能要求	知识要求
项目1 汽车电子产品质量认证、认可体系	任务1.1 认证、认可的概念和分类	1. 认证的概念 2. 认证的分类 3. 认可的概念和分类	无	无
	任务1.2 认证的历史与现状	4. 认证的发展历史 5. 认证的现状 6. 认证的必要性、特点和发展趋势	无	无
	任务1.3 认证的内容和程序	7. 产品认证的基本内容和方法 8. 质量体系认证的基本内容和方法	无	无
	任务1.4 认证的机构和教学标准	9. 中国产品认证概况 10. 国外产品认证概况 11. IECEE CB体系	无	无
	任务1.5 汽车电子产品质量评定与认证	12. 电子元器件质量评定体系 13. IECQ体系所用的电子元件技术教学标准	无	无

项目	任务	学习活动	"1+X"技能等级证书教学标准	
			技能要求	知识要求
项目2 汽车电子产品的测量误差概念、测量数据处理、安全性检测、关键元部件要求	任务2.1 测量误差的基本概念	14. 测量误差的来源 15. 测量误差的分类 16. 测量结果的评定 17. 误差的表示方法	无	无
	任务2.2 测量仪器表的选择	18. 测量仪器仪表的选择及测量方法导则 19. 测量误差的处理	无	无
	任务2.3 基本电参量测量	20. 电阻的测量 21. 电压的测量 22. 电流的测量	无	无
	任务2.4 测量数据处理	23. 有效数字的处理 24. 测量结果的数据表示 25. 测量数据的处理步骤	无	无
	任务2.5 电子产品的安全性能要求及设计原则	26. 对设备安全性能的总体要求及教学标准 27. 电子设备安全设计的基本原则	无	无
	任务2.6 安全设计的方法和要求	28. 防电击安全设计 29. 防高温设计 30. 防火设计 31. 防爆炸伤人设计 32. 防机械危险设计 33. 防辐射伤人设计	无	无

续表

项目	任务	学习活动	"1+X"技能等级证书教学标准	
			技能要求	知识要求
项目2 汽车电子产品的测量误差概念、测量数据处理、安全性检测、关键元部件要求	任务2.7 安全检测设备的方法	34.耐压试验 35.接触电流实验 36.绝缘电阻实验 37.接地电阻实验 38.电气间隙、爬电距离和绝缘穿透距离测量 39.故障实验 40.振动与冲击试验 41.发热与防火实验 42.辐射测量	无	无
	任务2.8 关键元部件的安全要求	43.关键元部件的含义 44.关键元部件的通用要求 45.关键元部件的特殊要求	无	无
项目3 汽车电子产品的可靠性检测、电磁兼容性检测	任务3.1 电子产品可靠性的基本概念	46.可靠性的定义 47.产品质量与可靠性的关系 48.失效规律 49.失效分析	无	无
	任务3.2 提高产品可靠性水平的意义和途径	50.电子工业发展可靠性提高的要求 51.可靠性与经济的关系 52.提高产品可靠性水平的意义	无	无

项目	任务	学习活动	"1+X"技能等级证书教学标准	
			技能要求	知识要求
项目3 汽车电子产品的可靠性检测、电磁兼容性检测	任务3.2 提高产品可靠性水平的意义和途径	53. 提高汽车电子产品可靠性水平的必要性 54. 提高可靠性水平的基本途径	无	无
	任务3.3 可靠性试验和可靠性分析	55. 可靠性试验 56. 可靠性分析	无	无
	任务3.4 恒定应力加速寿命试验	57. 概述 58. 恒定应力加速寿命试验的基本思路 59. 加速寿命试验步骤	无	无
	任务3.5 电磁兼容的基础知识	60. 电磁兼容研究的主要内容及其重要性 61. 电磁兼容的发展 62. 电磁兼容的基本概念 63. 形成电子干扰的基本要素 64. 电磁兼容的组织管理	无	无
	任务3.6 汽车电子电磁兼容教学标准及测试	65. 电磁兼容教学标准与规范的内容和特点 66. 汽车电子产品的国际教学标准与国家教学标准 67. 汽车电子产品电磁兼容的测试设备 68. 汽车电子产品电磁兼容测试	无	无

续表

项目	任务	学习活动	"1+X"技能等级证书教学标准	
			技能要求	知识要求
项目3 汽车电子产品的可靠性检测、电磁兼容性检测	任务3.7 汽车电子产品电磁兼容设计	69.电磁兼容设计概述 70.电磁兼容设计 71.电磁兼容设计主要技术	无	无

（二）课程内容支撑课程目标设计

课程内容支撑课程目标设计见表2。

表2　课程内容支撑课程目标设计

课程内容 ＼ 课程目标	职业素养		通用能力		专业知识			技术技能		
	1	2	1	2	1	2	3	1	2	3
任务1.1　认证、认可的概念和分类	H						H			
任务1.2　认证的历史与现状			H							
任务1.3　认证的内容和程序										
任务1.4　认证的机构和教学标准						H				
任务1.5　汽车电子产品质量评定与认证				H						
任务2.1　测量误差的基本概念								H		
任务2.2　测量仪表的选择										
任务2.3　基本电参量测量						H				H
任务2.4　测量数据处理			H							
任务2.5　电子产品的安全性能要求及设计和原则	H									
任务2.6　安全设计方法要求	H					H				

续表

课程内容 \ 课程目标	职业素养		通用能力		专业知识			技术技能		
	1	2	1	2	1	2	3	1	2	3
任务2.7 安全检测设备方法				H						
任务2.8 关键元部件安全要求								H		
任务3.1 电子产品可靠性的基本概念					H					
任务3.2 提高产品可靠性水平的意义和途径		H								
任务3.3 可靠性试验和可靠性分析								H		
任务3.4 恒定应力加速寿命试验					H					
任务3.5 电磁兼容的基础知识			H					H		
任务3.6 汽车电子电磁兼容教学标准及测试										H
任务3.7 汽车电子产品电磁兼容设计						H				

四、课程实施安排

课程内容学时分配见表3。

表3 课程内容学时分配

项目	任务	理论	实训	小计
项目1 汽车电子产品质量认证、认可体系	任务1.1 认证、认可的概念	1	0	1
	任务1.2 认证的历史与现状	1	0	1
	任务1.3 认证的内容和程序	1	1	2
	任务1.4 认证的机构和教学标准	1	0	1
	任务1.5 汽车电子产品质量评定与认证	1	0	1

续表

项目	任务	学时		
		理论	实训	小计
项目2 汽车电子产品的测量误差概念、测量数据处理、安全性检测、关键元部件要求	任务2.1 测量误差的基本概念	1	1	2
	任务2.2 测量仪表的选择	1	1	2
	任务2.3 基本电参量测量	2	2	4
	任务2.4 测量数据处理	2	2	4
	任务2.5 电子产品的安全性能及设计原则	1	1	2
	任务2.6 安全设计方法和要求	1	1	2
	任务2.7 安全检测设备的方法	2	2	4
	任务2.8 关键元部件的安全要求	1	1	2
项目3 汽车电子产品的可靠性检测、电磁兼容性检测	任务3.1 电子产品可靠性的基本概念	1	1	2
	任务3.2 提高产品可靠性水平的意义和途径	1	1	2
	任务3.3 可靠性试验和可靠性分析	2	2	4
	任务3.4 恒定应力加速寿命试验	2	2	4
	任务3.5 电磁兼容的基础知识	1	1	2
	任务3.6 汽车电子电磁兼容教学标准及测试	2	2	4
	任务3.7 汽车电子产品电磁兼容设计	1	1	2
合计		26	22	48

五、教学评价

(一)课程目标达成度评价权重

课程目标达成度分为子课程目标达成度和总课程目标达成度。课程内容支撑课程目标达成,课程内容支撑各子课程目标的权重见表4。

表4 课程内容支撑课程目标权重表

课程目标权重 课程内容	支撑课程内容									课程目标达成度	
	任务1.1	任务1.2	任务1.3	任务2.1	任务2.2	任务2.3	任务3.1	任务3.2	任务3.3	$\sum$子课程目标达成度	$\sum$总课程目标评价值
职业素养 1 具有良好的职业素质和工匠精神	1									1	0.1
2 具有创新创业思维和职业生涯规划意识			1							1	0.1

续表

课程内容 / 权重 / 课程目标	支撑课程内容									课程目标达成度	
	任务1.1	任务1.2	任务1.3	任务2.1	任务2.2	任务2.3	任务3.1	任务3.2	任务3.3	∑子课程目标达成度	∑总课程目标评价值
通用能力 1 具有良好的沟通能力和团队合作能力					1					1	0.1
通用能力 2 具有分析和解决问题的能力						1				1	0.1
专业知识 1 了解并掌握汽车电子产品质量认证、认可体系	0.4	0.3	0.3							1	0.1
专业知识 2 了解并掌握汽车电子产品的测量误差概念、测量数据处理、安全性检测、关键元部件的安全要求				0.4	0.3	0.3				1	0.1
专业知识 3 了解并掌握汽车电子产品的可靠性检测、电磁兼容性检测							0.4	0.3	0.3	1	0.1
技术技能 1 能按照汽车电子产品质量认证认可体系准确评定汽车电子设备		0.5	0.5							1	0.1
技术技能 2 能按照厂家提供的维修教学标准诊断和测量汽车各电子元部件					0.5	0.5				1	0.1
技术技能 3 能按照厂家提供的维修教学标准对汽车电子产品进行可靠性、电磁兼容性检测								0.5	0.5	1	0.1
∑ 本课程目标达成度											1

说明:对课程内容的考核为在教学过程中对任务模块进行随堂测验或实践考核等的评分。

(二)评价方式

课程评价采用平时测评与期末终结性鉴定相结合的鉴定方式,采用线上评价与线下评价、理论评价与实操评价的方式进行,具体权重设置见表5。

表5　成绩指标权重表

一级指标	二级指标	三级指标	
平时测评 50%	线上学习 40%	参与度	40%
		线上作业	30%
		线上测验	20%
		线上考试	10%

续表

一级指标	二级指标	三级指标	
平时测评 50%	课堂活动 10%	考勤	50%
		课堂表现	50%
	学习工作页 50%	任务 1.1 学习工作页	10%
		任务 1.2 学习工作页	10%
		任务 1.3 学习工作页	10%
		任务 2.1 学习工作页	10%
		任务 2.3 学习工作页	15%
		任务 2.7 学习工作页	10%
		任务 3.1 学习工作页	10%
		任务 3.3 学习工作页	15%
		任务 3.5 学习工作页	10%
期末测评 50%	期末考试 100%		

六、实施保障

(一)师资队伍

本课程专(兼)职教师应具有良好的师德师风、扎实的专业相关理论水平、中级及以上相关专业职称或技师资格担任课堂理实一体化教学。

(二)教学设施

本专业应设有汽车整车维修实训中心,其中汽车电子产品实训区为"汽车电子产品检测与鉴定"课程提供了足够的教学条件。台套数能同时满足 2 个班的教学,按照 4 ~ 5 人/台配备。

其中包括:万用表、电子产品实训台架、诊断仪、专用拆装工具。

(三)教学资源

1. 教材资源

按照国家教材选用原则和要求选用教材。

2. 网络资源

智慧职教课程平台"汽车电子产品检测与鉴定"课程。

(四)教学方法和手段

教学应立足于培养学生实际操作能力、职业素养等,采用任务驱动教学法、合作探究法、仿真教学法、小组讨论、案例分析、教师示范、角色扮演等多种以学生为中心的教学方法,让

学生在"做中学""学中做"。在教学过程中,应运用多媒体、现代信息技术、实物等辅助资源教学。

"汽车智能网联技术概论"课程教学标准

一、课程概述

(一)课程教学标准依据

本课程教学标准依据汽车电子技术专业人才培养方案,根据教育部《高等职业学校汽车电子技术专业教学标准》,对接《智能网联汽车测试装调职业技能等级证书》标准(初、中级)进行制定。

(二)课程类型

本课程是汽车电子技术专业的专业核心课程,共48学时。本课程通过对辅助驾驶及无人驾驶汽车技术的基础知识学习和对其在工程实践中的技能训练,使学生获得辅助驾驶系统及无人驾驶汽车等技术方面的基本知识、基本理论和基本技能。本课程是在第三年学年开设的一门理实一体化课程,其前导课程是"模拟电路与数字电路""汽车电路系统检测与维修""汽车安全与舒适系统维修""发动机管理系统维修"及"汽车单片机技术"。本门课程为大三学生开设,为学生毕业后从事汽车辅助驾驶系统及无人驾驶系统开发及调试工作在理论基础与基本技能方面打下了坚实的基础。

(三)课程功能

本课程实现专业人才培养规格要求,发挥课程思政功能,落实立德树人根本任务,育训结合,支持专业教学目标达成和《智能网联汽车测试装调职业技能等级证书》中级获取,培养学习者了解智能网联汽车技术基础的能力。

二、课程目标

学习者通过对该课程的学习,能更好地遵守智能网联汽车装调与测试安全规定,正确、安全地完成智能网联汽车拆卸过程、装配过程,掌握相关技术基础并具备操作使用相关设备仪器的能力。该能力由以下几方面组成:

(一)职业素养

1.遵守职业规范,具有良好的专业精神、职业精神和工匠精神。

2.具备创新创业思维与职业生涯规划意识。

(二)通用能力

1.具有较强的分析与解决技术问题的能力。

2.具有终身学习与专业发展的能力。

(三)专业知识

1.知道智能网联汽车的电气危害、救助步骤、高压安全操作步骤、整体构造、分类及产业构架。

    2. 能识别智能网联汽车环境感知技术系统的组成、工作原理、检查方法。

    3. 能识别智能网联汽车高精度地图与定位技术系统的组成、工作原理、检查方法。

    4. 能识别智能网联汽车智能决策与控制执行技术系统的组成、工作原理、检查方法。

    5. 能识别智能网联汽车人机交互与信息交互系统的组成、工作原理、检查方法。

（四）技术技能

    1. 能够对智能网联汽车及智能网联汽车车载系统进行检测诊断工作。

    2. 能够操作智能网联汽车各系统并完成测试装调工作。

三、课程设置

（一）课程内容与"1+X"证书对接

    依据《智能网联汽车测试装调职业技能等级证书》，对接智能网联汽车测试与装调工作任务，教学内容中对接"1+X"证书中相关知识要求和技能要求，见表1。

表1　教学内容要求及对接"1+X"技能等级证书教学标准

项目	任务	学习活动	"1+X"技能等级证书教学标准
项目1 智能网联汽车概述	任务1.1 智能网联汽车的产生	1. 智能网联汽车发展历史 2. 智能网联汽车发展趋势 3. 现今车辆科技发展趋势	无
	任务1.2 智能网联汽车的发展及现状	4. 智能网联汽车定义 5. 智能网联汽车的基础概念 6. 智能网联汽车等级划分 7. 智能网联汽车相关术语 8. 智能网联汽车系统构成简介	无
项目2 智能网联汽车产业架构及关键技术	任务2.1 智能网联汽车的产业架构	9. 智能网联汽车产业发展历程 10. 智能网联汽车的体系架构 11. 智能网联汽车的产业状态	无
	任务2.2 智能网联汽车的关键技术	12. 智能网联汽车的关键技术状况 13. 汽车智能化与网联化的未来发展趋势	无
项目3 智能网联汽车环境感知技术	任务3.1 智能网联汽车环境感知技术认知	14. 环境感知技术定义及分类、部件组成 15. 环境感知技术发展趋势	1-1　初级 1.1.1　能正确理解并执行通用安全规范，识别智能网联汽车及零部件相关作业中的安全风险，并采取必要防范措施

项目	任务	学习活动	"1+X"技能等级证书教学标准
项目3 智能网联 汽车环境 感知技术	任务3.2 智能网联 汽车雷达 的应用	16. 雷达分类及特点 17. 激光雷达特性 18. 毫米波雷达特性 19. 超声波雷达特性	1.2　初级 1.2.2　能按照工艺文件在整车上正确完成传感器电路与信号传输的调试;能按照工艺文件在整车上正确完成各传感器与控制系统的联机调试
	任务3.3 智能网联 汽车视觉 传感器的 应用	20. 视觉传感器的定义教学 21. 视觉传感器的特点教学 22. 视觉传感器的类型教学 23. 视觉传感器的功能教学 24. 视觉传感器的环境感知流程教学 25. 视觉传感器的应用教学	1.3　中级 1.3.1　能按照测试方案搭建相关测试场景,正确完成传感器测试,并编写测试报告
项目4 智能网联 汽车高精 度地图与 定位技术	任务4.1 智能网联 汽车的高 精度地图 及应用	26. 高精度地图基本概念 27. 高精度地图的采集与生产 28. 高精度地图的应用	无
	任务4.2 智能网联 汽车的高 精度定位 及应用	29. 高精度定位定义和分类 30. 高精度定位结构体系 31. 全局独立高精度定位系统的作用及特性 32. 结合智能网联汽车高精度定位的作用	无
项目5 智能网联 汽车决策 与控制执 行技术	任务5.1 智能网联 汽车智能 决策技术 的认知	33. 智能决策技术定义 34. 智能决策技术发展趋势	无
	任务5.2 智能网联汽 车计算平台 的应用	35. 智能网联汽车计算平台的硬件需求 36. 计算平台的实现状态 37. 现有计算平台的解决方案	2-1　初级 2.1.2　能识读电路图和装配图,正确选择元器件和识别安装位置,正确理解计算平台装配要求 2.1.4　能按照工艺文件正确完成计算平台生产装配和品质检测
	任务5.3 智能网联 汽车控制 执行技术 的认知	38. 控制执行技术概念 39. 控制执行技术未来发展趋势	无
	任务5.4 智能网联汽 车控制技术 及应用	40. 汽车底盘与控制执行技术的结合 41. 汽车线控技术的应用 42. 转向系统与控制执行技术的结合	3-1　初级 3.1.3　能按照工艺文件正确完成装配工具和测量工具的选择及使用 3.1.4　能按照工艺文件正确完成智能座舱系统各部件生产装配和品质检测

续表

项目	任务	学习活动	"1+X"技能等级证书教学标准
项目6 智能网联汽车人机交互技术	任务6.1 人机交互技术发展现状及未来	43. 人机交互技术发展背景 44. 汽车显示界面发展历程 45. 交互技术与智能网联汽车结合发展现状	无
	任务6.2 人机交互技术在智能网联汽车上的应用	46. 人机交互与智能网联汽车结合发展的作用 47. 车内人机交互的优势 48. 人机交互的品牌问题	3-3 中级 3.3.1 能按照测试方案搭建相关测试场景,正确完成智能座舱系统硬件、软件功能测试,并编写测试报告 3-3 高级 3.3.1 能根据需求调整、优化智能座舱系统软件参数 3.3.2 能根据智能座舱系统整体功能要求及各部件功能要求,对系统测试做任务分解,并编写测试方案
项目7 智能网联汽车信息交互技术	任务7.1 智能网联汽车信息交互技术的认知	49. 信息交互技术的定义及概念 50. 信息交互技术的发展趋势	无
	任务7.2 V2X技术在智能网联汽车上的应用	51. V2X技术的关键组成 52. V2X技术的使用场景	5-1 中级 5.1.5 能根据测试车辆智能驾驶的功能要求,正确设定测试设备参数;能按照测试规程正确操控测试车辆,完成静态测试与动态测试,并编写主观驾评报告
	任务7.3 数据云平台在智能网联汽车上的应用	53. 智能网联汽车大数据特征 54. 数据云平台的作用	无
	任务7.4 智能网联汽车的信息安全	55. 信息安全威胁的分类 56. 信息安全的防范重点 57. 信息安全的应对手段	无

(二)课程内容支撑课程目标设计

课程内容支撑课程目标设计见表2。

表2　课程内容支撑课程目标设计

课程目标 课程内容	职业素养		通用能力		专业知识					技术技能	
	1	2	1	2	1	2	3	4	5	1	2
项目1 智能网联汽车概述	H			M							
项目2 智能网联汽车产业架构及关键技术		H	H								
项目3 智能网联汽车环境感知技术					H	H				M	
项目4 智能网联汽车高精度地图与定位技术				H			H			H	
项目5 智能网联汽车决策与控制执行技术			M					H			H
项目6 智能网联汽车人机交互技术			L						H		M
项目7 智能网联汽车信息交互技术				M					H	M	

注解:1.根据课程对培养规格的支撑度,可划分为高支撑(H)、中支撑(M)和低支撑(L)。

2.每门课程任务至少对1项培养规格形成高支撑,或对多项培养规格形成中支撑。

3.每项培养规格至少有一个任务对其形成高支撑。

四、课程实施安排

课程内容学时分配见表3。

表3　课程内容学时分配

项目	任务	学时		
		理论	实验 实训	小计
项目1 智能网联汽车概述	任务1.1　智能网联汽车的产生	1	0	1
	任务1.2　智能网联汽车的发展及现状	1	0	1
项目2 智能网联汽车产业架构及关键技术	任务2.1　智能网联汽车的产业架构	1	0	1
	任务2.2　智能网联汽车的关键技术	1	0	1

续表

项目	任务	学时		
		理论	实验实训	小计
项目3 智能网联汽车环境感知技术	任务3.1　智能网联汽车环境感知技术认知	2	2	4
	任务3.2　智能网联汽车雷达的应用	2	2	4
	任务3.3　智能网联汽车视觉传感器的应用	2	2	4
项目4 智能网联汽车高精度地图与定位技术	任务4.1　智能网联汽车的高精度地图及应用	2	2	4
	任务4.2　智能网联汽车的高精度定位及应用	1	2	3
项目5 智能网联汽车决策与控制执行技术	任务5.1　智能网联汽车智能决策技术的认知	1	2	3
	任务5.2　智能网联汽车计算平台的应用	2	2	4
	任务5.3　智能网联汽车控制执行技术的认知	1	2	3
	任务5.4　智能网联汽车控制技术及应用	1	1	2
项目6 智能网联汽车人机交互技术	任务6.1　人机交互技术发展现状及未来	1	2	3
	任务6.2　人机交互技术在智能网联汽车上的应用	1	2	3
项目7 智能网联汽车信息交互技术	任务7.1　智能网联汽车信息交互技术的认知	1	1	2
	任务7.2　V2X技术在智能网联汽车上的应用	1	1	2
	任务7.3　数据云平台在智能网联汽车上的应用	1	1	2
	任务7.4　智能网联汽车的信息安全	1	0	1
合计		24	24	48

五、教学评价

（一）课程目标达成度评价权重

课程目标达成度分为子课程目标达成度和总课程目标达成度。课程内容支撑课程目标达成,课程内容支撑各子课程目标的权重见表4。

表4　课程内容支撑课程目标权重表

课程目标　权重 课程内容		支撑课程内容							课程目标达成度	
		项目1	项目2	项目3	项目4	项目5	项目6	项目7	∑ 子课程目标达成度	∑ 总课程目标评价值
职业素养	1　具有良好的专业精神、职业精神和工匠精神	1							1	0.05
	2　具备创新创业思维与职业生涯规划意识		1						1	0.05

续表

课程目标 / 权重 / 课程内容		支撑课程内容							课程目标达成度	
		项目1	项目2	项目3	项目4	项目5	项目6	项目7	∑子课程目标达成度	∑总课程目标评价值
通用能力	1　具有较强的分析与解决技术问题的能力		0.5			0.3	0.2		1	0.1
	2　具有终身学习与专业发展的能力	0.6			0.2			0.2	1	0.1
专业知识	1　知道智能网联汽车的电气危害、救助步骤,高压安全操作步骤、整体构造、分类及产业构架			1					1	0.1
	2　能识别智能网联汽车环境感知技术系统的组成、工作原理及检查方法			1					1	0.1
	3　能识别智能网联汽车高精度地图与定位技术系统的组成、工作原理及检查方法				1				1	0.1
	4　能识别智能网联汽车智能决策与控制执行技术系统的组成、工作原理及检查方法					1			1	0.1
	5　能识别智能网联汽车人机交互与信息交互系统的组成、工作原理及检查方法						0.5	0.5	1	0.1
技术技能	1　能够对智能网联汽车及智能网联汽车车载系统进行检测诊断工作			0.2	0.6			0.2	1	0.1
	2　能够操作智能网联汽车各系统部件并完成测试装调工作					0.6	0.4		1	0.1
∑　本课程目标达成度										1

说明:对课程内容的考核为在教学过程中对任务模块进行随堂测验或实践考核等的评分。

(二)评价方式

课程评价采用过程评价与期末终结性鉴定相结合的鉴定方式,采用线上评价与线下评价、理论评价与实操评价的方式进行,具体权重设置见表5。

表5　成绩指标权重表

一级指标	二级指标	三级指标	
平时测评 50%	线上学习 40%	参与度	40%
		线上作业	30%
		线上测验	20%
		线上考试	10%

续表

一级指标	二级指标	三级指标	
平时测评 50%	课堂活动 10%	考勤	70%
		课堂表现	30%
	学习工作页 50%	项目1学习工作页	5%
		项目2学习工作页	5%
		项目3学习工作页	20%
		项目4学习工作页	20%
		项目5学习工作页	20%
		项目6学习工作页	20%
		项目7学习工作页	10%
期末测评50%	期末考试100%		

六、实施保障

(一)师资队伍

本课程专(兼)职教师应具有良好的师德师风、扎实的专业相关理论水平、中级及以上相关专业职称或技师资格担任课堂理实一体化教学、实践教学。

(二)教学实施

本专业应设有智能网联汽车实训基地,该基地能够为"汽车智能网联技术概论"课程提供足够的教学条件。台套数能同时满足多个班教学,按照4~5人/台配备。

具体要求为:

1. 智能网联整车系统教学车辆。

2. 专用工具:智能新能源维修一体化工具,智能新能源汽车故障诊断仪器,智能新能源汽车专用绝缘表、数字钳形万用表等工具和防护用品若干。

(三)教学资源

1. 教材资源

按照国家教材选用原则和要求选用教材。

2. 网络资源

国家职业教育智慧教育平台。

(四)教学方法和手段

教学应立足于培养学生实际操作能力、职业素养等,采用任务驱动教学法、合作探究法、仿真教学法、小组讨论、案例分析、教师示范、角色扮演等多种以学生为中心的教学方法,让学生在"做中学、学中做"。在教学过程中,要运用多媒体、现代信息技术、实物等辅助资源教学。

"汽车单片机技术"课程教学标准

一、课程概述

（一）课程教学标准依据

本课程教学标准依据汽车电子技术专业人才培养方案，根据《物联网单片机应用与开发职业技能等级证书》标准进行制定。

（二）课程类型

本课程是汽车电子技术专业的专业核心课程，共64学时。本课程是在学习汽车电路系统检测与维修、C语言编程后的一门理实一体化课程。

（三）课程功能

本课程对接汽车电子技术专业人才培养规格和培养目标，面向汽车质量与性能检测技术员、汽车机电维修技师、汽车服务顾问等岗位。本课程将职业素养、通用能力融入教学中，落实立德树人根本任务，将爱国主义精神，民族品牌精神，爱岗敬业、脚踏实地、精益求精的工匠精神等融入教学中。通过对单片机结构原理、数码管及键盘实例、中断系统应用实例、定时/计数器应用实例等内容的学习，培养学生认识单片机、知道51单片机结构原理、具备数码管及键盘、中断系统、定时/计数器应用开发能力。本课程对接《物联网单片机应用与开发职业技能等级证书》，学习者学完该课程后可以考取相关"1+X"证书。

二、课程目标

学习者通过对该课程的学习，能具备正确地应用与开发51单片机的能力。该能力由以下方面组成：

（一）职业素养

1.具有良好的职业素质和工匠精神。

2.具有吃苦耐劳、爱岗敬业的精神。

（二）通用能力

1.具有认真观察、自我学习的能力。

2.具有时间规划、制订计划的能力。

（三）专业知识

1.知道51单片机结构的原理、基本应用与开发技术、开发环境搭建。

2.知道51单片机内外系统的结构。

3.会用Keil编程工具对51单片机并行I/O口、中断系统、定时/计数进行开发应用。

（四）技术技能

1.能收集常见IC芯片数据手册，使用数据手册。

2.能用Keil编程、调试。

3. 能用 Protues 仿真软件进行原理图绘制、仿真调试。

三、课程设置

（一）课程内容和"1+X"证书对接

依据重庆工业职业技术学院汽车电子技术专业人才培养方案关于人才培养目标和人才培养规格的要求，根据《物联网单片机应用与开发职业技能等级证书》中级模块，将汽车单片机技术的工作任务、教学内容对接"1+X"证书中相关知识要求和技能要求，见表1。

表1　教学内容要求及对接"1+X"技能等级证书教学标准

项目	任务	学习内容	"1+X"技能等级证书教学标准	
			技能要求	知识要求
项目1 单片机基础知识及开发环境	任务1.1 单片机学习的预备知识	1. 数制及其转换 2. 有符号数的表示方法 3. 位、字节和字 4. ASCII 码 5. 基本逻辑门电路	无	无
	任务1.2 认识51单片机	6. 单片机基本组成 7. 单片机特点及应用 8. 搭建51单片机开发环境	2.1　开发环境配置（中级） 2.1.1　能够使用集成开发环境创建、编译、配置工程项目 2.1.2　能够根据芯片类型，选择和配置程序下载、调试工具	2.1　开发环境配置（中级） 2.1.1　使用集成开发环境创建、编译、配置工程项目 2.1.2　根据芯片类型，选择和配置程序下载、调试工具
项目2 单片机结构原理	任务2.1 单片机的内部结构	9. 单片机的内部结构组成 10. 存储器结构	无	无
	任务2.2 单片机的外部结构	11. 单片机的复位、时钟与时序 12. 并行I/O口	无	无
项目3 C51 程序设计基础	任务3.1 认识 C51 数据结构	13. C51 数据类型 14. C51 变量定义	无	无
	任务3.2 认识运算符	15. + - * / 16. % ++ --	无	无

项目	任务	学习内容	"1+X"技能等级证书教学标准	
			技能要求	知识要求
项目3 C51 程序设计基础	任务 3.3 认识程序控制语句	17. 选择控制语句 18. 循环控制语句	无	无
	任务 3.4 认识函数	19. 库函数 20. 自定义函数	无	无
项目4 认识数码管及键盘	任务 4.1 数码管及应用	21. LED 结构原理 22. LED 驱动 23. 数码管结构原理 24. 数码管驱动	1.1 硬件原理图设计(中级) 1.1.1 能够根据设计要求,选择参数、性能合理的电子元器件 1.1.2 能够使用电路设计软件,进行原理图图幅规格、信息栏的设置 1.1.4 能够使用电路设计软件,按照规范要求,设置电阻、电容等器件标号和参数等属性 1.1.5 能够使用电路设计软件,放置原理图符号,运用电子电路、单片机基础知识,建立电气连接关系	1.1 硬件原理图设计(中级) 1.1.1 选择参数、性能合理的电子元器件 1.1.2 原理图图幅规格、信息栏的设置 1.1.4 用电路设计软件,按照规范要求,设置电阻、电容等器件标号和参数等属性 1.1.5 用电路设计软件,放置原理图符号,运用电子电路、单片机基础知识,建立电气连接关系
	任务 4.2 键盘及应用	25. 独立按键输入 26. 矩阵键盘输入	2.2 代码编写(中级) 2.2.5 能够编写 MCS-51 单片机按键、数码管、液晶等典型输入输出模块的驱动程序	2.2 代码编写(中级) 2.2.5 编写 MCS-51 单片机按键、数码管、液晶等典型输入输出模块的驱动程序
项目5 中断系统	任务 5.1 认识中断系统	27. 了解生活中的中断现象 28. 中断相关概念	无	无
	任务 5.2 中断系统应用开发	29. 中断系统应用开发过程 30. 中断系统应用开发	2.2 代码编写(中级) 2.2.3 能够基于 C 语言的 MCS-51 单片机应用程序设计方法,完成单片机 I/O、中断、定时器、串口等基础外设的编程	2.2 代码编写(中级) 2.2.3 基于 C 语言的 MCS-51 单片机应用程序设计方法,完成单片机 I/O、中断、定时器、串口等基础外设的编程

续表

项目	任务	学习内容	"1+X"技能等级证书教学标准	
			技能要求	知识要求
项目6 定时/计数器	任务6.1 认识定时/计数器	31. 定时/计数器结构原理 32. 定时/计数器工作方式	无	无
	任务6.2 定时/计数器应用开发	33. 定时/计数器配置 34. 定时/计数器应用开发	2.2 代码编写(中级) 2.2.3 能够基于C语言的MCS-51单片机应用程序设计方法,完成单片机I/O、中断、定时器、串口等基础外设的编程	2.2 代码编写(中级) 2.2.3 基于C语言的MCS-51单片机应用程序设计方法,完成单片机I/O、中断、定时器、串口等基础外设的编程
项目7 串行通信	任务7.1 认识串行通信	35. 串行通信相关术语 36. 51单片机串口结构原理 37. 串口设备工作方式	无	无
	任务7.2 串行通信应用开发	38. 串口配置 39. 中断配置 40. 串口应用开发	2.2 代码编写(中级) 2.2.3 能够基于C语言的MCS-51单片机应用程序设计方法,完成单片机I/O、中断、定时器、串口等基础外设的编程	2.2 代码编写(中级) 2.2.3 基于C语言的MCS-51单片机应用程序设计方法,完成单片机I/O、中断、定时器、串口等基础外设的编程
项目8 综合应用开发	任务8.1 频率计设计开发	41. 频率计工作原理 42. 频率计所需硬件资源 43. 频率计程序设计		

(二)课程内容支撑课程目标设计

课程内容支撑课程目标设计见表2。

表2 课程内容支撑课程目标设计

课程内容 \ 课程目标	职业素养		通用能力		专业知识			技术技能		
	1	2	1	2	1	2	3	1	2	3
任务1.1 单片机学习的预备知识	H				H					
任务1.2 认识单片机		H			H					

课程目标 课程内容	职业素养		通用能力		专业知识			技术技能		
	1	2	1	2	1	2	3	1	2	3
任务2.1 单片机的内部结构						H		H		
任务2.2 单片机的外部结构						H		H		
任务3.1 认识C51数据结构			H						H	
任务3.2 认识C51运算符				H					H	
任务3.3 认识C语言程序控制							H		H	
任务3.4 认识C语言函数							H		H	
任务4.1 数码管及应用							H			H
任务4.2 键盘及应用							H			H
任务5.1 认识中断系统	H							H		
任务5.2 中断系统应用开发								H		
任务6.1 认识定时/计数器								H	H	
任务6.2 定时/计数器应用开发							H			H
任务7.1 认识串行通信					H			H		
任务7.2 串行通信应用开发								H		H
任务8.1 频率计设计开发		H						H	H	H

四、课程实施安排

课程内容学时分配见表3。

表3 课程内容学时分配

项目	任务	学时		
		理论	实训	小计
项目1 单片机基础知识及开发环境	任务1.1 单片机学习的预备知识	1	1	2
	任务1.2 认识51单片机	1	1	2
项目2 单片机结构原理	任务2.1 单片机的内部结构	2	2	4
	任务2.2 单片机的外部结构	2	2	4

续表

项目	任务	学时		
		理论	实训	小计
项目3 C51程序设计基础	任务3.1 认识C51数据结构	2	2	4
	任务3.2 认识C51运算符	0.5	0.5	1
	任务3.3 认识C语言程序控制	0.5	0.5	1
	任务3.4 认识C语言函数	1	1	2
项目4 认识数码管及键盘	任务4.1 数码管及应用	2	2	4
	任务4.2 键盘及应用	2	2	4
项目5 中断系统	任务5.1 认识中断系统	2	2	4
	任务5.2 中断系统应用开发	2	2	4
项目6 定时/计数器	任务6.1 认识定时/计数器	2	2	4
	任务6.2 定时/计数器应用开发	2	2	4
项目7 串行通信	任务7.1 认识串行通信	2	2	4
	任务7.2 串行通信应用开发	2	2	4
项目8 综合应用开发	任务8.1 频率计设计开发	4	4	8
合计		30	30	60

五、教学评价

（一）课程目标达成度评价权重

课程目标达成度分为子课程目标达成度和总课程目标达成度。课程内容支撑课程目标达成,课程内容支撑各子课程目标的权重见表4。

表4 课程内容支撑课程目标权重表

课程目标 权重 课程内容		支撑课程内容										课程目标达成度	
		任务1.1	任务1.2	任务2.1	任务2.2	任务3.1	任务3.2	任务3.3	任务4.1	任务4.2	任务4.3	∑子课程目标达成度	∑总课程目标评价值
项目1 单片机基础知识及开发环境	任务1.1 单片机学习的预备知识	0.5				0.5						1	0.05
	任务1.2 认识51单片机		0.5			0.5						1	0.05

续表

课程内容	课程目标	任务1.1	任务1.2	任务2.1	任务2.2	任务3.1	任务3.2	任务3.3	任务4.1	任务4.2	任务4.3	∑子课程目标达成度	∑总课程目标评价值
项目2 单片机结构原理	任务2.1 单片机的内部结构						0.5		0.5			1	0.05
	任务2.2 单片机的外部结构						0.5		0.5			1	0.05
项目3 C51程序设计基础	任务3.1 认识C51数据结构			0.5					0.5			1	0.05
	任务3.2 认识C51运算符				0.5				0.5			1	0.05
	任务3.3 认识C语言程序控制							0.5	0.5			1	0.05
	任务3.4 认识C语言函数							0.5	0.5			1	0.05
项目4 认识数码管及键盘	任务4.1 数码管及应用							0.5		0.5		1	0.1
	任务4.2 键盘及应用							0.5		0.5		1	0.1
项目5 中断系统	任务5.1 认识中断系统	0.5							0.5			1	0.05
	任务5.2 中断系统应用开发							0.5	0.5			1	0.05
项目6 定时/计数器	任务6.1 认识定时/计数器								0.5	0.5		1	0.05
	任务6.2 定时/计数器应用开发							0.5		0.5		1	0.05
项目7 串行通信	任务7.1 认识串行通信					0.5			0.5			1	0.05
	任务7.2 串行通信应用开发								0.5	0.5		1	0.05
项目8 综合应用开发	任务8.1 频率计设计开发		0.25					0.25	0.25	0.25		1	0.1
∑ 本课程目标达成度													1

说明:对课程内容的考核为在教学过程中对任务模块进行随堂测验或实践考核等的评分。

（二）评价方式

课程评价采用平时测评与期末终结性鉴定相结合的鉴定方式,采用线上评价与线下评价、理论评价与实操评价的方式进行,具体权重设置见表5。

表5　成绩指标权重表

一级指标	二级指标	三级指标	
平时测评 50%	课件学习 25%	学习进度	100%
	课堂活动 20%	考勤	30%
		参与	30%
		课堂表现	20%
		测验平均分	20%
	学习工作业 25%	项目1学习工作业页	15%
		项目2学习工作业页	15%
		项目3学习工作业页	15%
		项目4学习工作业页	15%
		项目5学习工作业页	10%
		项目6学习工作业页	10%
		项目7学习工作业页	10%
		项目8学习工作业页	10%
	线上测试 30%	线上测试	100%
期末测评 50%	期末考试 100%		

六、实施保障

(一)师资队伍

本课程专(兼)职教师应具有良好的师德师风、扎实的专业相关理论水平、中级及以上相关专业职称或技师资格担任课堂理实一体化教学。

(二)教学设施

本专业应设有汽车电子产品检测实验室、电子实验室,其中电子实验室为"汽车单片机技术"课程提供了足够的教学条件。台套数能同时满足1个班的教学,按照4~5人/台配备。

具体要求为:

1.单片机实验箱若干。

2.示波器若干台。

(三)教学资源

1.教材资源

按照国家教材选用原则和要求选用教材。

2. 网络资源

职教云平台"单片机原理及应用"课程。

（四）教学方法和手段

教学应立足于培养学生实际操作能力、职业素养等，采用任务驱动教学法、合作探究法、仿真教学法、小组讨论、案例分析、教师示范、角色扮演等多种以学生为中心的教学方法，让学生在"做中学""学中做"。在教学过程中，应运用多媒体、现代信息技术、实物等辅助资源教学。

四

汽车技术服务与营销专业核心课程教学标准

"二手车鉴定评估与交易"课程教学标准

一、课程概述

(一)课程教学标准依据

本课程教学标准依据汽车技术服务与营销专业人才培养,根据《汽车制造试验和售后服务技术人员能力标准》中的 QPBSU01 确认和估价车辆的回收物残值、QPBSU02 提供专业的车辆技术建议,教育部《高等职业学校汽车营销与服务专业教学标准》,对接《汽车运用与维修职业技能等级证书》标准中"汽车营销评估与金融保险服务技术(中级)"模块进行制定。

(二)课程类型

本课程是汽车技术服务与营销专业的专业核心课程,共 48 学时。课程是在学习汽车系统及零部件识别、汽车文化、汽车顾问式销售等课程后的一门理实一体化课程。

(三)课程功能

本课程实现专业人才培养规格要求,发挥课程思政功能,落实立德树人根本任务,育训结合,支持专业教学目标达成和《汽车运用与维修职业技能等级证书》获取,培养学习者对二手车价格的估算能力。

二、课程目标

学习者通过对该课程的学习,能具备准确而详细地估算二手车价格的能力。该能力由以下方面组成:

(一)职业素养

1.具有良好的职业素质和工匠精神。

2. 具有吃苦耐劳、爱岗敬业的精神。

（二）通用能力

1. 具有良好的收集、分析、处理工作数据的能力。

2. 具有良好的沟通能力和团队合作能力。

（三）专业知识

1. 知道二手车鉴定评估的含义和流程。

2. 知道二手车评估的方法。

（四）技术技能

1. 能分析、鉴定二手车技术状况。

2. 能按照流程进行二手车评估。

三、课程设置

（一）课程内容和"1+X"证书对接

依据《汽车运用与维修职业技能等级证书》中"汽车营销评估与金融保险服务（中级）"模块，将汽车使用评价与选购工作任务、教学内容对接"1+X"证书中相关知识要求和技能要求，见表1。

表1　教学内容要求及对接"1+X"技能等级证书教学标准

项目	任务	学习活动	1+X 技能等级证书教学标准	
			技能要求	知识要求
项目1 认识二手车鉴定评估基本要求	任务1.1 认识二手车鉴定评估基本流程	1.二手车定义 2.二手车鉴定评估基本要素 3.二手车鉴定评估程序		
	任务1.2 认识二手车市场	4.美国二手车市场 5.我国二手车市场		
项目2 实施二手车鉴定评估准备工作	任务2.1 二手车评估业务接洽	6.客户接待和前期洽谈 7.二手车鉴定评估委托书	1-7　中级 1.2.1　能按客户接待流程接待进店客户	1-7　中级 1.2.1　客户接待流程
	任务2.2 核对证件	8.购车凭证 9.车辆税险凭证		

续表

项目	任务	学习活动	1+X 技能等级证书教学标准	
			技能要求	知识要求
项目3 实施二手车技术状况鉴定	任务3.1 实施车辆静态检查	10.二手车静态检查的内容	1-7 中级 1.1.2 能检查装饰、钣金件、车架及内装部位,必要时可举升车辆检查 1.2.6 能进行车辆外观检查,评定各部位的受损情况 1.2.3 能进行路试后的检查工作	1-7 中级 1.1.2 装饰、钣金件、车架及内装部位的检查方法 1.2.6 外观受损检查的流程 1.2.1 路试前应做的准备工作项目 1.2.3 路试后的检查工作内容
	任务3.2 实施车辆路试检查	11.二手车路试前检查的内容 12.二手车路试中检查的内容 13.二手车路试后检查的内容		
	任务3.3 实施车辆性能指标检测	14.汽车性能主要指标		
项目4 实施二手车价格评估与报告出具	任务4.1 用重置成本法评估二手车价格	15.重置成本法原理	1-7 中级 1.2.1 能用重置成本法评估机动车价值 1.2.2 能用现行市价法评估机动车价值 1.2.3 能用收益现值法评估机动车价值 1.2.4 能用清算价格法评估机动车价值 1.3.2 能编写机动车鉴定评估报告	1-7 中级 1.2.1 重置成本法 1.2.2 现行市价法 1.2.3 收益现值法 1.2.4 清算价格法 1.3.5 机动车鉴定评估报告要素的构成
	任务4.2 用现行市价法评估二手车价格	16.现行市价法原理		
	任务4.3 用清算价格法评估二手车价格	17.清算价格法原理		
	任务4.4 用收益现值法评估二手车价格	18.收益现值法原理		
	任务4.5 撰写二手车鉴定评估报告书	19.二手车鉴定评估报告书的内容要求		

（二）课程内容支撑课程目标设计

课程内容支撑课程目标设计见表2。

表2　课程内容支撑课程目标设计

课程目标／课程内容	职业素养		通用能力		专业知识		技术技能	
	1	2	1	2	1	2	1	2
任务1.1　认识二手车鉴定评估基本流程	H				H			H
任务1.2　认识二手车市场		H						
任务2.1　二手车评估业务接洽				H				
任务2.2　核对证件			H					
任务3.1　实施车辆静态检查							H	
任务3.2　实施车辆路试检查							H	
任务3.3　实施车辆性能指标检测							H	
任务4.1　重置成本法评估二手车价格						H		
任务4.2　现行市价法评估二手车价格						H		
任务4.3　清算价格法评估二手车价格						H		
任务4.4　收益现值法评估二手车价格						H		
任务4.5　撰写二手车鉴定评估报告书								H

说明：对课程内容的考核为在教学过程中对任务模块进行随堂测验或实践考核等的评分。

四、课程实施安排

课程内容学时分配见表3。

表3　课程内容学时分配

项目	任务	学时		
		理论	实训	小计
项目1 认识二手车鉴定评估基本要求	任务1.1　认识二手车鉴定评估基本流程	1	1	2
	任务1.2　认识二手车市场	1	1	2
项目2 实施二手车鉴定评估准备工作	任务2.1　二手车评估业务接洽	2	2	4
	任务2.2　核对证件	2	2	4
项目3 实施二手车技术状况鉴定	任务3.1　实施车辆静态检查	2	2	4
	任务3.2　实施车辆路试检查	2	2	4
	任务3.3　实施车辆性能指标检测	2	2	4

续表

项目	任务	理论	实训	小计
项目4 实施二手车价格评估与报告出具	任务4.1 重置成本法评估二手车价格	4	4	8
	任务4.2 现行市价法评估二手车价格	2	2	4
	任务4.3 清算价格法评估二手车价格	2	2	4
	任务4.4 收益现值法评估二手车价格	2	2	4
	任务4.5 撰写二手车鉴定评估报告书	2	2	4
合计		24	24	48

五、教学评价

（一）课程目标达成度评价权重

课程目标达成度分为子课程目标达成度和总课程目标达成度。课程内容支撑课程目标达成,课程内容支撑各子课程目标的权重见表4。

表4 课程内容支撑课程目标权重表

课程内容		任务1.1	任务1.2	任务2.1	任务2.2	任务3.1	任务3.2	任务3.3	任务4.1	任务4.2	任务4.3	任务4.4	任务4.5	∑子课程目标达成度	∑总课程目标评价值
职业素养	1 具有良好的职业素质和工匠精神	1												1	0.1
	2 具有吃苦耐劳、爱岗敬业的精神		1											1	0.1
通用能力	1 具有良好的收集、分析、处理工作数据的能力				1									1	0.1
	2 具有良好的沟通能力和团队合作能力			1										1	0.1

170

续表

课程目标\权重\课程内容		支撑课程内容												课程目标达成度	
		任务1.1	任务1.2	任务2.1	任务2.2	任务3.1	任务3.2	任务3.3	任务4.1	任务4.2	任务4.3	任务4.4	任务4.5	∑子课程目标达成度	∑总课程目标评价值
专业知识	1　知道二手车鉴定评估的含义和流程	1												1	0.1
	2　知道二手车评估的方法								0.3	0.3	0.2	0.2		1	0.3
技术技能	1　能分析、鉴定二手车技术状况					0.4	0.3	0.3						1	0.1
	2　能按照流程进行二手车评估												1	1	0.1
∑　本课程目标达成度															1

说明:对课程内容的考核为在教学过程中对任务模块进行随堂测验或实践考核等的评分。

(二)评价方式

课程评价采用平时测评与期末终结性鉴定相结合的鉴定方式,采用线上评价与线下评价、理论评价与实操评价的方式进行,具体权重设置见表5。

表5　成绩指标权重表

一级指标	二级指标	三级指标	
平时测评 50%	线上学习 50%	参与度	40%
		线上作业	30%
		线上测验	20%
		线上考试	10%
	课堂活动 20%	考勤	35%
		课堂表现	65%
	学习工作页 30%	项目1　学习工作页	10%
		项目2　学习工作页	30%
		项目3　学习工作页	30%
		项目4　学习工作页	30%
期末测评 50%	期末考试100%		

六、实施保障

（一）师资队伍

本课程专（兼）职教师应具有良好的师德师风、扎实的专业相关理论水平、中级及以上相关专业职称或技师资格担任课堂理实一体化教学。

（二）教学设施

本专业应设有汽车营销实训中心，其中车辆营销实训区为"二手车鉴定评估与交易"课程提供了足够的教学条件。拥有实训车辆、机房、专业工具（漆膜厚仪、诊断仪等专业检测工具）。

（三）教学资源

1. 教材资源

按照国家教材选用原则和要求选用教材。

2. 网络资源

智慧职教课程平台"二手车鉴定评估与交易"课程。

（四）教学方法和手段

教学应立足于培养学生实际操作能力、职业素养等，采用任务驱动教学法、合作探究法、仿真教学法、小组讨论、案例分析、教师示范、角色扮演等多种以学生为中心的教学方法，让学生在"做中学""学中做"。在教学过程中，应运用多媒体、现代信息技术、实物等辅助资源教学。

"汽车保险与理赔"课程教学标准

一、课程概述

（一）课程教学标准依据

本课程教学标准依据汽车技术服务与营销专业人才培养方案，依据《中华人民共和国保险法》《中华人民共和国道路交通安全法》，教育部《高等职业学校汽车营销与服务专业教学标准》，对接《汽车运用与维修职业技能等级证书》标准中"1-7 汽车营销评估与金融保险服务技术（初、中级）"模块进行制定。

（二）课程类型

本课程是汽车技术服务与营销专业的专业核心课程，共48学时。

（三）课程功能

本课程实现专业人才培养规格要求，发挥课程思政功能，落实立德树人根本任务，育训结合，支持专业教学目标达成和《汽车运用与维修职业技能等级证书》获取。本课程能实现车险销售业务员、车险事故查勘员、定损员、理赔员、事故车维修顾问、汽车配件管理员等岗位的人才培养。

二、课程目标

学习者通过对该课程的学习,能具备从事汽车保险和理赔相关业务的能力。该能力由以下方面组成:

(一)职业素养

1.具有良好的职业素质和工匠精神。

2.具有吃苦耐劳、爱岗敬业的精神。

(二)通用能力

1.具有认真观察、积极思考的能力。

2.具有分析和解决问题的能力。

(三)专业知识

1.知道汽车保险与理赔工具的使用方法。

2.能识别车辆风险、识别车险各保险产品。

3.知道事故车查勘定损的流程和要点。

4.知道事故车索赔和理赔的流程和要点。

(四)技术技能

1.能按照规范流程进行车险投保和承保。

2.能按照法律和规范的规定进行车险理赔,包括查勘定损、索赔和理赔。

三、课程设置

(一)课程内容和"1+X"证书对接

依据《汽车运用与维修职业技能等级证书》中"汽车动力与驱动系统综合分析技术(初、中、高级)"模块,教学内容对接"1+X"证书中相关知识要求和技能要求,见表1。

表1　教学内容要求及对接"1+X"技能等级证书教学标准

项目	任务	学习活动	"1+X"技能等级证书教学标准	
			技能要求	知识要求
项目1 认识车险	任务1.1 识别汽车保险	1.为客户分析车辆风险 2.为客户介绍汽车保险的基本概念 3.引导客户进行投保	1-7　初级 8.1.1　能为客户介绍各类汽车保险 8.1.2　能引导客户进行投保 1-7　中级 2.1.2　能运用保险的基本原则处理车辆保险案件	1-7　初级 8.1.1　汽车保险概述 8.1.2　汽车保险特点及险种结构 1-7　中级 2.1.2　保险的基本原则

续表

项目	任务	学习活动	"1+X"技能等级证书教学标准	
			技能要求	知识要求
项目2 车险投保 与承保	任务2.1 识别汽车 保险产品	4.为客户解释交强险的保费、保额和保险责任、除外责任 5.为客户解释第三者责任险的保费、保额和保险责任、除外责任 6.为客户解释车损险的保费、保额和保险责任、除外责任 7.为客户解释车上人员责任险的保费、保额和保险责任、除外责任	1-7 初级 9.1.1 能清晰地向客户解释交强险,以及其保费、赔偿方式和金额 9.1.4 能知道各类险种价格 1-7 中级 2.1.1 能识别车辆所投保险种及涉险种类 2.1.3 能根据涉案车辆的损失情况确定适用的保险种类 2.1.4 能确定涉案车辆险合同细则 2.1.5 能按规定流程处理机动车保险理赔 2.2.1 能查阅汽车基本险相关法律法规 2.2.2 能查阅汽车附件险的相关法律法规	1-7 初级 9.1.1 交强险要求及保费 9.1.5 汽车保险及费用核算方法 1-7 中级 2.1.1 车辆所投保险种及涉险种类的说明 2.1.3 保险种类选择方法 2.1.4 涉案车辆险合同细则 2.1.5 处理机动车保险理赔流程 2.2.1 汽车基本险相关法律法规 2.2.2 汽车附件险的相关法律法规
	任务2.2 确定投保 方案和 投保	8.为客户确定车险投保方案 9.帮助客户完成车险投保	无	无
	任务2.3 车险的核 保与承保	10.车险核保	无	无
项目3 车险理赔	任务3.1 事故车辆 的接报案	11.完成事故报案和查勘派工 12.第一时间识别车险可能存在的道德风险	无	无

项目	任务	学习活动	"1+X"技能等级证书教学标准	
			技能要求	知识要求
项目3 车险理赔	任务3.2 事故车现场查勘	13. 现场痕迹勘察 14. 现场痕迹拍照 15. 现场相关人员问讯 16. 确定事故责任方和受损情况 17. 完成查勘报告（事故现场图）	1-2 中级 2.3.1 能验证车辆驾驶证、车辆行驶证的真伪 2.4.5 能对现场事故案件进行清晰的描述	1-2 中级 2.3.1 机动车驾驶证和行驶证鉴别方法 2.4.5 现场事故案件的描述要素
	任务3.3 事故车定损	18. 分析事故原因 19. 分析和评估受损部件 20. 对受损部件逐一定损 21. 制作定损报告	1-7 中级 2.4.1 能够熟练操作查勘定损软件，进行查勘记录上传及定损明细登记上传 2.4.2 能够按照流程进行定损 2.4.4 能制定数据分析报告 2.4.6 能发送及下载定损的结构 3.2 能按照操作要求完成定损事故原因、事故分析作业操作 1.1 能按照操作要求完成定损客服突发事件信息作业操作 8.1 能按照操作要求完成汽车定损特殊订单流程作业操作 1-7 高级 5.1 能按照操作要求完成事故修复判别定损分析评估 5.2 能按照操作要求完成涂装板件判别定损分析评估 6.1 能按照操作系统要求完成汽车测评定损估价作业操作	1-7 中级 2.4.1 查勘定损软件的使用说明 2.4.2 定损流程说明 2.4.4 数据分析报告的制定方法 2.4.6 定损的结构查询方法 3.2 定损事故原因事故分析作业操作技术 5.1 定损客服突发事件信息作业操作技术 8.1 汽车定损特殊订单流程作业操作技术 1-7 高级 5.1 事故修复判别定损流程作业操作技术 5.2 涂装板件判别定损流程作业操作技术 6.1 汽车测评定损估价作业操作技术

续表

项目	任务	学习活动	"1+X"技能等级证书教学标准	
			技能要求	知识要求
项目3 车险理赔	任务3.4 车险的索赔和理赔	22.协助客户进行车险索赔 23.交强险的理赔款理算 24.第三者责任险的赔款理算 25.车损险的赔款理算 26.核赔	无	无

（二）课程内容支撑课程目标设计

课程内容支撑课程目标设计见表2。

表2 课程内容支撑课程目标设计

课程目标 课程内容	职业素养		通用能力		专业知识				技术技能	
	1	2	1	2	1	2	3	4	1	2
任务1.1 识别汽车保险			H		L					
任务2.1 识别汽车保险产品			H			H			H	
任务2.2 确定投保方案和投保	H		H	H		M			M	
任务2.3 车险的核保与承保			M	M	L				M	
任务3.1 事故车辆的接报案			H				L			M
任务3.2 事故车现场查勘		H	H				H			H
任务3.3 事故车定损		H	H	H			H			H
任务3.4 车险的索赔和理赔			M	M					M	M

说明：对课程内容的考核为在教学过程中对任务模块进行随堂测验或实践考核等的评分。

四、课程实施安排

课程内容学时分配见表3。

表3　课程内容学时分配

项目	任务	理论	实训	小计
项目1 认识车险	任务1.1　识别汽车保险	3	3	6
项目2 车险投保与承保	任务2.1　识别汽车保险产品	6	6	12
	任务2.2　确定投保方案及投保	2	2	4
	任务2.3　车险的核保与承保	1	1	2
项目3 车险理赔	任务3.1　事故车的接报案	1	1	2
	任务3.2　事故车现场查勘	3	3	6
	任务3.3　事故车定损	5	5	10
	任务3.4　车险的索赔和理赔	2	2	4
机动		1	1	2
合计		24	24	48

五、教学评价

（一）课程目标达成度评价权重

课程目标达成度分为子课程目标达成度和总课程目标达成度。课程内容支撑课程目标达成,课程内容支撑各子课程目标的权重见表4。

表4　课程内容支撑课程目标权重表

课程内容 / 课程目标 / 权重		任务1.1	任务2.1	任务2.2	任务2.3	任务3.1	任务3.2	任务3.3	任务3.4	∑子课程目标达成度	∑总课程目标评价值
职业素养	1　具有良好的职业素质和工匠精神			1						1	0.1
	2　具有吃苦耐劳、爱岗敬业的精神						0.5	0.5		1	0.1
通用能力	1　具有认真观察、积极思考的能力	0.1	0.2	0.1	0.1	0.1	0.15	0.15	0.1	1	0.1
	2　具有分析问题和解决问题的能力	0.1	0.2	0.1	0.1	0.1	0.15	0.15	0.1	1	0.1

续表

课程目标 权重 课程内容		任务1.1	任务2.1	任务2.2	任务2.3	任务3.1	任务3.2	任务3.3	任务3.4	Σ子课程目标达成度	Σ总课程目标评价值
		支撑课程内容								课程目标达成度	
专业知识	1 知道汽车保险与理赔工具的使用方法	1								1	0.1
	2 能识别车辆风险、识别车险各保险产品并完成投保和承保		0.6	0.2	0.2					1	0.1
	3 能进行事故车的查勘定损					0.1	0.4	0.5		1	0.1
	4 能进行事故车的索赔和理赔								1	1	0.1
技术技能	1 能按照规范流程进行车险投保和承保	0	0.5	0.3	0.2					1	0.1
	2 能按照法律和规范的规定进行车险理赔,包括查勘定损、索赔和理赔					0.1	0.3	0.4	0.2	1	0.1
Σ 本课程目标达成度											1

(二)评价方式

课程评价采用平时测评与期末终结性鉴定相结合的鉴定方式,采用线上评价与线下评价、理论评价与实操评价的方式进行,具体权重设置见表5。

表5 成绩指标权重表

一级指标	二级指标	三级指标	
平时测评 50%	线上学习10%	课件学习	100%
	课堂活动10%	考勤	100%
	学习工作页 50%	任务1.1 学习工作页	20%
		任务2.1 学习工作页	20%
		任务2.2 学习工作页	10%
		任务2.3 学习工作页	10%
		任务3.1 学习工作页	10%
		任务3.2 学习工作页	10%
		任务3.3 学习工作页	10%
		任务3.4 学习工作页	10%
	线上考试 30%	项目1 鉴定	40%
		项目2 鉴定	40%
		项目3 鉴定	20%
期末测评50%	期末考试100%		

六、实施保障

(一)师资队伍

本课程专(兼)职教师应具有良好的师德师风、扎实的专业相关理论水平、中级及以上相关专业职称或技师资格担任课堂理实一体化教学。

(二)教学设施

汽车保险与理赔的模拟实训台、汽车保险与理赔的系统模拟软件及计算机房等。

(三)教学资源

1. 教材资源

按照国家教材选用原则和要求选用教材。

2. 网络资源

智慧职教课程平台"汽车保险与理赔"课程。

(四)教学方法和手段

教学应立足于培养学生实际操作能力、职业素养等,采用任务驱动教学法、合作探究法、仿真教学法、小组讨论、案例分析、教师示范、角色扮演等多种以学生为中心的教学方法,让学生在"做中学""学中做"。在教学过程中,应运用多媒体、现代信息技术、实物等辅助资源教学。

"汽车服务顾问"课程教学标准

一、课程概述

(一)课程教学标准依据

依据汽车技术服务与营销专业人才培养方案,根据《汽车制造试验和售后服务技术人员能力标准》中 QPBSQ01 确立与客户关系、QPBSQ02 与客户互动交流、QPBSQ03 给客户提供服务、QPBSQ04 提供和监控对客户的服务,教育部《高等职业学校汽车营销与服务专业教学标准》,对接《汽车运用与维修职业技能等级证书》标准中"汽车维修企业运营与项目管理技术(中级)"模块进行制定。

(二)课程类型

本课程是汽车技术服务与营销专业的专业核心课程,共48学时。本课程是在学习汽车系统及零部件识别、车间安全及常用工具设备使用、汽车电路系统检测与维修、汽车维护、汽车性能评价与选购后的一门理实一体化课程。

(三)课程功能

本课程实现专业人才培养规格要求,发挥课程思政功能,落实立德树人根本任务,育训结合,支持专业教学目标达成和《汽车运用与维修职业技能等级证书》获取,培养学习者根据客户需求提供汽车售后服务的能力。

二、课程目标

学习者通过对该课程的学习,应该具有正确实施汽车售后服务工作流程,有效运用关怀顾客技巧的能力。该能力由以下方面组成:

(一)职业素养

1. 具有良好的职业素质和工匠精神。

2. 具有吃苦耐劳、爱岗敬业的精神。

(二)通用能力

1. 具有良好的沟通能力和团队合作能力。

2. 具有良好的与相关工作人员和客户进行交流的能力。

(三)专业知识

1. 知道有关职场健康安全法规、环境保护法和个人安全要求的知识。

2. 知道与汽车驾驶相关的危险知识。

3. 知道汽车售后服务流程的正确实施步骤。

4. 知道关怀顾客的相关技巧。

(四)技术技能

1. 记录客户汽车的相关故障描述。

2. 实施教学标准的汽车维修接待步骤。

3. 实施顾客关怀技巧。

三、课程设置

(一)课程内容和"1+X"证书对接

依据《汽车运用与维修职业技能等级证书》中"汽车维修企业运营与项目管理技术(中级)"模块,将汽车售后服务的工作任务、教学内容对接"1+X"证书中相关知识要求和技能要求,见表1。

表1　教学内容要求及对接"1+X"技能等级证书教学标准

项目	任务	学习活动	"1+X"技能等级证书教学标准	
			技能要求	知识要求
项目1 认识汽车维修接待的重要性	任务1.1 认识汽车维修接待的作用和工作内容	1. 认识汽车维修接待的含义 2. 知道汽车维修接待须具备的知识 3. 知道汽车维修接待须具备的素质 4. 知道汽车维修接待须具备的能力 5. 认识汽车维修接待的工作流程 6. 认识汽车维修接待的主要工作职责	无	无

项目	任务	学习活动	"1+X"技能等级证书教学标准	
			技能要求	知识要求
项目1 认识汽车维修接待的重要性	任务1.2 树立为顾客服务的意识	7. 认识服务的含义 8. 知道汽车维修服务的含义 9. 学会维修接待必须具备的商务礼仪 10. 判定顾客的性格类别	1-6 中级 1.1.1 能按规范着装 1.1.2 能有规范的仪态 1.1.3 能按规范进行社交礼仪	1-6 中级 1.1.1 礼仪的定义 1.1.2 礼仪的分类:仪表、仪态、礼节、语言、电话礼仪 1.1.3 社交礼仪的要求
项目2 实施汽车维修接待流程	任务2.1 实施保养提醒和预约工作流程	11. 知道保养提醒与预约工作的目的 12. 学会保养提醒与预约工作的目的 13. 学会保养提醒与预约工作的处理技巧 14. 知道并学会SA在保养提醒与预约中的必备技能和知识	无	无
	任务2.2 实施预约准备工作流程	15. 知道预约准备的目标 16. 知道预约准备的工作要求,实施其流程 17. 知道SA在预约准备步骤中的必备技能 18. 知道SA在预约准备步骤中的必备知识	无	无
	任务2.3 实施汽车维修车辆接待流程	19. 知道接待的重要性 20. 知道维修车辆接待的日常准备的内容 21. 能够正确实施维修车辆接待的步骤 22. 能够正确实施环车检查程序 23. 知道SA在接待步骤中的必备技能 24. 知道SA在接待步骤中的必备知识	无	无

续表

项目	任务	学习活动	"1+X"技能等级证书教学标准	
			技能要求	知识要求
项目2 实施汽车维 修接待流程	任务2.4 实施生产作 业工作流程	25.知道SA在生产作业中的工作要求 26.能够正确实施生产作业过程中的工作流程 27.知道质量检验的要求和内容 28.知道SA在生产步骤中的必备技能 29.知道SA在生产步骤中的必备知识	1-6 中级 1.2.1 能进行车间生产现场管理 1.2.2 能进行班组作业管理 1.2.3 能进行车间生产调度	1-6 中级 1.2.1 汽车维修服务企业生产管理的内容 1.2.2 车间生产流程图 1.2.3 车间生产管理的主要内容 1.2.4 生产调度的主要内容 1.2.5 生产调度管理中的注意事项
	任务2.5 实施交车工 作流程	30.知道SA在交车作业中的工作要求 31.能够正确实施交车过程中的工作流程 32.知道SA在交车步骤中的必备技能 33.知道SA在生产步骤中的必备知识	1-6 中级 1.2.1 能规范交车/结账工作流程	1-6 中级 1.2.1 交车/结账工作流程
	任务2.6 实施维修后 跟踪服务 流程	34.知道SA在维修后跟踪服务中的工作要求 35.能够正确实施维修后跟踪服务过程中的工作流程 36.知道SA在维修后跟踪服务步骤中的必备技能 37.知道SA在维修后跟踪服务步骤中的必备知识	1-6 中级 1.3.1 能规范服务跟踪工作	1-6 中级 1.3.1 跟踪服务工作流程 1.3.2 跟踪服务流程技巧
项目3 实施顾客关 怀技巧	任务3.1 实施顾客关 怀技巧	38.认识顾客关怀的含义 39.知道顾客关怀的四个支柱	无	无
	任务3.2 处理客户 异议	40.认识客户异议的含义 41.能够正确处理不同类型的客户异议 42.正确处理价格异议 43.知道并学会处理常见客户异议的其他技巧	无	无

续表

项目	任务	学习活动	"1+X"技能等级证书教学标准	
			技能要求	知识要求
项目3 实施顾客关怀技巧	任务3.3 处理客户抱怨	44.知道容易导致客户抱怨的行为 45.知道对客户的抱怨行为进行服务补救的原因 46.能正确运用处理客户抱怨的技巧	无	无
	任务3.4 处理客户投诉事件	47.认识客户投诉的含义 48.正确实施处理一般性投诉事件的作业流程 49.学会并运用处理客户投诉事件的技巧	1-6 中级 1.1.1 能对投诉产生原因进行分析 1.1.2 能针对客户不投诉的原因进行分析 1.1.3 能对投诉类型进行归纳 1.1.4 能分析投诉客户最关心的事情	1-6 中级 1.1.1 产生投诉的原因 1.1.2 客户不投诉的原因 1.1.3 投诉类型进行归纳方法 1.1.4 分析投诉客户最关心的事情
	任务3.5 实施紧急救援	50.认识汽车紧急救援行业 51.认识我国汽车紧急救援行业发展现状 52.知道汽车紧急救援的服务项目 53.能够正确实施汽车紧急救援工作流程	无	无
	任务3.6 实施事故车辆的维修接待流程	54.知道事故车辆保险理赔流程 55.学会并实施SA接待事故车的流程	无	无

（二）课程内容支撑课程目标设计

课程内容支撑课程目标设计见表2。

表2 课程内容支撑课程目标设计

课程内容 ＼ 课程目标	职业素养		通用能力		专业知识				技术技能		
	1	2	1	2	1	2	3	4	1	2	3
任务1.1 认识汽车维修接待的作用和工作内容	H				H				H		

续表

课程内容　　　　　　　课程目标	职业素养		通用能力		专业知识				技术技能		
	1	2	1	2	1	2	3	4	1	2	3
任务1.2　树立为顾客服务的意识		H									
任务2.1　实施保养提醒和预约工作流程				H			H			H	
任务2.2　实施预约准备工作流程			H				H			H	
任务2.3　实施汽车维修车辆接待流程			H				H			H	
任务2.4　实施生产作业工作流程				H			H			H	
任务2.5　实施交车工作流程				H			H			H	
任务2.6　实施维修后跟踪服务流程				H		H				H	
任务3.1　实施顾客关怀技巧								H			H
任务3.2　处理客户异议				H				H			H
任务3.3　处理客户抱怨				H				H			H
任务3.4　处理客户投诉事件				H				H			H
任务3.5　实施紧急救援								H			H
任务3.6　实施事故车辆的维修接待流程								H			H

注解：1.根据课程对培养规格的支撑度，可划分为高支撑（H）、中支撑（M）和低支撑（L）。

2.每门课程任务至少对1项培养规格形成高支撑，或对多项培养规格形成中支撑。

3.每项培养规格至少有一个任务对其形成高支撑。

四、课程实施安排

课程内容学时分配见表3。

表3　课程内容学时分配

项目	任务	学时		
		理论	实训	小计
项目1　认识汽车维修接待的重要性	任务1.1　认识汽车维修接待的作用和工作内容	1	1	2
	任务1.2　树立为顾客服务的意识	1	1	2

续表

项目	任务	学时		
		理论	实训	小计
项目2 实施汽车维修接待流程	任务2.1　实施保养提醒和预约工作流程	2	2	4
	任务2.2　实施预约准备工作流程	1	1	2
	任务2.3　实施汽车维修车辆接待流程	7	7	14
	任务2.4　实施生产作业工作流程	2	2	4
	任务2.5　实施交车工作流程	2	2	4
	任务2.6　实施维修后跟踪服务流程	2	2	4
项目3 实施顾客关怀技巧	任务3.1　实施顾客关怀技巧	1	1	2
	任务3.2　处理客户异议	1	1	2
	任务3.3　处理客户抱怨	1	1	2
	任务3.4　处理客户投诉事件	1	1	2
	任务3.5　实施紧急救援	1	1	2
	任务3.6　实施事故车辆的维修接待流程	1	1	2
合计		24	24	48

五、教学评价

（一）课程目标达成度评价权重

课程目标达成度分为子课程目标达成度和总课程目标达成度。课程内容支撑课程目标达成,课程内容支撑各子课程目标的权重见表4。

表4　课程内容支撑课程目标权重表

课程内容 \ 课程目标权重		支撑课程内容														课程目标达成度	
		任务1.1	任务1.2	任务2.1	任务2.2	任务2.3	任务2.4	任务2.5	任务2.6	任务3.1	任务3.2	任务3.3	任务3.4	任务3.5	任务3.6	∑子课程目标达成度	∑总课程目标评价值
职业素养	1　具有良好的职业素质和工匠精神	1														1	0.05
	2　具有吃苦耐劳、爱岗敬业的精神		1													1	0.05

续表

课程内容	课程目标 / 权重	任务1.1	任务1.2	任务2.1	任务2.2	任务2.3	任务2.4	任务2.5	任务2.6	任务3.1	任务3.2	任务3.3	任务3.4	任务3.5	任务3.6	Σ子课程目标达成度	Σ总课程目标评价值
通用能力	1 具有良好的沟通能力和团队合作能力			0.5	0.5											1	0.05
	2 具有良好的与相关工作人员和客户进行交流的能力			0.3		0.2	0.1	0.1		0.1		0.1	0.1			1	0.05
专业知识	1 知道有关职场健康安全法规、环境保护法和个人安全要求的知识	1														1	0.1
	2 知道与汽车驾驶相关的危险知识							1								1	0.05
	3 知道汽车售后服务流程的正确实施步骤			0.2	0.2	0.2	0.2	0.2								1	0.2
	4 知道关怀顾客的相关技巧									0.3	0.2	0.2	0.1	0.1	0.1	1	0.1
技术技能	1 记录客户汽车的相关故障描述	1														1	0.05
	2 实施教学标准的汽车维修接待步骤			0.1	0.1	0.5	0.1	0.1	0.1							1	0.2
	3 实施顾客关怀技巧									0.3	0.2	0.2	0.1	0.1	0.1	1	0.1
Σ 本课程目标达成度																	1

说明:对课程内容的考核为在教学过程中对任务模块进行随堂测验或实践考核等的评分。

（二）评价方式

课程评价采用平时测评与期末终结性鉴定相结合的鉴定方式，采用线上评价与线下评价、理论评价与实操评价的方式进行，具体权重设置见表5。

表5　成绩指标权重表

一级指标	二级指标	三级指标	
平时测评 50%	线上学习 10%	学习进度	50%
		评价	50%
	课堂活动 30%	考勤	50%
		参与	20%
		测验	20%
		课堂表现	10%
	学习工作页 60%	任务1.1　学习工作页	5%
		任务1.2　学习工作页	5%
		任务2.1　学习工作页	5%
		任务2.2　学习工作页	5%
		任务2.3　学习工作页	35%
		任务2.4　学习工作页	5%
		任务2.5　学习工作页	5%
		任务2.6　学习工作页	5%
		任务3.1　学习工作页	5%
		任务3.2　学习工作页	5%
		任务3.3　学习工作页	5%
		任务3.4　学习工作页	5%
		任务3.5　学习工作页	5%
		任务3.6　学习工作页	5%
期末测评50%	期末考试100%		

六、实施保障

（一）师资队伍

本课程专（兼）职教师应具有良好的师德师风、扎实的专业相关理论水平、中级及以上相关专业职称或技师资格担任课堂理实一体化教学。

（二）教学设施

本专业应设有汽车营销实训区，为"汽车服务顾问"课程提供了足够的教学条件。台套数能同时满足两个班的教学，按照4~5人/台配备。

具体要求为：

1. 丰田、长安、福特、大众、奥迪等主流厂家车辆8辆左右。
2. 系统资源：汽车维修业务管理系统。
3. 工具耗材：漆膜厚度仪、刹车油含水率检测仪、万用表、打印机、车内三件套。

（三）教学资源

1. 教材资源

按照国家教材选用原则和要求选用教材。

2. 网络资源

智慧职教课程平台"汽车售后服务"课程。

（四）教学方法和手段

教学应立足于培养学生实际操作能力、职业素养等，采用任务驱动教学法、合作探究法、仿真教学法、小组讨论、案例分析、教师示范、角色扮演等多种以学生为中心的教学方法，让学生在"做中学""学中做"。在教学过程中，应运用多媒体、现代信息技术、实物等辅助资源教学。

"汽车顾问式销售"课程教学标准

一、课程概述

（一）课程教学标准依据

本课程教学标准依据汽车技术服务与营销专业人才培养方案，根据《汽车制造试验和售后服务技术人员能力标准》中的 QPBSP02 销售汽车产品、QPBSP03 应用销售现场的操作规程、QPBSP04 提供售后服务、QPBSP01 维持企业形象，依据教育部《高等职业学校汽车营销与服务专业教学标准》，对接《汽车运用与维修职业技能等级证书》标准中"汽车维修企业运营与项目管理技术（中、高级）"模块进行制定。

（二）课程类型

本课程是汽车技术服务与营销专业的专业核心课程，共72学时。本课程是在学习识别汽车零部件及总成、汽车性能评价与选购后的一门理实一体化课程。

（三）课程功能

本课程实现专业人才培养规格要求，发挥课程思政功能，落实立德树人根本任务，育训结合，支持专业教学目标达成与《汽车运用与维修职业技能等级证书》获取，培养学习者汽车顾问式销售的能力。

二、课程目标

学习者通过对该课程的学习，能更好地遵守汽车销售职业规范，能够与客户进行有效沟通，对整车及相关产品等进行有效推介。该能力由以下几方面组成：

（一）职业素养

1. 遵守职业规范，具有良好的专业精神、职业精神和工匠精神。

2.具备创新创业思维与职业生涯规划意识。

（二）通用能力

1.能较好地使用本专业信息技术收集、分析、处理和维护工作数据。

2.具有良好的沟通能力和团队合作能力，能有效地与相关工作人员和客户进行交流。

（三）专业知识

1.知道顾问式汽车销售特点、车辆的售前准备内容、与客户交流的技巧。

2.知道车辆的介绍与展示要点、流程。

3.知道促成车辆交易的方法、技巧、流程。

4.知道新车交付及售后跟踪服务的内容、流程。

（四）技术技能

1.能够实施售前的客户接待与交流，获取购车客户需求。

2.能够根据客户需求，实施车辆介绍与展示，完成车辆销售。

3.能够根据客户需求，进行新车交付，实施售后跟踪服务。

三、课程设置

（一）课程内容和"1+X"证书对接

依据《汽车运用与维修职业技能等级证书》中"汽车营销评估与金融保险服务技术（初、中、高级）"模块，对接汽车顾问式销售工作任务，教学内容中对接"1+X"证书中相关知识要求和技能要求，见表1。

表1　教学内容要求及对接"1+X"技能等级证书教学标准

项目	任务	学习活动	"1+X"技能等级证书教学标准	
			技能要求	知识要求
项目1 顾问式汽车销售前期准备	任务1.1 认识顾问式汽车销售	1.知道汽车消费购买的决策过程 2.认识汽车销售顾问的工作职责 3.认识汽车销售流程	1-7　初级 1.1.5　养成良好的习惯，遵守规则，工作积极主动	1-7　初级 1.1.10　员工良好素质要求
	任务1.2 实施车辆的售前准备	4.知道销售顾问职业形象要点 5.实施销售展厅的布置	1-7　初级 1.1.1　能做好工作场地内的所有物整理分类 1.2.1　能有正确的仪态 1.2.3　能正确地进行自我介绍及介绍他人	1-7　初级 1.1.7　工作场所7S的含义 1.2.1　汽车销售的仪态要求 1.2.3　销售员自我介绍的原则

续表

项目	任务	学习活动	"1+X"技能等级证书教学标准	
			技能要求	知识要求
项目1 顾问式汽车销售前期准备	任务1.3 实施售前的客户接待与交流	6.知道展厅接待流程及技巧 7.实施客户需求的分析	1.2.1 能检查展厅内外部是否符合要求 1.2.2 能通过主动、专业、规范的接待，树立良好的第一印象 1.3.4 能区分客户的类型，采用不同的沟通技巧 1.3.6 能够以客户为中心思考问题	1.2.1 展厅布置要求 1.2.3 树立良好第一印象的要求 1.3.4 客户分类原则 1.3.6 以客户为中心思考问题
项目2 实施顾问式汽车销售	任务2.1 确认车辆产品性能、分析竞争车型	8.确认车辆产品性能 9.确认并分析竞争车型	1.1.1 能熟记所销售车辆的参数与配置 1.2.2 能针对车辆上的不同部件配置为客户分析优缺点	1.1.1 影响车辆性能的车辆参数与配置 1.2.2 车辆上的不同配置及参数的优缺点
	任务2.2 实施车辆静态展示	10.认识车辆静态展示的意义与方式 11.运用车辆静态展示的方法	1.4.1 能灵活地使用六方位绕车 1.4.3 能结合客户车辆使用环境，运用FBI销售技巧，强化产品优势，激发客户兴趣 1.4.5 能激发客户试乘试驾兴趣	1.4.1 六方位绕车流程 1.4.3 FBI销售技巧 1.4.6 激发客户试乘试驾兴趣的方法
	任务2.3 实施车辆动态展示	12.认识试乘试驾的工作流程 23.运用试乘试驾技巧	1.5.3 能清楚地向客户说明试驾流程路线，时间及注意事项 1.5.4 能处理试乘试驾过程中的突发问题	1.5.3 试乘试驾的注意事项 1.5.4 试乘试驾突发问题处理方法
	任务2.4 实施报价协商、促成交易	14.认识价格构成与协商过程 15.运用报价协商的方法与技巧 16.确认并处理客户异议 17.运用成交技巧	1.6.1 能根据客户试乘试驾感受，分析其需求和预算，确定车型 1.6.2 能根据库存推荐客户所购的车型、配置、颜色 1.6.3 能消除客户疑虑和异议，增强客户购买信心	1.6.1 客户感受需求的收集及分析方法 1.6.2 库存车辆信息 1.6.3 增强客户购买信心的方法 1.6.4 降低客户期望值的方法

续表

项目	任务	学习活动	"1+X"技能等级证书教学标准	
			技能要求	知识要求
项目2 实施顾问式 汽车销售	任务2.5 办理业务、签订合同	18.签订汽车销售合同 19.实施办理汽车消费信贷业务 20.认识附加服务的内容	1.7.1 能清晰告知客户金融服务产品的种类和特性 1.7.2 能同客户详细沟通需求车型的贷款及还贷方案 1.7.3 能清晰地告诉客户在本店投保的优势 1.7.4 能掌握相关手续的办理流程、细节和办理时间 1.7.5 能合理地向客户推荐、介绍精品附件	1.7.1 金融服务产品种类和特性 1.7.2 贷款及还贷方案 1.7.3 本店投保的优势 1.7.4 贷款的办理流程细节和办理所需时间 1.7.5 店内精品附件信息
项目3 新车交付及 售后跟踪	任务3.1 实施新车交付	21.实施新车交付流程 22.准备新车上牌资料,完成新车上牌	1.10.1 能安排好交车仪式 1.10.2 能通过交车仪式提升客户满意度,以创造更多的资源	1.10.1 交车仪式的作用 1.10.2 交车仪式的注意事项
	任务3.2 实施售后跟踪服务	23.认识售后跟踪服务的工作内容 24.认识跟踪回访的流程及意义	1.8.5 能对客户进行回访,感谢客户到展厅看车,再次邀约 1.8.6 能在当天总结客户回访情况,更新相关系统中的客户信息 1.8.7 能分析意向客户的特征,再次判定客户级别 1.11.4 能鼓励客户向朋友推荐到店	1.8.5 客户回访要求 1.8.6 客户回访情况总结要求 1.8.7 客户级别判定方法 1.11.4 利用老客户发展新客户的方法

(二)课程内容支撑课程目标设计

课程内容支撑课程目标设计见表2。

表2　课程内容支撑课程目标设计

课程内容＼课程目标	职业素养 1	职业素养 2	通用能力 1	通用能力 2	专业知识 1	专业知识 2	专业知识 3	专业知识 4	技术技能 1	技术技能 2	技术技能 3
任务1.1　认识顾问式汽车销售	H			L	M						
任务1.2　实施车辆的售前准备	M		H		H				H		
任务1.3　实施售前的客户接待与交流			H	H			M		H		
任务2.1　确认车辆产品性能、分析竞争车型		H	H			M	M				
任务2.2　实施车辆静态展示			H	H		H	H	M		H	
任务2.3　实施车辆动态展示				H		M	H	M		M	
任务2.4　实施报价协商，促成交易	H			H			H			H	
任务2.5　办理业务、签订合同			H		H			H		M	
任务3.1　实施新车交付								H			H
任务3.2　实施售后跟踪服务								H			H

注解:1.根据课程对培养规格的支撑度,可划分为高支撑(H)、中支撑(M)和低支撑(L)。

2.每门课程任务至少对1项培养规格形成高支撑,或对多项培养规格形成中支撑。

3.每项培养规格至少有一个任务对其形成高支撑。

四、课程实施安排

课程内容学时分配见表3。

表3　课程内容学时分配

项目	任务	理论	实训	小计
项目1 顾问式汽车销售前期准备	任务1.1　认识顾问式汽车销售	2	2	4
	任务1.2　实施车辆的售前准备	2	2	4
	任务1.3　实施售前的客户接待与交流	4	4	8
项目2 实施顾问式汽车销售	任务2.1　确认车辆产品性能、分析竞争车型	4	4	8
	任务2.2　实施车辆静态展示	8	8	16
	任务2.3　实施车辆动态展示	8	8	16
	任务2.4　实施报价协商,促成交易	2	2	4
	任务2.5　办理业务、签订合同	2	2	4
项目3 新车交付及售后跟踪	任务3.1　实施新车交付	2	2	4
	任务3.2　实施售后跟踪服务	2	2	4
合计		36	36	72

五、教学评价

（一）课程目标达成度评价权重

课程目标达成度分为子课程目标达成度和总课程目标达成度。课程内容支撑课程目标达成,课程内容支撑各子课程目标的权重见表4。

表4　课程内容支撑课程目标权重表

课程内容 \ 课程目标 \ 权重		支撑课程内容										课程目标达成度	
		任务1.1	任务1.2	任务1.3	任务2.1	任务2.2	任务2.3	任务2.4	任务2.5	任务3.1	任务3.2	∑ 子课程目标达成	∑ 总课程目标评价值
职业素养	1　遵守职业规范、具有良好的专业精神、职业精神和工匠精神	0.4	0.3						0.3			1	0.05
	2　具备创新创业思维与职业生涯规划意识				0.5				0.5			1	0.05
通用能力	1　能较好地使用本专业信息技术收集、分析、处理和维护工作数据		0.2	0.2	0.2	0.2	0.2					1	0.1
	2　具有良好的沟通能力和团队合作能力,能有效地与相关工作人员和客户进行交流			0.2		0.2	0.2	0.2	0.2			1	0.1
专业知识	1　知道顾问式汽车销售特点、车辆的售前准备内容、与客户交流技巧	0.3	0.3	0.4								1	0.1
	2　知道车辆的介绍与展示流程要点				0.3	0.4	0.3					1	0.1
	3　知道促成车辆交易的方法、技巧、流程							0.5	0.5			1	0.1
	4　知道新车交付及售后跟踪服务的内容、流程									0.5	0.5	1	0.1
技术技能	1　能够实施售前的客户接待与交流,获取客户购车需求		0.5	0.5								1	0.1

续表

课程目标 权重 课程内容		支撑课程内容										课程目标达成度	
		任务 1.1	任务 1.2	任务 1.3	任务 2.1	任务 2.2	任务 2.3	任务 2.4	任务 2.5	任务 3.1	任务 3.2	∑ 子课 程目标 达成度	∑ 总课 程目标 评价值
技术 技能	2 能够根据客户需求，实施车辆介绍与展示，完成车辆销售					0.4	0.3	0.3				1	0.1
	3 能够根据客户需求，进行新车交付、实施售后跟踪服务									0.5	0.5	1	0.1
∑ 本课程目标达成度													1

（二）评价方式

课程评价采用过程评价与期末终结性鉴定相结合的鉴定方式,采用线上评价与线下评价、理论评价与实操评价的方式进行,具体权重设置见表5。

表5 成绩指标权重表

一级指标	二级指标	三级指标	
平时测评 60%	线上学习 30%	参与度	20%
		线上作业	70%
		线上测验	10%
	课堂活动 30%	考勤	90%
		课堂表现	10%
	学习工作页 40%	任务1.2 学习工作页	10%
		任务1.3 学习工作页	10%
		任务2.1 学习工作页	10%
		任务2.2 学习工作页	10%
		任务2.3 学习工作页	20%
		任务2.4 学习工作页	10%
		任务2.5 学习工作页	10%
		任务3.1 学习工作页	10%
		任务3.2 学习工作页	10%
期末测评40%		期末考试100%	

六、实施保障

（一）师资队伍

本课程专（兼）职教师应具有良好的师德师风、扎实的专业相关理论水平、中级及以上相关专业职称或技师资格担任课堂理实一体化教学。

（二）教学设施

本专业应设汽车营销实训中心，其中营销大厅实训基地为《汽车顾问式销售》课程提供了足够的教学条件。台套数能同时满足多个班教学。具体包括：专业教学车辆、汽车营销沙盘，汽车营销配套设施，汽车营销专用夹板、计算器、手套等工作用品若干。

（三）教学资源

1. 教材资源

按照国家教材选用原则和要求选用教材。

2. 网络资源

国家职业教育智慧教育平台。

（四）教学方法和手段

教学应立足于培养学生实际操作能力、职业素养等，采用任务驱动教学法、合作探究法、仿真教学法、小组讨论、案例分析、教师示范、角色扮演等多种以学生为中心的教学方法，让学生在"做中学""学中做"。在教学过程中，应运用多媒体、现代信息技术、实物等辅助资源教学。

"汽车营销策划"课程教学标准

一、课程概述

（一）课程教学标准依据

本课程教学标准依据汽车技术服务与营销专业人才培养方案，教育部《高等职业学校汽车营销与服务专业教学标准》，根据《汽车制造试验和售后服务技术人员能力标准》中的QPBSP02销售汽车产品，对接《汽车运用与维修职业技能等级证书》标准中"汽车营销评估与金融保险服务技术（高级）"模块进行制定。

（二）课程类型

本课程是汽车技术服务与营销专业的专业核心课程，共72学时。本课程是在学习汽车性能评价与选购、汽车推销技巧、汽车零部件与总成识别等专业基础课程、专业核心课程之后的一门理实一体化课程。

（三）课程功能

本课程实现专业人才培养规格要求，发挥课程思政功能，落实立德树人根本任务，育训结合，支持专业教学目标达成和《汽车运用与维修职业技能等级证书》获取，培养汽车营销专业人才的活动策划与自媒体营销应用能力。

二、课程目标

学习者通过对该课程的学习,能具备科学而合理地策划汽车营销活动的能力。该能力由以下方面组成:

(一)职业素养

遵守职业规范,具有良好的专业精神、职业精神、工匠精神和创新思维意识。

(二)通用能力

1. 具有能较好地使用本专业信息技术收集、分析、处理和维护工作数据的能力。
2. 具有较强的分析与解决技术问题的能力。
3. 具有较强的文字撰写、口头表达、媒体应用能力。

(三)专业知识

1. 知道汽车营销活动策划的方法、工作流程。
2. 知道市场调研、分析与定位的工作内容与方法。
3. 知道市场营销 4P 策略相关知识。

(四)技术技能

1. 能完成汽车企业常见主题营销活动的市场调研与策划。
2. 能合理使用自媒体软件完成营销活动方案的推广。

三、课程设置

(一)课程内容和"1+X"证书对接

依据《汽车运用与维修职业技能等级证书》中"汽车营销评估与金融保险服务技术—模块(高级)",将汽车营销策划工作任务、教学内容对接"1+X"证书中相关知识要求和技能要求,见表1。

表1　教学内容要求及对接"1+X"技能等级证书教学标准

项目	任务	学习活动	"1+X"技能等级证书教学标准	
			技能要求	知识要求
项目1 认识汽车营销策划	任务1.1 认识汽车营销策划的方法与工作过程	1. 汽车营销策划概述 2. 知道汽车营销策划方法 3. 认识汽车营销策划方案制订的工作过程 4. 知道汽车营销策划4P理论		
	任务1.2 认识汽车营销策划书的编制	5. 认识汽车营销策划方案的制订方法 6. 知道汽车营销策划书的内容与结构		

续表

项目	任务	学习活动	"1+X"技能等级证书教学标准	
			技能要求	知识要求
项目2汽车营销活动策划	任务2.1新车上市的市场调研与分析	7.认识市场调研的类型、内容及方法 8.制订市场调研计划 9.开展市场调研 10.分析、处理调研数据 11.制订新车上市的市场调研计划	1-7　高级 1.1.1　能进行营销分析 1.1.6　能制订行动计划	1-7　高级 1.1.5　销售计划合理性 1.1.6　行动计划制订方法
	任务2.2城乡汽车超市开业营销活动的产品策略策划	12.认识产品与产品组合 13.认识汽车产品的生命周期与策略 14.制订汽车产品的生命周期调整策略 15.制订城乡汽车超市的产品组合策略	1-7　高级 3.1.1　能进行营销分析 3.1.2　能确定营销任务 3.1.3　能建立战略优势 3.1.4　能制订营销战略 3.1.6　能制订行动计划	1-7　高级 3.1.5　销售计划的合理性 3.1.6　行动计划制订方法
	任务2.3长安粉丝团购会营销活动定价策略策划	16.认识汽车价格的组成 17.认识汽车定价的策略与影响因素 18.制订团购活动的定价策略	1-7　高级 3.1.1　能进行营销分析 3.1.2　能确定营销任务 3.1.3　能建立战略优势 3.1.4　能制订营销战略 3.1.6　能制订行动计划	1-7　高级 3.1.5　销售计划的合理性 3.1.6　行动计划制订方法
	任务2.4国庆黄金周营销活动促销策略策划	19.认识汽车营销活动促销策划的类型 20.能够在营销活动中合理开展人员推销策划 21.认识广告促销的类型与特征 22.能够在营销活动中合理开展广告促销策划 23.认识营业推广的作用、特点与流程 24.能够在营销活动中合理设计营业推广策划 25.认识公共关系策划的内容、类型与特征 26.能够跟营销活动合理开展公共关系策划	1-7　高级 3.1.1　能进行营销分析 3.1.2　能确定营销任务 3.1.3　能建立战略优势 3.1.4　能制订营销战略 3.1.6　能制订行动计划	1-7　高级： 3.1.5　销售计划的合理性 3.1.6　行动计划制订方法

续表

项目	任务	学习活动	"1+X"技能等级证书教学标准	
			技能要求	知识要求
项目2 汽车营销活动策划	任务2.5 淡季汽车网络营销活动综合策划	27.认识汽车淡季网络营销活动 28.确定网络营销活动的形式与主题 29.制订网络营销活动内容 30.设计网络营销活动推广方案 31.完成汽车淡季网络营销活动策划汇报 32.撰写汽车淡季网络营销活动策划书	1-7 高级 3.1.1 能进行营销分析 3.1.2 能确定营销任务 3.1.3 能建立战略优势 3.1.4 能制订营销战略 3.1.5 营销策略组合 3.1.6 能制订行动计划 3.1.7 能制订预算 2.6.3 根据情况选择合适的广告媒体渠道 3.2.1 能理解展示的策略 3.2.4 能确认突发事件季节性和相关性	1-7 高级 3.1.5 销售计划的合理性 3.1.6 行动计划制订方法 3.6.3 配件广告策略
项目3 汽车营销策划活动的实施与评估	任务3.1 汽车营销策划活动的实施	33.完成网络营销活动准备工作 34.网络营销活动的执行与后续跟进	1-7 高级 3.1.8 能重新审视组织合理性 3.2.1 能理解展示的策略 3.2.3 能检查和维护产品数量和状态 3.2.4 能确认突发事件、季节性和相关项目 3.2.5 能采用销售助理相关要素	1-7 高级 3.1.5 销售计划合理性 3.2.3 产品数量和状态检查与维护要求 3.2.5 销售助理选用原则
	任务3.2 汽车营销策划活动的效果评估	35.评估网络营销活动效果	1-7 高级 3.1.8 能重新审视组织合理性 3.2.1 能理解展示的策略 3.2.3 能检查和维护产品数量和状态 3.2.4 能确认突发事件、季节性和相关项目 3.2.5 能采用销售助理相关要素	1-7 高级 3.1.5 销售计划合理性 3.2.3 产品数量和状态检查与维护要求 3.2.5 销售助理选用原则

续表

项目	任务	学习活动	"1+X"技能等级证书教学标准	
			技能要求	知识要求
项目4 新媒体营销的运用	任务4.1 网络新媒体营销渠道的认识与应用	36.营销活动中网络新媒体的类型与特征 37. H5海报的制作与发布 38.推广软文的撰写与发布 39.营销短视频的拍摄与发布	1-7 高级 2.6.2 能通过创意新、大规模的推广诱发消费者购买欲望 2.6.3 能根据情况选择合适的广告媒体	无

(二)课程内容支撑课程目标设计

课程内容支撑课程目标设计见表2。

表2 课程内容支撑课程目标设计

课程内容 ＼ 课程目标	职业素养	通用能力			专业知识			技术技能	
	1	1	2	3	1	2	3	1	2
任务1.1 认识汽车营销策划的方法与工作过程		H			H				
任务1.2 认识汽车营销策划书的编制				H				H	
任务2.1 新车上市的市场调研与分析		H				H		H	
任务2.2 城乡汽车超市开业营销活动的产品策略策划							H	H	
任务2.3 长安粉丝团购会营销活动定价策略策划							H	H	
任务2.4 国庆黄金周营销活动促销策略策划							H	H	
任务2.5 淡季汽车网络营销活动综合策划					H			H	H
任务3.1 汽车营销策划活动的实施	H								H
任务3.2 汽车营销策划活动的效果评估			H						H
任务4.1 网络新媒体营销渠道的认识与应用				H					H

注解:1.根据课程对培养规格的支撑度,可划分为高支撑(H)、中支撑(M)和低支撑(L)。

2.每门课程任务至少对1项培养规格形成高支撑,或对多项培养规格形成中支撑。

3.每项培养规格至少有一个任务对其形成高支撑。

四、课程实施安排

课程内容学时分配见表3。

表3 课程内容学时分配

项目	任务	学时		
		理论	实训	小计
项目1 认识汽车营销策划	任务1.1 认识汽车营销策划的方法与工作过程	4	0	4
	任务1.2 认识汽车营销策划书的编制	4	0	4
项目2 汽车营销活动策划	任务2.1 新车上市的市场调研与分析	4	4	8
	任务2.2 城乡汽车超市开业营销活动的产品策略策划	4	4	8
	任务2.3 长安粉丝团购会营销活动定价策略策划	4	4	8
	任务2.4 国庆黄金周营销活动促销策略策划	6	6	12
	任务2.5 淡季汽车网络营销活动综合策划	6	6	12
项目3 汽车营销策划活动的实施与评估	任务3.1 汽车营销策划活动的实施	2	2	4
	任务3.2 汽车营销策划活动的效果评估	2	2	4
项目4 新媒体营销的运用	任务4.1 网络新媒体营销渠道的认识与应用	4	4	8
合计		40	32	72

五、教学评价

(一)课程目标达成度评价权重

课程目标达成度分为子课程目标达成度和总课程目标达成度。课程内容支撑课程目标达成,课程内容支撑各子课程目标的权重见表4。

表4　课程内容支撑课程目标权重表

课程内容 \ 课程目标 / 权重		支撑课程内容										课程目标达成度	
		任务1.1	任务1.2	任务2.1	任务2.2	任务2.3	任务2.4	任务2.5	任务3.1	任务3.2	任务4.1	∑ 子课程目标达成度	∑ 总课程目标评价值
职业素养	1　遵守职业规范,具有良好的专业精神、职业精神、工匠精神和创新思维意识								1			1	0.1
通用能力	1　具有能较好地使用本专业信息技术收集、分析、处理和维护工作数据的能力	0.3		0.7								1	0.1
	2　具有较强的分析与解决技术问题的能力									1		1	0.1
	3　具有较强的文字撰写、口头表达、媒体应用能力		0.4								0.6	1	0.1
专业知识	1　知道汽车营销活动策划的方法、工作流程	0.5						0.5				1	0.1
	2　知道市场调研、分析与定位的工作内容与方法			1								1	0.1
	3　知道市场营销4P策略相关知识				0.4	0.3	0.3					1	0.1
技术技能	1　能完成汽车企业常见主题营销活动的市场调研与策划	0.1	0.1	0.2	0.2	0.2	0.2					1	0.2
	2　能合理使用自媒体软件完成营销活动方案的推广							0.3	0.2	0.2	0.3	1	0.1
∑　本课程目标达成度													1

说明:对课程内容的考核为在教学过程中对任务模块进行随堂测验或实践考核等的评分。

（二）评价方式

课程评价采用平时测评与期末终结性鉴定相结合的鉴定方式,采用线上评价与线下评价、理论评价与实操评价的方式进行,具体权重设置见表5。

表5　成绩指标权重表

一级指标	二级指标	三级指标	
平时测评 50%	线上学习 40%	课件学习	40%
		线上作业	60%
	课堂活动 10%	考勤	50%
		课堂表现	50%
	学习工作页 50%	任务2.1　学习工作页	10%
		任务2.2　学习工作页	10%
		任务2.3　学习工作页	10%
		任务2.4　学习工作页	10%
		任务2.5　学习工作页	20%
		任务3.1　学习工作页	10%
		任务3.2　学习工作页	10%
		任务4.1　学习工作页	20%
期末测评 50%	期末考试 100%		

六、实施保障

（一）师资队伍

本课程专(兼)职教师应具有良好的师德师风、扎实的专业相关理论水平、中级及以上相关专业职称或技师资格担任课堂理实一体化教学。

（二）教学设施

本专业应设有汽车营销实训中心,为课程提供了足够的教学条件。台套数能同时满足1个班的教学,按照5~6人/台配备。

具体要求为:

1. 汽车整车车辆应拥有宝马、奔驰、丰田、长安、福特、大众、奥迪等主流车企车辆。

2. 营销策划沙盘。

3. 电脑等办公设备。

（三）教学资源

1. 教材资源

按照国家教材选用原则和要求选用教材。

2.网络资源

"汽车营销策划"课程资源平台。

（四）教学方法和手段

教学应立足于培养学生实际操作能力、职业素养等,采用任务驱动教学法、合作探究法、仿真教学法、小组讨论、案例分析、教师示范、角色扮演等多种以学生为中心的教学方法,让学生在"做中学""学中做"。在教学过程中,要运用多媒体、现代信息技术、实物等辅助资源教学。

"汽车性能评价与选购"课程教学标准

一、课程概述

（一）课程教学标准依据

本课程教学标准依据汽车技术服务与营销专业人才培养方案,教育部《高等职业学校汽车营销与服务专业教学标准》,根据《汽车制造试验和售后服务技术人员能力标准》中的QPBSU01 确认和估价车辆的回收物残值、QPBSR03 检查车辆维修报价,对接《汽车运用与维修职业技能等级证书》标准中"汽车营销评估与金融保险服务技术（高级）"模块进行制定。

（二）课程类型

本课程是汽车技术服务与营销专业的专业核心课程,共 40 学时。本课程是在学习汽车零部件识别、汽车文化、汽车维护后的一门理实一体化课程。

（三）课程功能

本课程实现专业人才培养规格要求,发挥课程思政功能,落实立德树人根本任务,育训结合,支持专业教学目标达成和《汽车运用与维修职业技能等级证书》获取,培养学习者对汽车使用性能对比分析与选购汽车的能力。

二、课程目标

学习者通过对该课程的学习,能具备准确而详细地进行汽车使用性能评价的能力。该能力由以下方面组成:

（一）职业素养

1.具有良好的职业素质和工匠精神。

2.具有吃苦耐劳、爱岗敬业的精神。

（二）通用能力

1.能准确地对图文进行读取识别、客观认识并分析的能力。

2.具有对比分析汽车使用性能及选购汽车的能力。

（三）专业知识

1.知道汽车各个性能评价的内容及方法。

2.知道汽车选购流程及方法。

（四）技术技能

1.能根据实训室教具认识汽车组成、汽车相关参数等。

2.能通过案例对汽车使用性能进行对比分析。

三、课程设置

(一)课程内容和"1+X"证书对接

依据《汽车运用与维修职业技能等级证书》中"汽车营销评估与金融保险服务(初、中、高级)"模块,将汽车使用评价与选购工作任务、教学内容对接"1+X"证书中相关知识要求和技能要求,见表1。

表1 教学内容要求及对接"1+X"技能等级证书教学标准

项目	任务	学习活动	"1+X"技能等级证书教学标准	
			技能要求	知识要求
项目1 汽车基础认知	任务1.1 燃油汽车基本结构认识	1.燃油汽车的工作原理与驱动方式 2.燃油汽车的基本结构	无	无
	任务1.2 新能源汽车基本结构认识	3.新能源汽车的分类 4.新能源汽车的结构及功能	无	无
	任务1.3 汽车参数及配置认识	5.车身参数 6.发动机参数 7.底盘参数及其他	1-7 初级 1.1.1 能熟记所销售车辆参数及配置	1-7 初级 1.1.1 影响车辆性能的车辆参数及配置
	任务1.4 汽车使用性能认识	8.认识汽车的使用性能 9.确定汽车选购中的性能关注点案例	1-7 初级 1.1.1 能根据汽车参数及配置针对客户所关心的车辆性能进行解说	无
项目2 汽车性能评价	任务2.1 汽车动力性能评价	10.发动机性能指标 11.汽车动力性能的认识 12.影响汽车动力性能的主要参数 13.提升汽车动力性能的新技术及车型 14.车型动力性能对比评价实例	1-7 初级 1.1.3 能根据车辆参数就车辆动力性能对客户进行介绍	1-7 初级 1.1.3 影响车辆动力性能的因素

项目	任务	学习活动	"1+X"技能等级证书教学标准	
			技能要求	知识要求
项目2 汽车性能评价	任务2.2 汽车经济性能评价	15.汽车经济性能的评价方法和评价指标 16.影响汽车经济性能的因素 17.提高汽车经济性能的措施 18.车型经济性能对比评价实例	1-7　初级 1.1.2　能根据车辆参数对就车辆经济性能对客户进行介绍	1-7　初级 1.1.2　影响车辆经济性能的因素
	任务2.3 汽车安全性能评价	19.汽车安全性能的认识 20.汽车主动安全性能评价 21.汽车被动安全性能评价 22.汽车安全性能对比评价实例	1-7　初级 1.1.5　能根据车辆参数对就车辆安全性能对客户进行介绍	1-7　初级 1.1.5　影响车辆安全性能的因素
	任务2.4 汽车舒适性能评价	23.认识汽车舒适性能 24.汽车行驶平顺性 25.车内空气调节 26.车内居住性 27.汽车噪声 28.汽车舒适性能的评价案例	1-7　初级 1.1.4　能根据车辆参数对就车辆舒适性能对客户进行介绍	1-7　初级 1.1.4　影响车辆舒适性能的因素
	任务2.5 汽车操控性能评价	29.认识汽车操控性能及评价指标 30.影响汽车操控性能的因素 31.汽车操控性能的评价案例	无	无
	任务2.6 汽车通过性能评价	32.认识汽车通过性能及评价指标 33.影响汽车通过性能的因素 34.汽车通过性能的评价案例	无	无
	任务2.7 汽车保值性能评价	35.汽车保值性能评价方法及指标 36.影响汽车保值性能的因素分析 37.汽车保值性能对比评价案例	无	无
	任务2.8 汽车环保性能评价	38.汽车环保性能评价方法及指标 39.提升汽车环保性能的技术分析 40.汽车环保性能对比评价案例	无	无

续表

项目	任务	学习活动	"1+X"技能等级证书教学标准	
			技能要求	知识要求
项目3 汽车选购	任务3.1 汽车选装件的认识	41.汽车选装件认识 42.购买汽车选装包案例	无	无
	任务3.2 汽车选购渠道与方法认识	43.购买新车的渠道及优缺点 44.选购新车的步骤 45.汽车选购案例分析	无	无
	任务3.3 新车手续的办理认识	46.新车上牌手续内容及流程 47.全款购车和贷款购车的区别点 48.新车手续办理需缴纳的费用	无	无

（二）课程内容支撑课程目标设计

课程内容支撑课程目标设计见表2。

表2　课程内容支撑课程目标设计

课程目标 课程内容	职业素养		通用能力		专业知识		技术技能	
	1	2	1	2	1	2	1	2
任务1.1 燃油汽车基本结构认识	H						H	
任务1.2 新能源汽车基本结构认识	H						H	
任务1.3 汽车参数及配置认识	H						H	
任务1.4 汽车使用性能认识		H						
任务2.1 汽车动力性能评价			H	H				H
任务2.2 汽车经济性能评价					H			
任务2.3 汽车安全性能评价					H			
任务2.4 汽车舒适性能评价					H			
任务2.5 汽车操控性能评价					H			
任务2.6 汽车通过性能评价					H	H		
任务2.7 汽车保值性能评价						H		
任务2.8 汽车环保性能评价						H		
任务3.1 汽车选装件的认识					H			

课程内容＼课程目标	职业素养		通用能力		专业知识		技术技能	
	1	2	1	2	1	2	1	2
任务3.2　汽车选购渠道与方法认识	H							
任务3.3　新车手续的办理认识						H		

注解：1. 根据课程对培养规格的支撑度，可划分为高支撑（H）、中支撑（M）和低支撑（L）。

2. 每门课程任务至少对 1 项培养规格形成高支撑，或对多项培养规格形成中支撑。

3. 每项培养规格至少有一个任务对其形成高支撑。

四、课程实施安排

课程内容学时分配见表3。

表3　课程内容学时分配

项目	任务	学时		
		理论	实训	小计
项目1 汽车基础认知	任务1.1　燃油汽车基本结构认识	0	1	1
	任务1.2　新能源汽车基本结构认识	2	2	4
	任务1.3　汽车参数及配置认识和汽车使用性能认识	2	1	3
项目2 汽车性能评价	任务2.1　汽车动力性能评价	2	2	4
	任务2.2　汽车经济性能评价	2	2	4
	任务2.3　汽车安全性能评价	2	2	4
	任务2.4　汽车舒适性能评价	2	2	4
	任务2.5　汽车操控性能评价和汽车通过性能评价	2	2	4
	任务2.6　汽车保值性能评价和汽车环保性能评价	2	2	4
项目3 汽车选购	任务3.1　汽车选装件的认识	2	2	4
	任务3.2　汽车选购渠道与方法认识和新车手续的办理认识	2	2	4
合计		20	20	40

五、教学评价

（一）课程目标达成度评价权重

课程目标达成度分为子课程目标达成度和总课程目标达成度。课程内容支撑课程目标达成，课程内容支撑各子课程目标的权重见表4。

表4　课程内容支撑课程目标权重表

课程内容	课程目标权重	任务1.1	任务1.2	任务1.3	任务2.1	任务2.2	任务2.3	任务2.4	任务2.5	任务2.6	任务3.1	任务3.2	Σ子课程目标达成度	Σ总课程目标评价值
职业素养	1　具有良好的职业素质和工匠精神	0.3	0.3	0.4									1	0.1
	2　具有吃苦耐劳、爱岗敬业的精神										0.5	0.5	1	0.1
通用能力	1　能准确地对图文进行读取识别、客观认识并分析的能力				1								1	0.1
	2　具有对比分析汽车使用性能及选购汽车的能力				1								1	0.1
专业知识	1　知道汽车各个性能评价的内容及方法					0.2	0.2	0.2	0.1	0.1	0.1	0.1	1	0.3
	2　知道汽车选购流程及方法									0.3	0.4	0.3	1	0.1
技术技能	1　能根据实训室教具认识汽车组成、汽车相关参数等	0.4	0.3	0.3									1	0.1
	2　能通过案例对汽车使用性能进行对比分析				1								1	0.1
Σ　本课程目标达成度														1

说明:对课程内容的考核为在教学过程中对任务模块进行随堂测验或实践考核等的评分。

(二)评价方式

课程评价采用平时测评与期末终结性鉴定相结合的鉴定方式,采用线上评价与线下评价、理论评价与实操评价的方式进行,具体权重设置见表5。

表 5　成绩指标权重表

一级指标	二级指标	三级指标	
平时测评 50%	线上学习 50%	参与度	40%
		线上作业	30%
		线上测验	20%
		线上考试	10%
	课堂活动 20%	考勤	35%
		课堂表现	65%
	学习工作页 30%	项目1　学习工作页	20%
		项目2　学习工作页	50%
		项目3　学习工作页	30%
期末测评 50%	期末考试 100%		

六、实施保障

(一)师资队伍

本课程专(兼)职教师应具有良好的师德师风、扎实的专业相关理论水平、中级及以上相关专业职称或技师资格担任课堂理实一体化教学。

(二)教学设施

本专业应设有汽车营销实训中心、整车实训中心,均能为课程提供足够的教学条件。台套数能同时满足 3 个班的教学,按照 4~5 人/台配备。

具体要求为:

1. 整车车辆:丰田、长安、福特、大众、奥迪等车辆。

2. 汽车零部件及总成。

(三)教学资源

1. 教材资源

按照国家教材选用原则和要求选用教材。

2. 网络资源

智慧职教 MOOC 学院课程平台"汽车性能评价与选购"课程。

(四)教学方法和手段

教学应立足于培养学生实际操作能力、职业素养等,采用任务驱动教学法、合作探究法、仿真教学法、小组讨论、案例分析、教师示范、角色扮演等多种以学生为中心的教学方法,让学生在"做中学""学中做"。在教学过程中,应运用多媒体、现代信息技术、实物等辅助资源教学。

五

汽车检测与维修技术专业核心课程教学标准

"发动机管理系统诊断与维修"课程教学标准

一、课程概述

（一）课程教学标准依据

本课程教学标准依据汽车检测与维修技术专业人才培养方案,教育部《汽车检测与维修技术专业教学标准》,根据《汽车制造试验和售后服务技术人员能力标准》中的 QPBWV01 实施仪具诊断故障程序、QPBWW01 检测、诊断和维修电子点火发动机控制系统,对接《汽车运用与维修职业技能等级证书》标准中"汽车动力与驱动系统综合分析技术（初、级、高级）"模块进行制定。

（二）课程类型

本课程是汽车检测与维修技术专业的专业核心课程,共 96 学时。本课程是在学习汽车电路系统检测与维修、汽车维护、汽车发动机维修后的一门理实一体化课程。

（三）课程功能

本课程对接专业人才培养目标,面向汽车测试工程师、汽车机电维修师岗位。本课程将职业素养、通用能力融入教学中,落实立德树人根本任务,将爱国主义精神,民族品牌精神、爱岗敬业、脚踏实地、精益求精的工匠精神等融入教学中,培养学习者对汽车发动机管理系统诊断与维修的能力。本课程对接《汽车运用与维修职业技能等级证书》中"汽车动力与驱动系统综合分析技术（初、中、高级）"模块,学习者学完本课程后可以考取相关"1+X"证书。

二、课程目标

学习者通过对该课程的学习,能具备有正确诊断发动机管理系统的能力。该能力由以下方面组成:

(一)职业素养

1.遵守职业规范,具有良好的专业精神、职业精神和工匠精神。

2.具有吃苦耐劳、爱岗敬业的精神。

(二)通用能力

1.具有查询资料,收集信息,分析、处理工作数据的能力。

2.具有较强的分析与解决技术问题的能力。

(三)专业知识

1.了解职场健康安全法规、环境保护法等相关知识。

2.了解电控汽油发动机管理系统的组成、作用、工作原理、故障诊断方法及诊断思路等相关知识。

3.知道汽油发动机的传感器和开关信号、燃油喷射系统、点火系统、辅助控制系统的工作过程。

4.知道控制系统的工作模式和自诊断。

5.知道柴油发动机电控系统的组成和工作过程。

(四)技术技能

1.具备根据厂家技术教学标准,做好电控发动机维护的能力。

2.能维护电控发动机的燃油喷射系统。

3.能维护电控发动机的点火系统。

4.能维护电控发动机的排放控制系统。

5.能掌握电控发动机系统故障诊断与排除流程。

6.具备根据厂家技术教学标准,正确而安全地检修汽车电控系统和综合故障的能力。

三、课程设置

(一)课程内容和"1+X"证书对接

依据《汽车运用与维修职业技能等级证书》中"汽车动力与驱动系统综合分析技术(初、中、高级)"模块,将发动机管理系统诊断与维修工作任务、教学内容对接"1+X"证书中相关知识要求和技能要求,见表1。

表1　教学内容要求及对接"1+X"技能等级证书教学标准

项目	任务	学习活动	"1+X"技能等级证书教学标准	
			技能要求	知识要求
项目1 认识电控发动机系统	任务1.1 认识汽油发动机电控系统	1.如何使用发动机电控系统 2.认识汽油发动机电控系统的功能 3.认识汽油发动机电控系统的优点 4.认识发动机电控系统的组成 5.认识电子控制系统的工作过程	无	无
	任务1.2 认识汽油发动机的传感器和开关信号	6.认识测量进气量的传感器 7.认识曲轴位置传感器和凸轮轴位置传感器 8.认识节气门位置传感器 9.认识冷却液温度传感器 10.认识进气温度传感器 11.认识氧传感器 12.认识爆震传感器 13.认识车速传感器 14.认识发动机电控系统中常用的开关信号	无	无
	任务1.3 认识汽油发动机燃油喷射系统	15.燃油喷射系统概述 16.认识燃油喷射系统的部件 17.燃油喷射的控制 18.认识缸内直喷系统	无	无
	任务1.4 认识汽油发动机的点火系统	19.点火系统的作用和分类 20.认识点火系统的主要部件 21.认识无分电器的电控点火系统 22.认识电子控制点火提前系统	无	无
	任务1.5 认识汽油发动机辅助控制系统	23.认识怠速控制系统 24.认识电子节气门系统 25.认识提高进气系统性能的进气控制技术 26.认识排放控制系统	无	无

项目	任务	学习活动	"1+X"技能等级证书教学标准	
			技能要求	知识要求
项目1 认识电控发动机系统	任务1.6 认识控制系统的工作模式和自诊断	27.认识电控发动机控制单元 28.认识发动机控制系统工作模式 29.认识车载诊断系统 30.认识失效保护和备用功能 31.认识OBDⅡ诊断系统	初级 1　汽车动力系统检查保养 1.1　一般维修 1.1.1　能检查仪表板的发动机警告灯的工作情况	初级 1　汽车动力系统检查保养 1.1　一般维修 1.1.1　发动机警告灯符号识别及工作原理 1.5　发动机电控系统一般维修 1.5.1　故障代码定义
	任务1.7 认识柴油发动机电控系统	32.认识电控柴油发动机基础知识 33.认识柴油共轨燃油喷射系统	无	无
项目2 维护和检查电控发动机系统	任务2.1 电控发动机维护前的准备工作	34.车间的安全知识 35.基本操作规范 36.查找车辆信息 37.认识丰田威驰3SZ-FE发动机控制系统 38.电控发动机统维护注意事项 39.维护完毕后的事项	初级 1　工作安全与作业准备 1.1　安全注意事项 1.1.1　能遵守日常车间安全规定和作业流程 1.1.2　能按照安全管理条例整理工具和设备 1.1.10　能使用符合要求的护目镜、耳塞、手套和车间活动工作靴 1.1.11　能在车间内穿着符合工作的服装 1.1.12　能根据车间作业要求，留符合安全性的发型，并且不佩戴首饰	初级 1　工作安全与作业准备 1.1　安全注意事项 1.1.1　日常车间安全规定和作业流程 1.1.2　安全管理条例 1.1.10　车间护目镜、耳塞、手套和工作靴的要求及规范 1.1.11　车间服装要求及规范 1.1.12　车间发型要求 1.2　工具和设备的使用注意事项

续表

项目	任务	学习活动	"1+X"技能等级证书教学标准	
			技能要求	知识要求
项目2 维护和检查电控发动机系统	任务2.1 电控发动机维护前的准备工作	34.车间的安全知识 35.基本操作规范 36.查找车辆信息 37.认识丰田威驰3SZ-FE发动机控制系统 38.电控发动机统维护注意事项 39.维护完毕后的事项	1.2 工具和设备的使用注意事项 1.2.1 能识别维修工具的名称及其在汽车维修中的用途,并正确使用 1.2.2 能正确的清洁、储存及维修工具和设备 1.3 维修车辆准备事项 1.3.1 能确认维修工单上所要求的维修项目及信息	1.2.1 维修工具的用途和使用规范 1.2.2 工具和设备的维修要求及管理规范 1.3 维修车辆准备事项 1.3.1 维修工单的填写方法
	任务2.2 维护电控发动机的燃油喷射系统	40.维护燃油供给系统的注意事项 41.认识丰田3SZ-FE发动机燃油系统电路 42.检查燃油泵工作情况和有无漏油 43.燃油系统压力的释放和检查 44.拆卸、检查、安装燃油泵 45.拆卸、检查、安装喷油器 46.使用仪器清洗和检测喷油器	中级 1 汽车动力系统检测维修 1.5 燃油供油系统检测维修 1.5.4 能检测喷油器的端子及线束电压、电阻、频率或波形,确认维修项目 1.5.5 能检测喷油器的喷油量、喷射角度、1分钟滴漏情况、雾化效果,确认维修项目 1.5.6 能检查和更换喷油器及密封圈燃油导轨 1.5.7 能检测燃油系统压力,分析管路是否泄漏或堵塞,确认维修项目	中级 1 汽车动力系统检测维修 1.5 燃油供油系统检测维修 1.5.4 喷油器的端子及线束电压、电阻、频率或波形的检测方法 1.5.5 喷油器的喷油量、喷射角度、1分钟滴漏情况、雾化效果检测方法 1.5.6 喷油器及密封件、燃油导轨的更换方法 1.5.7 燃油压力的检测技术规范及安全注意事项 1.5.8 燃油泵及组件的检测和更换方法

项目	任务	学习活动	"1+X"技能等级证书教学标准	
			技能要求	知识要求
项目2 维护和检查 电控发动机 系统	任务2.2 维护电控 发动机的 燃油喷射 系统	40.维护燃油供给系统的注意事项 41.认识丰田3SZ-FE发动机燃油系统电路 42.检查燃油泵工作情况和有无漏油 43.燃油系统压力的释放和检查 44.拆卸、检查、安装燃油泵 45.拆卸、检查、安装喷油器 46.使用仪器清洗和检测喷油器	1.5.8 能检查、检测和更换燃油泵及组件 1.5.9 能拆卸、清理、检查、测试、维修或更换燃油系统真空、电气部件和连接器	1.5.9 燃油系统真空、电气部件和连接器拆卸、清理、检查、测试、维修或更换方法
	任务2.3 维护电控 发动机的 点火系统	47.维护点火系统的注意事项 48.维护3SZ-FE发动机直接点火系统 49.利用示波器检查点火系统工作情况	初级 1.汽车动力系统检查保养 1.4 点火系统一般维修 1.4.1 能检查、测量和更换火花塞 1.4.2 能检查、测量和更换次级点火部件及线束是否损坏,确认维修项目 中级 1.汽车动力系统检测维修 1.10 点火系统检测维修 1.10.1 能检测初级点火波形,确认维修内容 1.10.2 能检测次级点火波形,确认维修内容 1.10.3 能检测点火线圈的电压、电阻,确认维修项目 1.10.4 能根据需要检查和调整点火正时和提前角/延迟角	初级 1 汽车动力系统检查保养 1.4 点火系统一般维修 1.4.2 火花塞的检查和更换流程 1.4.3 次级点火部件及线束的检查、测量和更换方法 中级 1 汽车动力系统检测维修 1.10 点火系统检测维修 1.10.1 初级点火波形检测和判读方法 1.10.2 次级点火波形的检测和判读方法 1.10.3 点火线圈的检测方法 1.10.4 点火正时和提前角/延迟角的调整方法 1.10.5 凸轮轴位置传感器、曲轴位置传感器、爆震传感器的检测方法

续表

项目	任务	学习活动	"1+X"技能等级证书教学标准	
			技能要求	知识要求
项目2 维护和检查 电控发动机 系统	任务2.3 维护电控 发动机的 点火系统	47. 维护点火系统的注意事项 48. 维护3SZ-FE发动机直接点火系统 49. 利用示波器检查点火系统工作情况	1.10.5 能检测凸轮轴位置传感器、曲轴位置传感器、爆震传感器的工作电压、信号波形,分析是否正常,确认维修项目 1.10.6 能检测点火控制模块(ICM)或动力系统控制模块(PCM),分析是否正常,确认维修项目	1.10.6 点火控制模块(ICM)或动力系统控制模块(PCM)检测和更换方法
	任务2.4 维护电控 发动机的 排放控制 系统	50. 排放控制系统的车上检查 51. 拆装检查氧传感器 52. 维护三元催化转化器 53. 拆装检查碳罐总成 54. 拆装检查碳罐真空转换阀总成 55. 拆装检查曲轴箱通风阀	中级 1 汽车动力系统检测维修 1.7 排气系统检测维修 1.7.3 能检测排气系统背压测试,确定维修内容 1.7.4 能检测排气系统真空度,确认排气系统是否堵塞,确认维修项目 1.7.5 能使用四气或五气尾气分析仪检测尾气排放情况,分析是否正常,确认维修项目 1.7.6 能检测氧传感器的信号电压、工作电压、加热器电阻、频率和波形,确认维修项目	中级 1 汽车动力系统检测维修 1.7 排气系统检测维修 1.7.3 排气背压检测流程 1.7.4 排气真空度检测流程 1.7.5 尾气排放教学标准 1.7.6 氧传感器的信号电压、工作电压、加热器电阻、频率和波形的检测方法 1.11 曲轴箱强制通风系统检测维修 1.11.1 曲轴箱强制通风系统过滤器/通气盖、阀、管子、节流管、软管的检查、维修或更换方法

续表

项目	任务	学习活动	“1+X”技能等级证书教学标准	
			技能要求	知识要求
项目2 维护和检查电控发动机系统	任务2.4 维护电控发动机的排放控制系统	50. 排放控制系统的车上检查 51. 拆装检查氧传感器 52. 维护三元催化转化器 53. 拆装检查碳罐总成 54. 拆装检查碳罐真空转换阀总成 55. 拆装检查曲轴箱通风阀	1.11.2　能检测曲轴箱强制通风(PCV)系统的真空度,分析是否正常,确认维修项目 1.12　废气再循环系统检测维修 1.12.1　能检测废气再循环系统电磁阀的电阻、电压,确认维修项目 1.12.2　能读取和分析与EGR系统相关的故障码及数据流,确认维修项目 1.12.3　能检查、测试、维修、更换EGR系统部件,包括EGR管、排气通道、真空/压力控制器、过滤器、软管、电动/电子传感器、控制器、电磁阀和导线 1.13　二次空气喷射系统检测维修 1.13.1　能检测二次空气喷射系统电子元件,分析是否正常,确认维修项目 1.13.2　能读取和分析与二次空气喷射系统相关的故障码及数据流,确认维修项目	1.11　曲轴箱强制通风系统的检测维修方法 1.11.1　曲轴箱强制通风系统组件的更换方法 1.11.2　曲轴箱强制通风系统真空度的检测方法 1.12　废气再循环系统的检测维修方法 1.12.1　废气再循环系统的电磁阀检测方法 1.12.2　废气再循环系统的故障码及数据流判读方法 1.12.3　废气再循环系统部件的检查测试、维修、更换的方法及注意事项 1.13　二次空气喷射系统的检测维修方法 1.13.1　二次空气喷射系统电子元件的检测方法 1.13.2　二次空气喷射系统相关的故障码及数据流判读方法 1.13.3　二次空气喷射系统的机械部件、电子电气部件和线束检查、测试、维修方法及注意事项

续表

项目	任务	学习活动	"1+X"技能等级证书教学标准	
			技能要求	知识要求
项目2 维护和检查电控发动机系统	任务2.4 维护电控发动机的排放控制系统	50.排放控制系统的车上检查 51.拆装检查氧传感器 52.维护三元催化转化器 53.拆装检查碳罐总成 54.拆装检查碳罐真空转换阀总成 55.拆装检查曲轴箱通风阀	1.13.3 能检查、测试、维修、更换二次空气喷射系统的机械部件、电子电气部件和线束 1.14 催化转换器检测维修 1.14.1 能读取和分析与催化转化器相关的故障码及数据流，确认维修项目 1.14.2 能检查、清洁和更换催化转化器 1.15 蒸发排放控制系统检测维修 1.15.1 能检测蒸发排放控制系统有无泄漏，确认维修项目 1.15.2 能读取和分析与蒸发排放控制系统相关的故障码及数据流，确认维修项目 1.15.3 能检查、测试、更换蒸发排放控制系统的软管、机械和电气部件 1.15.4 能检测蒸发排放控制系统的电子元件，分析是否正常，确认维修项目	1.14 催化转换器的检测维修方法 1.14.1 催化转化器相关的故障码及数据流判读方法 1.14.2 催化转化器拆装和清洗方法 1.15 蒸发排放控制系统检测维修方法 1.15.1 蒸发排放控制系统泄漏检测方法 1.15.2 蒸发排放控制系统相关的故障码及数据流判读方法 1.15.3 蒸发排放控制系统的软管、机械和电气部件检查、测试、维修方法及注意事项 1.15.4 蒸发排放控制系统的电子元件检测方法

项目	任务	学习活动	"1+X"技能等级证书教学标准	
			技能要求	知识要求
项目3 诊断与排除 电控发动机 故障	任务3.1 电控发动 机系统故 障诊断与 排除流程	56.电控发动机故障诊断与排除流程 57.客户故障分析 58.读取故障码和定格数据 59.读取数据表和主动测试 60.发动机基本检查 61.检查间歇性故障 62.故障症状模拟	初级 1 汽车动力系统检查保养 1.1 一般维修 1.1.1 发动机警告灯符号识别及工作原理 1.5 发动机电控系统一般维修 1.5.1 能使用解码器读取故障代码,并清除故障码 1.5.2 能使用解码器读取和冻结发动机电控系统数据流 1.5.3 能使用解码器对发动机电控系统的功能进行动作测试,确认维修项目 高级 1 汽车动力系统诊断分析 1.1 一般故障诊断 1.1.1 能确认车主的故障描述,进行初步检查或进行路试,以确定维修内容 1.1.2 能使用解码器读取和记录故障码,并能对相关数据流进行捕捉	初级 1 汽车动力系统检查保养 1.1 一般维修 1.1.1 发动机警告灯符号识别及工作原理 1.5 发动机电控系统一般维修 1.5.1 故障代码定义 1.5.2 发动机电控系统数据流读取和冻结方法 1.5.3 发动机电控系统的功能测试项目 高级 1 汽车动力系统诊断分析 1.1 一般故障诊断 1.1.1 汽车路试的准备条件和路试方法 1.1.2 使用解码器对发动机故障码读取及清除方法 1.1.3 发动机有关的传感器、执行器、电路和控制模块的检测方法 1.1.4 电压降、电流及电阻的检测方法

续表

项目	任务	学习活动	"1+X"技能等级证书教学标准	
			技能要求	知识要求
项目3 诊断与排除电控发动机故障	任务3.1 电控发动机系统故障诊断与排除流程	56.电控发动机故障诊断与排除流程 57.客户故障分析 58.读取故障码和定格数据 59.读取数据表和主动测试 60.发动机基本检查 61.检查间歇性故障 62.故障症状模拟	1.1.3 能使用解码器、数字式万用表(DMM)或数字存储示波器检查或测试发动机控制系统的传感器、执行器、电路和动力系统控制模块(PCM),确定维修内容 1.1.4 能用数字式万用表(DMM)测量和分析电压、电压降、电流和电阻 1.1.5 能查询发动机控制电路图的电路图和端视图,并判读电路信息 1.1.6 能处理PCM等静电敏感装置时,采取相关的防静电措施	1.1.5 发动机控制电路图的查询方法及信息读取 1.1.6 控制模块的防静电处理措施及安全注意事项
	任务3.2 诊断与排除发动机电控系统典型故障	63.检测电控单元的电源电路故障 64.诊断与排除歧管绝对压力传感器电路故障 65.诊断与排除发动机冷却液温度传感器电路故障 66.诊断与排除节气门位置传感器电路故障 67.诊断与排除氧传感器电路故障 68.诊断与排除曲轴位置传感器电路故障 69.诊断与排除系统过稀/系统过浓故障 70.诊断与排除单个/多个气缸缺火	高级 1.汽车动力系统诊断分析 1.3 发动机性能的故障诊断分析 1.3.1 能诊断蓄电池状况、接头或蓄电池漏液引起的排放或驾驶性能的故障,确认故障原因 1.3.2 能诊断由于充电不足、充电过度或不充电引起的发动机性能问题,确认故障原因	高级 1.汽车动力系统诊断分析 1.3 发动机性能的故障诊断分析 1.3.1 发动机排放异常的故障诊断策略 1.3.2 发动机驾驶性能异常的故障诊断策略 1.3.3 充电不足、充电过度或不充电的故障原因和排故方法

续表

项目	任务	学习活动	"1+X"技能等级证书教学标准	
			技能要求	知识要求
项目3 诊断与排除电控发动机故障	任务3.2 诊断与排除发动机电控系统典型故障	63.检测电控单元的电源电路故障 64.诊断与排除歧管绝对压力传感器电路故障 65.诊断与排除发动机冷却液温度传感器电路故障 66.诊断与排除节气门位置传感器电路故障 67.诊断与排除氧传感器电路故障 68.诊断与排除曲轴位置传感器电路故障 69.诊断与排除系统过稀/系统过浓故障 70.诊断与排除单个/多个气缸缺火	1.3.3 能诊断与燃油系统相关的故障,包括热机或冷机不启动、启动困难、驾驶性能不良、怠速不正确、怠速不稳、淹缸、喘震、缺火、功率损耗、熄火、燃油经济性差、不熄火、排放问题,确认故障原因 1.3.4 能分析与燃油或进气系统相关的故障码,确定维修内容 1.3.5 能诊断发动机不能启动,且没有点火迹象的故障,确认故障原因 1.3.6 能诊断发动机不能启动,但有点火迹象的故障,确认故障原因 1.3.7 能诊断发动机冷车不启动的故障,确认故障原因 1.3.8 能诊断发动机不管冷车、热车启动耗时长的故障,确认故障原因 1.3.9 能诊断发动机暖气启动后困难的故障,确认故障原因	1.3.4 燃油系统常见故障诊断策略 1.3.5 发动机不能启动,且没有点火迹象的诊断分析策略 1.3.6 发动机不能启动,但有点火迹象的诊断分析策略 1.3.7 发动机冷车不启动的诊断分析策略 1.3.8 发动机不管冷车、热车启动耗时长的诊断分析策略 1.3.9 发动机暖气启动后困难的诊断分析策略 1.3.10 发动机快怠速失常的诊断分析策略 1.3.11 发动机怠速偏低的诊断分析策略 1.3.12 发动机怠速偏高的诊断分析策略 1.3.13 发动机冷车怠速抖震的诊断分析策略 1.3.14 发动机热车怠速抖震的诊断分析策略

续表

项目	任务	学习活动	"1+X"技能等级证书教学标准	
			技能要求	知识要求
项目3 诊断与排除电控发动机故障	任务3.2 诊断与排除发动机电控系统典型故障	63.检测电控单元的电源电路故障 64.诊断与排除歧管绝对压力传感器电路故障 65.诊断与排除发动机冷却液温度传感器电路故障 66.诊断与排除节气门位置传感器电路故障 67.诊断与排除氧传感器电路故障 68.诊断与排除曲轴位置传感器电路故障 69.诊断与排除系统过稀/系统过浓故障 70.诊断与排除单个/多个气缸缺火	1.3.10 能诊断发动机快怠速失常的故障,确认故障原因 1.3.11 能诊断发动机怠速偏低的故障确认故障原因 1.3.12 能诊断发动机怠速偏高的故障确认故障原因 1.3.13 能诊断发动机冷车怠速抖震的故障,分析故障原因 1.3.14 能诊断发动机热车怠速抖震的故障,分析故障原因 1.3.15 能诊断发动机起步熄火的故障,分析故障原因 1.3.16 能诊断发动机定速行驶熄火的故障,分析故障原因 1.3.17 能诊断发动机爆震、敲缸的故障,分析故障原因 1.3.18 能诊断发动机加速不良、无力的故障,分析故障原因 1.3.19 能诊断发动机怠速中熄火的故障,分析故障原因	1.3.15 发动机起步熄火的诊断分析策略 1.3.16 发动机定速行驶熄火的诊断分析策略 1.3.17 发动机爆震、敲缸的诊断分析策略 1.3.18 发动机加速不良、无力的诊断分析策略 1.3.19 发动机怠速中熄火的诊断分析策略 1.3.20 发动机加速熄火的诊断分析策略 1.3.21 发动机减速或停车立即熄火的诊断分析策略 1.3.22 气门噪声的诊断分析策略 1.3.23 发动机气缸压力不足的诊断分析策略 1.3.24 发动机怠速的稳定真空度过低、过高的诊断分析策略 1.3.25 发动机高转速的稳定真空度过低、过高的诊断分析策略

项目	任务	学习活动	"1+X"技能等级证书教学标准	
			技能要求	知识要求
项目3 诊断与排除电控发动机故障	任务3.2 诊断与排除发动机电控系统典型故障	63.检测电控单元的电源电路故障 64.诊断与排除歧管绝对压力传感器电路故障 65.诊断与排除发动机冷却液温度传感器电路故障 66.诊断与排除节气门位置传感器电路故障 67.诊断与排除氧传感器电路故障 68.诊断与排除曲轴位置传感器电路故障 69.诊断与排除系统过稀/系统过浓故障 70.诊断与排除单个/多个气缸缺火	1.3.20　能诊断发动机加速熄火的故障,分析故障原因 1.3.21　能诊断发动机减速或停车立即熄火的故障,分析故障原因 1.3.22　能诊断气门噪音的故障,分析故障原因 1.3.23　能诊断发动机气缸压力不足的故障,分析故障原因 1.3.24　能诊断发动机怠速的稳定真空度过低、过高的故障,分析故障原因 1.3.25　能诊断发动机高转速的稳定真空度过低、过高的故障,分析故障原因 1.3.26　能诊断燃油系统的油压过低、过高的故障,分析故障原因 1.3.27　能检测和分析各缸的火星塞温度,分析故障原因 1.3.28　能检测和分析各缸的排气温度,分析故障原因 1.3.29　能检测和分析排气背压,分析故障原因	1.3.26　燃油系统的油压过低、过高的诊断分析策略 1.3.27　各缸的火星塞温度数据分析策略 1.3.28　各缸的排气温度数据分析策略 1.3.29　排气背压数据分析策略 1.3.30　进气系统常见故障诊断策略 1.3.31　点火系统常见故障诊断策略 1.3.32　发动机性能有关的噪音或振动故障诊断策略 1.3.33　点火系统相关故障码解析 1.3.34　点火正时电脑控制装置引起的常见故障诊断策略 1.3.35　发动机控制电脑故障引起的排放或驾驶性能故障(有故障码)诊断策略 1.3.36　发动机控制电脑故障引起的排放或驾驶性能故障(无故障码)诊断策略

续表

项目	任务	学习活动	"1+X"技能等级证书教学标准	
			技能要求	知识要求
项目3 诊断与排除电控发动机故障	任务3.2 诊断与排除发动机电控系统典型故障	63.检测电控单元的电源电路故障 64.诊断与排除歧管绝对压力传感器电路故障 65.诊断与排除发动机冷却液温度传感器电路故障 66.诊断与排除节气门位置传感器电路故障 67.诊断与排除氧传感器电路故障 68.诊断与排除曲轴位置传感器电路故障 69.诊断与排除系统过稀/系统过浓故障 70.诊断与排除单个/多个气缸缺火		1.3.37 巡航控制、安全警报/防盗、扭矩控制、悬架控制、牵引力控制、空调、自动变速器、非原装件等引起的常见故障诊断策略 1.3.38 机油消耗异常故障诊断策略 1.3.39 冷却液消耗异常故障诊断策略 1.3.40 燃油消耗异常故障诊断策略

(二)课程内容支撑课程目标设计

课程内容支撑课程目标设计见表2。

表2　课程内容支撑课程目标设计

课程内容 / 课程目标	职业素养		通用能力		专业知识					技术技能					
	1	2	1	2	1	2	3	4	5	1	2	3	4	5	6
任务1.1 认识汽油发动机电控系统	H	H	H	H	M	M	M	M	L	H	M	M	M	M	M
任务1.2 认识汽油发动机的传感器和开关信号	H	H	H	H	M	H	H	M	L	H	M	M	M	M	M
任务1.3 认识汽油发动机燃油喷射系统	H	H	H	H	M	H	M	M	L	H	M	M	M	M	M
任务1.4 认识汽油发动机的点火系统	H	H	H	H	M	H	M	M	L	H	M	M	M	M	M

续表

课程目标 课程内容	职业素养		通用能力		专业知识					技术技能					
	1	2	1	2	1	2	3	4	5	1	2	3	4	5	6
任务1.5 认识汽油发动机辅助控制系统	H	H	H	H	M	H	H	M	L	H	H	M	M	M	M
任务1.6 认识控制系统的工作模式和自诊断	H	H	H	H	M	H	H	H	L	H	M	M	M	M	M
任务1.7 认识柴油发动机电控系统	H	H	H	H	H	H	H	H	H	H	L	L	L	M	M
任务2.1 电控发动机维护前的准备工作	H	H	H	H	H	H	H	H	H	H	L	M	M	M	M
任务2.2 维护电控发动机的燃油喷射系统	H	H	H	H	H	H	H	H	H	H	M	M	M	H	H
任务2.3 维护电控发动机的点火系统	H	H	H	H	H	H	H	H	H	H	L	H	M	H	H
任务2.4 维护电控发动机的排放控制系统	H	H	H	H	M	H	H	H	M	H	M	M	H	H	H
任务3.1 电控发动机系统故障诊断与排除流程	H	H	H	H	M	H	H	H	H	H	H	H	H	H	H
任务3.2 诊断与排除发动机电控系统典型故障	H	H	H	H	M	H	H	H	H	H	H	H	H	H	H

注解:1.根据课程对培养规格的支撑度,可划分为高支撑(H)、中支撑(M)和低支撑(L)。

2.每门课程任务至少对1项培养规格形成高支撑,或对多项培养规格形成中支撑。

3.每项培养规格至少有一个任务对其形成高支撑。

四、课程实施安排

课程内容学时分配见3。

表3 课程内容学时分配

项目	任务	学时		
		理论	实训	小计
项目1 认识电控发动机系统	任务1.1 认识汽油发动机电控系统	2	0	2
	任务1.2 认识汽油发动机的传感器和开关信号	4	2	6
	任务1.3 认识汽油发动机燃油喷射系统	4	2	6
	任务1.4 认识汽油发动机的点火系统	4	2	6
	任务1.5 认识汽油发动机辅助控制系统	4	2	6
	任务1.6 认识控制系统的工作模式和自诊断	4	2	6
	任务1.7 认识柴油发动机电控系统	4	4	8
项目2 维护和检查电控发动机系统	任务2.1 电控发动机维护前的准备工作	2	2	4
	任务2.2 维护电控发动机的燃油喷射系统	4	8	12
	任务2.3 维护电控发动机的点火系统	4	4	8
	任务2.4 维护电控发动机的排放控制系统	4	8	12
项目3 诊断与排除电控发动机故障	任务3.1 电控发动机系统故障诊断与排除流程	4	4	8
	任务3.2 诊断与排除发动机电控系统典型故障	4	8	12
合计		48	48	96

五、教学评价

（一）课程目标达成度评价权重

课程目标达成度分为子课程目标达成度和总课程目标达成度。课程内容支撑课程目标达成,课程内容支撑各子课程目标的权重见表4。

表 4　课程内容支撑课程目标权重表

课程内容 \ 课程目标权重		支撑课程内容													课程目标达成度	
		任务1.1	任务1.2	任务1.3	任务1.4	任务1.5	任务1.6	任务1.7	任务2.1	任务2.2	任务2.3	任务2.4	任务3.1	任务3.2	∑子课程目标达成度	∑总课程目标评价值
职业素养	1 遵守职业规范,具有良好的专业精神、职业素质和工匠精神	0.1	0.1	0.1	0.1	0.1	0.1	0.1	0.05	0.05	0.05	0.05	0.05	0.05	1	0.05
	2 具有吃苦耐劳、爱岗敬业的精神	0.1	0.1	0.1	0.1	0.1	0.1	0.1	0.05	0.05	0.05	0.05	0.05	0.05	1	0.05
通用能力	1 具有查询资料,收集信息,分析、处理工作数据的能力	0.1	0.1	0.1	0.1	0.1	0.1	0.1	0.05	0.05	0.05	0.05	0.05	0.05	1	0.05
	2 具有较强的分析与解决技术问题的能力	0.1	0.1	0.1	0.1	0.1	0.1	0.1	0.05	0.05	0.05	0.05	0.05	0.05	1	0.05
专业知识	1 了解有关职场健康安全法规、环境保护法等相关知识,知道设备、材料和个人安全要求知识,了解车间安全知识和知道基本操作规范	0.1	0.1	0.1	0.1	0.1	0.1	0.1	0.05	0.05	0.05	0.05	0.05	0.05	1	0.1
	2 了解电控汽油发动机管理系统的组成、作用、工作原理、故障诊断方法及诊断思路等相关知识	0.1	0.1	0.1	0.1	0.1	0.1	0.1	0.05	0.05	0.05	0.05	0.05	0.05	1	0.1

续表

课程内容	课程目标权重	任务1.1	任务1.2	任务1.3	任务1.4	任务1.5	任务1.6	任务1.7	任务2.1	任务2.2	任务2.3	任务2.4	任务3.1	任务3.2	∑子课程目标达成度	∑总课程目标评价值
专业知识	3 知道汽油发动机的传感器和开关信号、燃油喷射系统、点火系统、辅助控制系统工作过程	0.1	0.1	0.1	0.1	0.1	0.1	0.1	0.05	0.05	0.05	0.05	0.05	0.05	1	0.1
	4 知道控制系统的工作模式和自诊断	0.1	0.1	0.1	0.1	0.1	0.1	0.1	0.05	0.05	0.05	0.05	0.05	0.05	1	0.1
	5 知道柴油发动机电控系统的组成和工作过程	0.1	0.1	0.1	0.1	0.1	0.1	0.1	0.05	0.05	0.05	0.05	0.05	0.05	1	0.1
技术技能	1 具备根据厂家技术教学标准，做好电控发动机维护的能力	0.1	0.1	0.1	0.1	0.1	0.1	0.1	0.05	0.05	0.05	0.05	0.05	0.05	1	0.05
	2 具备能维护电控发动机的燃油喷射系统的能力	0.1	0.1	0.1	0.1	0.1	0.1	0.1	0.05	0.05	0.05	0.05	0.05	0.05	1	0.05
	3 具备能维护电控发动机的点火系统的能力	0.1	0.1	0.1	0.1	0.1	0.1	0.1	0.05	0.05	0.05	0.05	0.05	0.05	1	0.05
	4 具备能维护电控发动机的排放控制系统的能力	0.1	0.1	0.1	0.1	0.1	0.1	0.1	0.05	0.05	0.05	0.05	0.05	0.05	1	0.05
	5 能掌握电控发动机系统故障诊断与排除流程	0.1	0.1	0.1	0.1	0.1	0.1	0.1	0.05	0.05	0.05	0.05	0.05	0.05	1	0.05

续表

课程内容	课程目标 权重	任务 1.1	任务 1.2	任务 1.3	任务 1.4	任务 1.5	任务 1.6	任务 1.7	任务 2.1	任务 2.2	任务 2.3	任务 2.4	任务 3.1	任务 3.2	∑子课 程目标 达成度	∑总课 程目标 评价值
技术技能	6 具备根据厂家技术教学标准,正确与安全的检修汽车电控系统和综合故障的能力	0.1	0.1	0.1	0.1	0.1	0.1	0.1	0.05	0.05	0.05	0.05	0.05	0.05	1	0.05
∑ 本课程目标达成度																1

说明:对课程内容的考核为在教学过程中对任务模块进行随堂测验或实践考核等的评分。

(二)评价方式

课程评价采用过程评价与期末终结性鉴定相结合的鉴定方式,采用线上评价与线下评价、理论评价与实操评价的方式进行,具体权重设置见表5。

表5　成绩指标权重表

一级指标	二级指标	三级指标	
平时测评 50%	线上课件学习 10%	学习进度	80%
		评价	10%
		问答	10%
	课堂活动 10%	考勤	50%
		参与	25%
		课堂表现	25%
	学习工作页 65%	任务1.1学习工作业	10%
		任务1.2学习工作业	10%
		任务1.3学习工作业	10%
		任务1.4学习工作业	10%
		任务1.5学习工作业	10%
		任务1.6学习工作业	5%
		任务1.7学习工作业	5%

续表

一级指标	二级指标	三级指标	
平时测评 50%	学习工作页 65%	任务 2.1 学习工作业	10%
		任务 2.2 学习工作业	10%
		任务 2.3 学习工作业	5%
		任务 2.4 学习工作业	5%
		任务 3.1 学习工作业	5%
		任务 3.2 学习工作业	5%
	项目鉴定 15%	项目 1 理论鉴定	10%
		项目 1 实操鉴定	20%
		项目 2 理论鉴定	10%
		项目 2 实操鉴定	20%
		项目 3 理论鉴定	20%
		项目 3 实操鉴定	20%
期末测评 50%	期末考试 100%		

六、实施保障

(一)师资队伍

本课程专(兼)职教师应具有良好的师德师风、扎实的专业相关理论水平、中级及以上相关专业职称或技师资格担任课堂理实一体化教学。

(二)教学设施

本专业应设有汽车整车维修实训中心,其中电控发动实训区为"发动机管理系统诊断与维修"课程提供了足够的教学条件。台套数能同时满足 3 个班的教学,按照 4~5 人/台配备。

具体要求为:

1. 电控发动机车辆:拥有丰田、长安、福特、大众、奥迪等带电控发动机车辆。

2. 电控发动机实物:丰田、大众、福特等品牌电控发动机。

3. 专业工具:油压表、诊断仪、专用拆装工具。

4. 电控发动机检测设备:听诊器、喷油器清洗检测设备、试灯、汽车用数字万用表、示波器、诊断仪、燃油压力表、点火正时灯、废气分析仪等。

(三)教学资源

1. 教材资源

按照国家教材选用原则和要求选用教材。

2.网络资源

智慧职教课程平台"汽油发动机管理系统故障诊断与修理"课程。

智慧职教课程平台"汽车电控发动机构造与维修"课程。

（四）教学方法和手段

教学应立足于培养学生实际操作能力、职业素养等,采用任务驱动教学法、合作探究法、仿真教学法、小组讨论、案例分析、教师示范、角色扮演等多种以学生为中心的教学方法,让学生在"做中学""学中做"。在教学过程中,应运用多媒体、现代信息技术、实物等辅助资源教学。

"汽车安全与舒适系统维修"课程教学标准

一、课程概述

（一）课程教学标准依据

本课程教学标准依据汽车检测与维修技术专业人才培养方案,教育部《高等职业学校汽车检测与维修技术专业教学标准》,根据《汽车制造试验和售后服务技术人员能力标准》中的 QPBWW06 检测、诊断和维修电子车身管理系统、QPBWX05 检测、诊断制动系统的电气和电子故障、QPBWX06 检测、诊断安全系统的电气和电子故障,对接《汽车运用与维修职业技能等级证书》中"汽车电子电气与空调舒适系统技术(初、中、高级)""汽车全车网关控制与娱乐系统技术(中、高级)""汽车转向悬挂与制动安全系统技术(初、中、高级)"模块进行制定。

（二）课程类型

本课程是汽车检测与维修技术专业的专业核心课程,共 96 学时。本课程是在学习汽车零部件识别、实施汽车维护作业、实施汽车电路初级维护课程后的一门理实一体化课程。

（三）课程功能

本课程对接汽车检测与维修技术专业人才培养规格和培养目标,面向汽车质量与性能检测技术员、汽车机电维修技师、汽车服务顾问等岗位。本课程将职业素养、通用能力融入教学中,落实立德树人根本任务,将爱国主义精神,民族品牌精神,爱岗敬业、脚踏实地、精益求精的工匠精神等融入教学中。通过对汽车数据总线系统、汽车舒适系统、中控锁与防盗系统维修、乘员安全系统、驾驶辅助系统等内容的学习,培养学生认识汽车安全与舒适系统维护流程和维修方法、知道汽车安全与舒适系统故障诊断方法、具备制定维修方案,排除汽车安全与舒适系统故障的能力。本课程对接《汽车运用与维修职业技能等级证书》中"汽车电子电气与空调舒适系统技术(初、中、高级)""汽车全车网关控制与娱乐系统技术(中、高级)""汽车转向悬挂与制动安全系统技术(初、中、高级)"模块,学习者学完本课程后可以考取相关"1+X"证书。

二、课程目标

学习者通过对该课程的学习,能具备诊断、维修、检测汽车安全与舒适系统的能力。该能力由以下方面组成:

(一)职业素养

1. 具有良好的职业素质和工匠精神。

2. 具有吃苦耐劳、爱岗敬业的精神。

(二)通用能力

1. 具有查询资料,收集信息,分析、处理工作数据的能力。

2. 具有较强的分析与解决问题的能力。

(三)专业知识

1. 知道汽车安全与舒适各系统的操作及组成。

2. 知道汽车安全与舒适各系统的工作原理。

3. 知道汽车安全与舒适系统的技术教学标准和故障诊断流程。

(四)技术技能

1. 具备根据厂家技术教学标准,正确操作设备检修汽车安全与舒适系统的能力。

2. 具备制订维修方案,排除汽车安全与舒适系统综合故障的能力。

三、课程设置

(一)课程内容和"1+X"证书对接

依据《汽车运用与维修职业技能等级证书》中"汽车电子电气与空调舒适系统技术(初、中、高级)""汽车全车网关控制与娱乐系统技术(中、高级)""汽车转向悬挂与制动安全系统技术(初、中、高级)"模块,对接汽车安全与舒适系统维修工作任务,教学内容中对接"1+X"证书中相关知识要求和技能要求,见表1。

表1 教学内容要求及对接"1+X"技能等级证书教学标准

项目	任务	学习活动	"1+X"技能等级证书教学标准	
			技能要求	知识要求
项目1 检测与维修汽车数据总线	任务1.1 认识维修数据总线	1. 数据总线的含义 2. 数据总线的作用 3. 数据总线的特点 4. CAN总线的特点 5. LIN总线的特点 6. MOST总线的特点	1-3 初级 1.6.1 能对所需的电路信息进行查询,并判读所需电子元件的信息,记录电子元件编号、线束颜色、端子编号	1-3 初级 1.6.1 电路信息的查询方法和所需电子元件的信息识别

项目	任务	学习活动	"1+X"技能等级证书教学标准	
			技能要求	知识要求
项目1 检测与维修汽车数据总线	任务1.2 测试、分析数据总线波形,维修数据总线	7. 使用示波器测试 CAN 总线波形 8. 使用示波器测试 LIN 总线波形 9. 分析 CAN 和 LIN 总线波形 10. 设置 CAN 和 LIN 总线故障 11. 测试和分析 CAN 和 LIN 总线故障波形 12. 维修 CAN 总线 13. 维修光纤	1-3 高级 1.15.1 能根据操作要求,做好静电防护措施,并按要求断开控制模块的插接器 1.15.2 能根据电路图和端子视图,找出控制模块的对应针脚的线束进行故障检测 1.15.3 能使用仪器仪表测量电子元件与控制模块之间的导通情况,并判定是否有故障 1.15.4 能使用仪器仪表测量控制模块的 CAN 总线波形,并分析是否异常	1-3 高级 1.15.1 断开控制模块的插接器的流程方法 1.15.2 从电路图和端子视图控制模块所需的信息的技能指导方案设计 1.15.3 仪器仪表测量电子元件与控制模块之间的导通情况的技能指导方案设计 1.15.4 控制模块的 CAN 总线波形分析策略
项目2 汽车舒适系统维修	任务2.1 认识和操作电动玻璃升降器、电动后视镜、电动座椅、电动天窗	14. 操作电动玻璃升降器、电动后视镜、电动座椅、电动天窗 15. 分析电动玻璃升降器电路图 16. 分析电动后视镜电路图	1-3 初级 1.6.1 能对所需的电路信息进行查询,并判读所需电子元件的信息,记录电子元件编号、线束颜色、端子编号 1.6.2 能从电路图中,找出电路故障位置 1.6.3 能根据电路图,找出电子元件与控制模块之间的应针脚的线束颜色、功能、电路信息和编号 1.6.4 能根据电路图,找出开关或控制器应针脚的线束颜色、功能、电路信息和编号	1-3 初级 1.6.1 电路信息的查询方法和所需电子元件的信息识别 1.6.2 电路图的电路故障位置 1.6.3 电路图的电子元件与控制模块之间的线束和端子信息识别 1.6.4 电路图中的开关和控制器的线束信息的识别 1.6.5 电路图中的传感器的线束信息的识别 1.6.6 电路图中的执行器的线束信息的识别

续表

项目	任务	学习活动	"1+X"技能等级证书教学标准	
			技能要求	知识要求
项目2 汽车舒适系统维修	任务2.1 认识和操作电动玻璃升降器、电动后视镜、电动座椅、电动天窗	14. 操作电动玻璃升降器、电动后视镜、电动座椅、电动天窗 15. 分析电动玻璃升降器电路图 16. 分析电动后视镜电路图	1.6.5 能根据电路图,找出传感器应针脚的线束颜色、功能、电路信息和编号 1.6.6 能根据电路图,找出执行器应针脚的线束颜色、功能、电路信息和编号 1-3 中级 1.1.1 能检查、测试并更换电动车窗 1.1.4 能检查、测试并更换电动座椅 1.1.5 能检查、测试并更换电动天窗总成 1.1.8 能检查、测试并更换按摩座椅 1.1.9 能查询有关舒适系统的电路图,并判读电路信息	1-3 中级 1.1.1 电动车窗更换流程 1.1.4 电动座椅更换流程 1.1.5 电动天窗总成更换方法 1.1.8 按摩座椅更换方法 1.1.9 舒适系统的电路图的判读方法
	任务2.2 实施电动玻璃升降器、电动后视镜维修程序	17. 检测电动车窗开关 18. 检测电动车窗电机 19. 左后电动车窗无法工作故障检测、诊断和排除 20. 右侧电动后视镜无法工作故障检测、诊断和排除	1-3 中级 1.1.1 能诊断电动车窗故障,确定维修项目 1.1.4 能诊断电动座椅障,确定维修项目 1.1.5 能诊断电动天窗障,确定维修项目 1.1.9 能分析有关舒适系统电子元件波形,确定故障原因	1-3 中级 1.1.1 电动车窗诊断策略 1.1.4 电动座椅诊断策略 1.1.5 电动天窗诊断策略 1.1.9 舒适系统电子元件波形分析策略

项目	任务	学习活动	"1+X"技能等级证书教学标准	
			技能要求	知识要求
项目3 中控锁与防盗系统维修	任务3.1 认识和操作中控锁和防盗系统	21.激活和解除防盗报警 22.车辆无电的情况下的如何锁门	1-3 初级 1.4.1 能使用解码器读取和清除防盗系统故障码 1.4.4 能检查防盗蜂鸣器工作是否正常	1-3 初级 1.4.1 防盗系统故障码清除方法 1.4.4 防盗蜂鸣器工作原理
	任务3.2 实施中控锁和防盗系统检测与维修程序	23.遥控中控锁无法解锁和上锁故障排除 24.无钥匙进入和上锁功能不可用的处理方式 25.防盗钥匙丢失的处理方式	1-2 中级 1.4.1 能使用解码器对安全系统的功能进行测试,判断是否异常 1.4.2 能更换汽车钥匙芯片及汽车钥匙电池 1.4.3 能使用工具检测和更换车门未关传感器 1-3 高级 1.4.1 能使用仪器仪表读取防盗系统故障码及数据流,分析故障原因,制订维修方案	1-2 中级 1.4.1 安全系统的功能测试方法 1.4.2 更换汽车钥匙芯片及汽车钥匙电池的方法 1.4.3 更换车门未关传感器的方法 1-3 高级 1.4.1 防盗系统故障诊断分析策略
项目4 实施乘员安全系统维修	任务4.1 认识乘员安全保护系统	26.汽车乘员安全的组成认识 27.碰撞后乘员的保护措施 28.安全气囊的安全性了解	1-2 初级 1.1.1 能检查安全气囊故障灯是否点亮 1.1.2 能检查安全带提示灯是否正常工作 1.1.3 能检查安全带拉紧和伸缩功能	1-2 初级 1.1.1 安全气囊故障灯点亮原因 1.1.2 安全带提示灯检测方法 1.1.3 安全带拉紧和伸缩功能的检查方法

续表

项目	任务	学习活动	"1+X"技能等级证书教学标准	
			技能要求	知识要求
项目4 实施乘员安全系统维修	任务4.2 实施被动安全系统检测与维修程序	29.更换驾驶员安全气囊模块 30.安全气囊知识灯常亮故障维修 31.更换安全带	1-2 中级 1.1.1 能使用工具检测和更换安全气囊 1.1.2 能使用工具检测和更换座椅安全带 1-2 高级 1.1.1 能使用仪器仪表读取安全气囊系统的故障码和数据流,分析故障灯常亮原因,制订维修方案 1-3 初级 1.14.8 能按照维修手册中的步骤解除和启动气囊系统 1.14.9 能检查、测试或更换气囊系统电路的导线、气囊、控制器、传感器和接头	1-2 中级 1.1.1 更换安全气囊方法 1.1.2 更换座椅安全带方法 1-2 高级 1.1.1 安全气囊系统故障灯亮的故障诊断策略 1-3 初级 1.14.8 气囊系统解除和启动方法 1.14.9 气囊系统电路的导线、气囊、控制器、传感器和接头的测试和更换方法
项目5 实施驾驶辅助系统维修	任务5.1 实施驻车辅助系统检测与维修程序	32.检查和操作驻车辅助系统 33.挂倒挡无法后,驻车雷达不工作 34.自动驻车系统不工作	无	无
	任务5.2 实施车道保持系统检测与维修程序	35.找出车道保持系统的组成 36.车道保持系统无法工作故障排除	1-2 初级 1.3.1 能检查车道保持系统故障灯是否点亮 1-2 高级 1.3.1 能使用工具检测车道保持系统控制单元、节气门执行器和制动执行器,分析故障灯常亮原因,制订维修方案	1-2 初级 1.3.1 车道保持系统故障灯点亮原因 1-2 高级 1.3.1 车道保持系统故障灯常亮的故障诊断策略

（二）课程内容支撑课程目标设计

课程内容支撑课程目标设计见表2。

表2　课程内容支撑课程目标设计

课程目标〳课程内容	职业素养		通用能力		专业知识			技术技能	
	1	2	1	2	1	2	3	1	2
任务1.1　认识维修数据总线	H		H			H		H	
任务1.2　测试、分析数据总线波形,维修数据总线		H		H			H		H
任务2.1　认识和操作电动玻璃升降器、电动后视镜、电动座椅、电动天窗	H		H		H	H		H	
任务2.2　实施电动玻璃升降器、电动后视镜维修程序		H		H					H
任务3.1　认识和操作中控锁和防盗系统	H		H		H	H		H	
任务3.2　实施中控锁和防盗系统检测与维修程序		H		H			H		H
任务4.1　认识乘员安全保护系统	H		H		H	H		H	
任务4.2　实施被动安全系统检测与维修程序		H		H			H		H
任务5.1　实施驻车辅助系统检测与维修程序	H		H					H	
任务5.2　实施车道保持系统检测与维修程序		H		H			H		H

注解:1. 根据课程对培养规格的支撑度,可划分为高支撑(H)、中支撑(M)和低支撑(L)。

　　2. 每门课程任务至少对1项培养规格形成高支撑,或对多项培养规格形成中支撑。

　　3. 每项培养规格至少有一个任务对其形成高支撑。

四、课程实施安排

课程内容学时分配见3。

表3 课程内容学时分配

项目	任务	学时		
		理论	实训	小计
项目1 检测与维修汽车数据总线	任务1.1 认识维修数据总线	4	4	8
	任务1.2 测试、分析数据总线波形，维修数据总线	4	8	12
项目2 汽车舒适系统维修	任务2.1 认识和操作电动玻璃升降器、电动后视镜、电动座椅、电动天窗	4	4	8
	任务2.2 实施电动玻璃升降器、电动后视镜维修程序	4	12	16
项目3 中控锁与防盗系统维修	任务3.1 认识和操作中控锁和防盗系统	2	4	6
	任务3.2 实施中控锁和防盗系统检测与维修程序	4	8	12
项目4 实施乘员安全系统维修	任务4.1 认识乘员安全保护系统	4	4	8
	任务4.2 实施被动安全系统检测与维修程序	2	8	10
项目5 实施驾驶辅助系统维修	任务5.1 实施驻车辅助系统检测与维修程序	2	6	8
	任务5.2 实施车道保持系统检测与维修程序	2	6	8
合计		32	64	96

五、教学评价

（一）课程目标达成度评价权重

课程目标达成度分为子课程目标达成度和总课程目标达成度。课程内容支撑课程目标达成，课程内容支撑各子课程目标的权重见表4。

表4 课程内容支撑课程目标权重表

课程目标 权重 课程内容		支撑课程内容									课程目标达成度	
		任务1.1	任务1.2	任务2.1	任务2.2	任务3.1	任务3.2	任务4.1	任务4.2	任务5.1	任务5.2	∑子课程目标达成度	∑总课程目标评价值
职业素养	1 具有良好的职业素质和工匠精神	0.2		0.2		0.2		0.2		0.2		1.0	0.1
	2 具有吃苦耐劳、爱岗敬业的精神		0.2		0.2		0.2		0.2		0.2	1.0	0.1

课程目标权重课程内容		支撑课程内容										课程目标达成度	
		任务1.1	任务1.2	任务2.1	任务2.2	任务3.1	任务3.2	任务4.1	任务4.2	任务5.1	任务5.2	∑子课程目标达成度	∑总课程目标评价值
通用能力	1 具有查询资料,收集信息,分析、处理工作数据的能力	0.2		0.2		0.2		0.2		0.2		1.0	0.1
	2 具有较强的分析与解决问题的能力		0.2		0.2		0.2		0.2		0.2	1.0	0.1
专业知识	1 知道汽车安全与舒适各系统的操作及组成		0.4		0.3		0.3					1.0	0.1
	2 知道汽车安全与舒适各系统的工作原理	0.4	0.2		0.2		0.2					1.0	0.1
	3 知道汽车安全与舒适系统的技术教学标准和故障诊断流程		0.2		0.2		0.2		0.2		0.2	1.0	0.1
技术技能	1 具备根据厂家技术教学标准,正确操作设备检修汽车安全与舒适系统的能力	0.3	0.3		0.2		0.2					1.0	0.2
	2 具备制订维修方案,排除汽车安全与舒适系统综合故障的能力		0.2		0.2		0.2		0.2		0.2	1.0	0.1
∑ 本课程目标达成度													1

(二)评价方式

课程评价采用过程评价加终结性评价,线上评价加线下评价、理论评价加实操评价的方式进行,过程性考核和期末终结性考核各占50%。过程性考核分为4个方面,分别是线上课件学习20%,课堂活动20%,作业30%,阶段考核30%。具体考核权重见表5。

表5　成绩指标权重表

一级指标	二级指标	三级指标	
平时测评 50%	线上学习 40%	参与度	30%
		线上作业	40%
		线上测验	20%
		线上考试	10%
	课堂活动 10%	考勤	50%
		课堂表现	50%
	学习工作页 50%	任务1.1　学习工作页	10%
		任务1.2　学习工作页	10%
		任务2.1　学习工作页	10%
		任务2.2　学习工作页	10%
		任务3.1　学习工作页	10%
		任务3.2　学习工作页	10%
		任务4.1　学习工作页	10%
		任务4.2　学习工作页	10%
		任务5.1　学习工作页	10%
		任务5.2　学习工作页	10%
期末测评 50%	期末考试 100%		

六、实施保障

(一)师资队伍

本课程专(兼)职教师应具有良好的师德师风、扎实的专业相关理论水平、中级及以上相关专业职称或技师资格担任课堂理实一体化教学。

(二)教学设施

本专业应设有汽车整车维修实训中心,为"汽车安全与舒适系统维修"课程提供了足够的教学条件。具体包括:车辆,专用诊断仪、示波器、电气维修等专用工具,并配套有完整的技术资料。台套数能同时满足 3 个班的教学,按照 4~5 人/台配备。

（三）教学资源

1. 教材资源

按照国家教材选用原则和要求选用教材。

2. 网络资源

爱课程平台"汽车安全与舒适系统维修"课程。

（四）教学方法和手段

教学应立足于培养学生实际操作能力、职业素养等，采用任务驱动教学法、合作探究法、仿真教学法、小组讨论、案例分析、教师示范、角色扮演等多种以学生为中心的教学方法，让学生在"做中学""学中做"。在教学过程中，应运用多媒体、现代信息技术、实物等辅助资源教学。

"汽车底盘电控系统维修"课程教学标准

一、课程概述

（一）课程教学标准依据

本课程数学标准依据汽车检测与维修技术专业人才培养方案，教育部《汽车检测与维修技术专业教学标准》，根据《汽车制造试验和售后服务技术人员能力标准》中的 QPBWW04 检测、诊断和维修电子控制悬挂系统、QPBWW07 检测、诊断和维修电控防抱死制动系统、QPBWX05 检测、诊断制动系统的电气和电子故障，对接《汽车运用与维修职业技能等级证书》标准中"汽车转向悬挂与制动安全系统技术（初、中、高级）"模块进行制定。

（二）课程类型

本课程是汽车检测与维修技术专业的专业核心课程，共48学时。本课程是在学习汽车电路系统检测与维修、汽车维护、汽车底盘系统维修后的一门理实一体化课程。

（三）课程功能

本课程实现专业人才培养规格要求，发挥课程思政功能，落实立德树人根本任务，育训结合，支持专业教学目标达成和《汽车运用与维修职业技能等级证书》获取，培养学习者对汽车底盘电控系统故障进行诊断与排除的能力。

二、课程目标

学习者通过对该课程的学习，能具备安全而正确地诊断汽车底盘电控系统的能力。该能力由以下方面组成：

（一）职业素养

1. 具有良好的职业素质和工匠精神。
2. 具有吃苦耐劳、爱岗敬业的精神。

（二）通用能力

1. 具有认真观察、积极思考的能力。

2. 具有分析和解决问题的能力。

（三）专业知识

1. 知道胎压监测系统的组成、工作原理、维护、维修方法和故障诊断流程。

2. 知道电控制动系统的组成、工作原理、维护、维修方法和故障诊断流程。

3. 知道电控助力转向系统的组成、工作原理、维护、维修方法和故障诊断流程。

4. 知道电控悬架系统的组成、工作原理、维护、维修方法和故障诊断流程。

5. 知道电控四轮驱动系统的组成、工作原理、维护、维修方法和故障诊断流程。

（四）技术技能

1. 能按照厂家提供的维修教学标准维护、拆卸、装配和诊断胎压监测系统故障。

2. 能按照厂家提供的维修教学标准维护、拆卸、装配和诊断电控制动系统故障。

3. 能按照厂家提供的维修教学标准维护、拆卸、装配和诊断电控助力转向系统故障。

4. 能按照厂家提供的维修教学标准维护、拆卸、装配和诊断电控悬架系统故障。

5. 能按照厂家提供的维修教学标准维护、拆卸、装配和诊断电控四轮驱动故障。

三、课程设置

（一）课程内容和"1+X"证书对接

依据《汽车运用与维修职业技能等级证书》中"汽车动力与驱动系统综合分析技术（初、中、高级）"模块，将汽车底盘电控系统维修工作任务、教学内容对接"1+X"证书中相关知识要求和技能要求，见表1。

表1　教学内容要求及对接"1+X"技能等级证书教学标准

项目	任务	学习活动	"1+X"技能等级证书教学标准	
			技能要求	知识要求
项目1 汽车胎压监测系统故障诊断	任务1.1 认识胎压监测系统	1. 胎压监测系统的功能概述 2. 认识胎压监测系统作用和类型 3. 认识胎压监测系统元件及工作过程	无	无
	任务1.2 胎压监测系统调整与故障诊断	4. 实施胎压监测系统的调整 5. 实施胎压监测系统拆卸部件程序 6. 胎压监测系统的故障诊断实例	无	无

续表

项目	任务	学习活动	"1+X"技能等级证书教学标准	
			技能要求	知识要求
项目2 电控制动系统维修与故障诊断	任务2.1 ABS＋EBD系统维修与故障诊断	7.认识ABS系统作用和制动效果分析 8.认识ABS系统元件和工作过程 9.认识EBD作用与工作过程 10.实施ABS系统部件拆装 11.ABS系统常见故障诊断实例	1-2　中级 1.9.1　能遵循正确的维修和安全措施,检查、测试和维修ABS液压传动装置及电子和机械部件 1.9.2　能遵循维修手册推荐的安全程序,对ABS系统进行卸压 1.9.6　能按维修手册提供的步骤和规范拆卸和安装ABS的部件 1.9.7　能按维修手册推荐的规范诊断、维修、调整ABS速度传感器和电路 1.9.8　能根据维修手册提供的步骤检测和修复线束及接头 1-2　高级 1.7.1　能诊断由ABS引起的不正常制动、车轮抱死、踏板感觉和行程、踏板跳动和噪声等故障,分析故障原因 1.7.2　能观察启动和路试期间ABS报警灯的状态,确定是否需要进一步诊断	1-2　中级 1.9.1　ABS液压传动装置及电子和机械部件的测试方法 1.9.2　ABS系统卸压流程 1.9.6　ABS部件拆卸和安装流程 1.9.7　ABS速度传感器和电路的诊断、检测方法 1.9.8　线束和接头的检测和修复方法 1-2　高级 1.7.1　由ABS引起的不正常制动、车轮抱死、踏板感觉和行程、踏板跳动和噪声等故障诊断策略 1.7.2　启动和路试期间ABS报警灯的状态的诊断流程 1.7.3　ABS电子控制装置及部件和电路的诊断策略 1.7.4　由于汽车的改动及其他机械和电子电气部件的改动引起的ABS制动器的故障诊断策略

续表

项目	任务	学习活动	"1+X"技能等级证书教学标准	
			技能要求	知识要求
项目2 电控制动系统维修与故障诊断	任务2.1 ABS + EBD系统维修与故障诊断	7. 认识 ABS 系统作用和制动效果分析 8. 认识 ABS 系统元件和工作过程 9. 认识 EBD 作用与工作过程 10. 实施 ABS 系统部件拆装 11. ABS 系统常见故障诊断实例	1.7.3 能使用自诊断或推荐的测试设备诊断 ABS 电子控制装置及部件和电路,分析故障原因 1.7.4 能诊断由于汽车的改动(轮胎尺寸、整备高度、主减速器传动比等)及其他机械和电子电气部件的改动(通信、安全、收音机等)引起的 ABS 制动器故障	无
	任务2.2 电子稳定控制系统(ESC)检测与故障诊断	12. ESC 系统概述 13. 认识 ESC 系统元件和工作过程 14. ESC 系统常见故障诊断实例	无	无
	任务2.3 电子手刹系统(EPB)维修与故障诊断	15. EPB 系统概述 16. 认识 EPB 系统元件和工作过程 17. 实施 EPB 电子手刹卡钳更换和进入 EPB 电子手刹维修模式的步骤 18. EPB 常见故障诊断实例	1-2 初级 1.4.5 能检查驻车制动系统部件有无磨损、松动和腐蚀情况,根据需要清洁、润滑、调整和更换 1.4.6 能调整驻车制动总成,检查工作情况 1.4.7 能检查驻车制动系统,检查拉线和零件是否磨损、生锈和腐蚀,根据需要清理或更换零件、润滑总成	1-2 初级 1.4.5 驻车制动器的部件识别和检查细则 1.4.6 驻车制动总成的检查细则和调整方法 1.4.7 驻车制动系统的部件识别 1.5.2 保养指示灯、驻车制动指示灯、报警灯及开关的工作原理

项目	任务	学习活动	"1+X"技能等级证书教学标准	
			技能要求	知识要求
项目2 电控制动系统维修与故障诊断	任务2.3 电子手刹系统（EPB）维修与故障诊断	15. EPB 系统概述 16. 认识 EPB 系统元件和工作过程 17. 实施 EPB 电子手刹卡钳更换和进入 EPB 电子手刹维修模式的步骤 18. EPB 常见故障诊断实例	1.5.2　能检查指示灯、驻车制动指示灯、报警灯及开关的工作情况,确认是否需要维修 1-2　高级 1.8.5　能检查、检测、更换和调整电动式驻车制动器 1.8.6　能对保养指示灯、驻车制动指示灯、报警灯及开关和导线的进行量测,确认是否需要维修	1-2　高级 1.8.5　电动式驻车制动器的更换和调整方法 1.8.6　保养指示灯、驻车制动指示灯、报警灯及开关和导线的量测方法
	任务2.4 刹车辅助系统(BA、AUTO HOLD) 检测与故障诊断	19. BA、AUTO HOLD 概述 20. 认识 BA、AUTO HOLD 元件和工作过程 21. 实施 AUTO HOLD 激活 22. BA、AUTO HOLD 故障诊断案例	无	无
	任务2.5 牵引力控制系统（TCS）检测与故障诊断	23. TCS 系统概述 24. 认识 TCS 系统元件及工作过程 25. TCS 的常见故障诊断案例	无	无

续表

项目	任务	学习活动	"1+X"技能等级证书教学标准	
			技能要求	知识要求
项目3 电控助力转向系统维修与故障诊断	任务3.1 电动助力转向系统（EPS）检测与故障诊断	26. EPS系统概述 27. 认识EPS系统元件和工作过程 28. 实施电磁阀元件电路拆装和检测 29. 实施扭矩传感器电路拆装和检测 30. 实施检测转角传感器电路拆装和检测 31. 实施助力转向电动机转角传感器电路拆装和检测 32. 实施助力转向电动机电路拆装和检测 33. 实施校正助力转向电动机转角传感器、转矩传感器 34. EPS的常见故障诊断案例	1-2 初级 1.1.2 能检查转向系统故障灯工作情况 1-2 中级 1.1.2 能拆卸和更换循环球式转向机及组件（包括装有安全气囊和控制装置的方向盘） 1.1.5 能拆卸和更换齿轮齿条式转向机及组件（包括装有安全气囊和控制装置的方向盘） 1.1.6 能调整齿轮齿条式转向机齿轮与齿条间隙 1.1.7 能检查和更换齿轮齿条式转向机的转向拉杆和波纹管护罩 1.1.8 能检查和更换齿轮齿条式转向机的固定衬套和支架 1.1.9 能检查转向柱和转向机有无噪声和机械干涉 1-2 高级 1.1.2 能诊断与循环球式转向机及组件的噪声、黏结、振动、游隙、转向力和润滑油渗漏的故障，分析故障原因	1-2 初级 1.1.2 转向系统故障灯符号的识别 1-2 中级 1.1.2 循环球式转向机及组件更换流程 1.1.5 齿轮齿条式转向机及组件更换流程 1-2 高级 1.1.2 与手循球式转向机及组件的噪声、黏结、振动、游隙、转向力和润滑油渗漏的故障诊断策略 1.1.3 齿轮齿条式转向机及组件的噪声、黏结、振动、游隙、转向力和润滑油渗漏的故障诊断策略 1.1.6 齿轮齿条式转向机齿轮与齿条间隙调整方法 1.1.7 齿轮齿条式转向机的转向拉杆和波纹管护罩更换流程 1.1.8 齿轮齿条式转向机的固定衬套和支架更换流程 1.1.9 转向柱和转向机噪声和机械干涉检查方法

项目	任务	学习活动	"1+X"技能等级证书教学标准	
			技能要求	知识要求
项目3 电控助力转向系统维修与故障诊断	任务3.1 电动助力转向系统（EPS）检测与故障诊断		1.1.3 能诊断与齿轮齿条式转向机及组件的噪声、黏结、振动、游隙、转向力和润滑油渗漏的故障,分析故障原因	无
	任务3.2 电控四轮转向系统检测与故障诊断	35.四轮转向系统概述 36.认识四轮转向系统元件及工作过程 37.实施四轮转向系统部件拆装和检测 38.四轮转向系统常见故障诊断案例	无	无
项目4 电控悬架系统维修与故障诊断	任务4.1 认识电控悬架系统结构和工作过程	39.认识空气悬架系统元件及工作过程 40.实施电控悬架的基本操作 41.认识可变阻尼减震器	1-2 初级 1.1.2 能检查电控悬架系统故障灯工作情况 1.2.10 能检查电控悬架系统的工作情况	1-2 初级 1.1.2 电控悬架系统故障灯符号的识别 1.2.10 电控悬架系统的工作原理
	任务4.2 电控悬架系统检测与故障诊断	42.实施电控悬架系统调整 43.实施电控悬架系统部件拆装和检测 44.电控悬架常见故障诊断案例	1-2 中级 1.2.11 能诊断、检查、调整、维修或更换电子控制悬架系统（包括主、辅空气悬架和行驶控制系统）的部件	1-2 中级 1.2.11 电子控制悬架系统（包括主、辅空气悬架和行驶控制系统）的部件常见故障原因,检查、调整、维修或更换方法及注意事项
项目5 电控四轮驱动系统维修与故障诊断	任务5.1 认识电控四轮驱动系统结构和工作过程	45.认识电控四轮驱动系统作用、分类 46.认识电控四轮驱动系统主要部件和工作过程	无	无

续表

项目	任务	学习活动	"1+X"技能等级证书教学标准	
			技能要求	知识要求
项目5 电控四轮驱动系统维修与故障诊断	任务5.2 电控四轮驱动系统维修与故障诊断	47.调整四轮驱动系统的控制形式 48.实施电控四轮驱动系统部件拆装和检测 49.四轮驱动系统的常见故障诊断案	无	无

（二）课程内容支撑课程目标设计

课程内容支撑课程目标设计见表2。

表2　课程内容支撑课程目标设计

课程目标 / 课程内容	职业素养		通用能力		专业知识					技术技能				
	1	2	1	2	1	2	3	4	5	1	2	3	4	5
任务1.1　认识胎压监测系统	H				H					H				
任务1.2　胎压监测系统调整与故障诊断			H		H					H				
任务2.1　ABS+EBD系统维修与故障诊断						H					H			
任务2.2　电子稳定控制系统（ESC）检测与故障诊断						H					H			
任务2.3　电子手刹系统（EPB）维修与故障诊断						H					H			
任务2.4　刹车辅助系统（BA、AUTO HOLD）检测与故障诊断						H					H			
任务2.5　牵引力控制系统（TCS）检测与故障诊断						H					H			
任务3.1　电动助力转向系统（EPS）检测与故障诊断			H				H						H	
任务3.2　电控四轮转向系统检测与故障诊断				H			H						H	
任务4.1　认识电控悬架系统结构和工作过程				H				H					H	

课程目标 课程内容	职业素养		通用能力		专业知识					技术技能				
	1	2	1	2	1	2	3	4	5	1	2	3	4	5
任务4.2　电控悬架系统检测与故障诊断				H				H					H	
任务5.1　认识电控四轮驱动系统结构和工作过程									H					H
任务5.2　电控四轮驱动系统维修与故障诊断									H					H

注解:1.根据课程对培养规格的支撑度,可划分为高支撑(H)、中支撑(M)和低支撑(L)。

　　　2.每门课程任务至少对1项培养规格形成高支撑,或对多项培养规格形成中支撑。

　　　3.每项培养规格至少有一个任务对其形成高支撑。

四、课程实施安排

课程内容学时分配见表3。

表3　课程内容学时分配

项目	任务	学时		
		理论	实训	小计
项目1 汽车胎压监测系统故障诊断	任务1.1　认识胎压监测系统	2	2	4
	任务1.2　胎压监测系统调整与故障诊断	2	2	4
项目2 电控制动系统维修与故障诊断	任务2.1　ABS+EBD系统维修与故障诊断	2	2	4
	任务2.2　电子稳定控制系统(ESC)检测与故障诊断	2	2	4
	任务2.3　电子手刹系统(EPB)维修与故障诊断	2	2	4
	任务2.4　刹车辅助系统(BA、AUTO　HOLD)检测与故障诊断	1	1	2
	任务2.5　牵引力控制系统(TCS)检测与故障诊断	1	1	2
项目3 电控助力转向系统维修与故障诊断	任务3.1　电动助力转向系统(EPS)检测与故障诊断	2	2	4
	任务3.2　电控四轮转向系统检测与故障诊断	2	2	4
项目4 电控悬架系统维修与故障诊断	任务4.1　认识电控悬架系统结构和工作过程	2	2	4
	任务4.2　电控悬架系统检测与故障诊断	2	2	4

续表

项目	任务	学时		
		理论	实训	小计
项目5 电控四轮驱动系统维修与故障诊断	任务5.1　认识电控四轮驱动系统结构和工作过程	2	2	4
	任务5.2　电控四轮驱动系统维修与故障诊断	2	2	4
合计		24	24	48

五、教学评价

（一）课程目标达成度评价权重

课程目标达成度分为子课程目标达成度和总课程目标达成度。课程内容支撑课程目标达成,课程内容支撑各子课程目标的权重见表4。

表4　课程内容支撑课程目标权重表

课程内容 \ 课程目标权重		支撑课程内容													课程目标达成度	
		任务1.1	任务1.2	任务2.1	任务2.2	任务2.3	任务2.4	任务2.5	任务3.1	任务3.2	任务4.1	任务4.2	任务5.1	任务5.2	∑子课程目标达成度	∑总课程目标评价值
职业素养	1　具有良好的职业素质和工匠精神	1													1	0.05
	2　具有吃苦耐劳、爱岗敬业的精神			1											1	0.05
通用能力	1　具有认真观察、积极思考的能力					1									1	0.05
	2　具有分析和解决问题的能力						1								1	0.05
专业知识	1　知道胎压监测系统的组成、工作原理、维护、维修方法和故障诊断流程	0.5	0.5												1	0.05

课程内容	课程目标 权重	支撑课程内容													课程目标达成度	
		任务 1.1	任务 1.2	任务 2.1	任务 2.2	任务 2.3	任务 2.4	任务 2.5	任务 3.1	任务 3.2	任务 4.1	任务 4.2	任务 5.1	任务 5.2	∑子课程目标达成度	∑总课程目标评价值
专业知识	2 知道电控制动系统的组成、工作原理、维护、维修方法和故障诊断流程			0.2	0.2	0.2	0.2	0.2							1	0.1
	3 知道电控助力转向系统的组成、工作原理、维护、维修方法和故障诊断流程								0.5	0.5					1	0.1
	4 知道电控悬架系统的组成、工作原理、维护、维修方法和故障诊断流程										0.5	0.5			1	0.1
	5 知道电控四轮驱动系统的组成、工作原理、维护、维修方法和故障诊断流程												0.5	0.5	1	0.05
技术技能	1 能按照厂家提供的维修教学标准维护、拆卸、装配和诊断胎压监测系统故障		1												1	0.05
	2 能按照厂家提供的维修教学标准维护、拆卸、装配和诊断电控制动系统故障			0.2	0.2	0.2	0.2	0.2							1	0.1

续表

课程目标权重课程内容		支撑课程内容													课程目标达成度	
		任务1.1	任务1.2	任务2.1	任务2.2	任务2.3	任务2.4	任务2.5	任务3.1	任务3.2	任务4.1	任务4.2	任务5.1	任务5.2	∑子课程目标达成度	∑总课程目标评价值
技术技能	3 能按照厂家提供的维修教学标准维护、拆卸、装配和诊断电控助力转向系统故障								0.5	0.5					1	0.1
	4 能按照厂家提供的维修教学标准维护、拆卸、装配和诊断电控悬架系统故障										0.5	0.5			1	0.1
	5 能按照厂家提供的维修教学标准维护、拆卸、装配和诊断电控四轮驱动故障												0.5	0.5	1	0.05
∑本课程目标达成度																1

说明:对课程内容的考核为在教学过程中对任务模块进行随堂测验或实践考核等的评分。

(二)评价方式

课程评价采用平时测评与期末终结性鉴定相结合的鉴定方式,采用线上评价与线下评价、理论评价与实操评价的方式进行,具体权重设置见表5。

表5 成绩指标权重表

一级指标	二级指标	三级指标	
平时测评50%	线上学习40%	参与度	40%
		线上作业	30%
		线上测验	20%
		线上考试	10%

一级指标	二级指标	三级指标	
平时测评 50%	课堂活动 10%	考勤	50%
		课堂表现	50%
	学习工作页 50%	任务1.1　学习工作页	10%
		任务1.2　学习工作页	10%
		任务2.1　学习工作页	10%
		任务2.2　学习工作页	10%
		任务2.3　学习工作页	10%
		任务2.4　学习工作页	10%
		任务2.5　学习工作页	10%
		任务3.1　学习工作页	5%
		任务3.2　学习工作页	5%
		任务4.1　学习工作页	5%
		任务4.2　学习工作页	5%
		任务5.1　学习工作页	5%
		任务5.2　学习工作页	5%
期末测评50%	期末考试100%		

六、实施保障

（一）师资队伍

本课程专（兼）职教师应具有良好的师德师风、扎实的专业相关理论水平、中级及以上相关专业职称或技师资格担任课堂理实一体化教学。

（二）教学设施

本专业应设有汽车整车维修实训中心，其中底盘电控实训区为"汽车底盘电控系统维修"课程提供了足够的教学条件。台套数能同时满足3个班的教学，按照4~5人/台配备。

具体要求为：

1. 底盘电控车辆：拥有丰田、长安、福特、大众、奥迪等带自动变速器车辆。

2. 底盘电控系统实物：ESP电控助力转向系统教学台架、电控制动系统教学台架、电控空气悬架系统教学台架、电控四驱系统教学台架。

3. 专业工具：诊断仪、底盘专用拆装工具。

4. 底盘电控系统检测设备：万用表、电流钳、示波器、底盘拆装工作台等。

(三)教学资源

1. 教材资源

按照国家教材选用原则和要求选用教材。

2. 网络资源

智慧职教课程平台"汽车底盘电控系统维修"课程。

(四)教学方法和手段

教学应立足于培养学生实际操作能力、职业素养等,采用任务驱动教学法、合作探究法、仿真教学法、小组讨论、案例分析、教师示范、角色扮演等多种以学生为中心的教学方法,让学生在"做中学""学中做"。在教学过程中,应运用多媒体、现代信息技术、实物等辅助资源教学。

"汽车诊断策略及测试技术"课程教学标准

一、课程概述

(一)课程教学标准依据

本课程教学标准依据汽车检测与维修技术专业人才培养方案,教育部《高等职业学校汽车检测与维修技术专业教学标准》,根据《汽车制造试验和售后服务技术人员能力标准》中的 QPBWX02 检测、诊断发动机控制系统的电气和电子故障、QPBWX03 检测、诊断稳定、转向、悬挂系统的电气和电子故障、QPBWX04 检测、诊断变速器、传动系统电气和电子故障、QPBWX05 检测、诊断制动系统的电气和电子故障、QPBWX06 检测、诊断安全系统的电气和电子故障、QPBWX07 检测、诊断监测和保护系统的电气和电子故障、PBWX08 检测、诊断舒适和娱乐系统的电气和电子故障,对接《汽车运用与维修职业技能等级证书》标准中"汽车动力与驱动系统综合分析技术""汽车转向悬挂与制动安全系统技术""汽车电子电气与空调舒适系统技术"和"汽车全车网关控制与娱乐系统技术(初、中、高级)"模块进行制定。

(二)课程类型

本课程是汽车检测与维修技术专业的专业核心课程,共 88 学时。本课程是在学习汽车电路系统检测与维修、汽车维护、汽车传动系统维修、汽车发动机维修、汽车安全与舒适系统维修后的一门理实一体化课程。

(三)课程功能

本课程实现专业人才培养规格要求,发挥课程思政功能,落实立德树人根本任务,育训结合,支持专业教学目标达成和汽车运用与维修职业技能等级证书获取,培养学习者对汽车综合故障进行诊断与排除的能力。

二、课程目标

学习者通过对该课程的学习,能具备安全而正确地诊断汽车综合故障的能力。该能力由以下方面组成:

(一)职业素养

1. 遵守职业规范、讲求职业道德。

2. 爱岗敬业,立足本职工作。

3. 具有良好的专业精神、工匠精神。

(二)通用能力

1. 具有独立思考解决问题的能力。

2. 具有运用专业知识分析解决问题的能力。

3. 具有总结经验,并将工作经验运用在解决问题过程中的能力。

(三)专业知识

1. 知道汽车综合故障诊断常用维修工具的使用方法。

2. 能识别车辆发动机系统、传动系统、底盘系统和车身及电气系统的组成和结构,知道其工作原理。

3. 能识读各控制系统的电路图。

4. 知道综合故障的诊断方法和维修流程。

(四)技术技能

1. 具备制定维修方案,排除汽车发动机系统综合故障的能力。

2. 具备制定维修方案,排除汽车底盘系统综合故障的能力。

3. 具备制定维修方案,排除汽车舒适与安全系统综合故障的能力。

4. 具备制定维修方案,排除汽车总线系统综合故障的能力。

三、课程设置

(一)课程内容和"1+X"证书对接

依据《汽车运用与维修职业技能等级证书》中"汽车动力与驱动系统综合分析技术(初、中、高级)""汽车转向悬挂与制动安全系统技术""汽车电子电气与空调舒适系统技术""汽车全车网关控制与娱乐系统技术和汽车I/M检测与排放控制治理技术"模块的部分内容,对接汽车常见综合故障进行诊断和维修工作任务,教学内容中对接"1+X"证书中相关知识要求和技能要求,见表1。

表1　教学内容要求及对接"1+X"技能等级证书教学标准

项目	任务	学习活动	"1+X"技能等级证书教学标准	
			技能要求	知识要求
项目1 常用检测用工具	任务1.1 认识万用表、试灯、跨接线、缸压表和油压表的使用方法	1.万用表的功能及使用方法 2.认识试灯的分类和功能及使用方法 3.认识跨接线的功能和使用方法 4.缸压表的作用及使用方法 5.油压表的作用及使用方法	1-3　初级 1.2.1　能识别维修工具的名称及其在汽车维修中的用途,并正确使用 1.2.2　能正确地清洁、储存及维修工具和设备 1-3　中级 1.1.2　能进行起动机电路电压降测试,确定维修措施 1-3　高级 1.2.3　能使用跨接线对电路进行检查,判断电路是否异常	1-3　初级 1.2.1　维修工具的用途和使用规范 1.2.2　工具和设备的维修要求及管理规范 1-3　中级 1.1.2　起动机电路电压降测试方法 1-3　高级 1.2.3　电路跨接测量方法
	任务1.2 认识示波器和诊断仪的使用方法	6.示波器的功能及使用方法 7.诊断仪的功能及使用方法	1-4　高级 1.2.1　能用示波器检查电子电路的波形,分析读数并确定维修内容 1.2.2　能用解码器诊断电子系统,分析读数并确定维修内容	1-4　高级 1.2.1　示波器使用方法 1.2.2　解码器诊断电子系统流程
项目2 诊断发动机系统故障	任务2.1 诊断发动机无法启动的故障	8.发动机无法启动的原因 9.发动机防盗系统引起发动机不能启动的原因分析及诊断流程 10.发动机起动系统引起发动机不能启动的原因分析及诊断流程	1-1　高级 1.3.7　能诊断发动机冷车不能启动的故障,确认故障原因	1-1　高级 1.3.7　发动机冷车不能启动的诊断分析策略 1.2.1　发动机不能启动的故障原因及排故方法

项目	任务	学习活动	"1+X"技能等级证书教学标准	
			技能要求	知识要求
项目2 诊断发动机系统故障	任务2.1 诊断发动机无法启动的故障	11. 发动机机械部件引起发动机不能启动的原因分析及诊断流程 12. 发动机控制系统引起发动机不能启动的原因分析及诊断流程	1.2.1 能确认汽车无法启动的原因,判断是否点火系统、启动系统、进排气系统、燃油系统或发动机机械部分的故障 1-2 高级 1.4.1 能使用仪器仪表读取防盗系统故障码及数据流,分析故障原因,制定维修方案	1-2 高级 1.4.1 防盗系统故障诊断分析策略
	任务2.2 诊断发动机启动困难的故障	13. 发动机启动困难的原因 14. 发动机起动系统导致发动机启动困难的原因及诊断流程 15. 发动机进气系统导致发动机启动困难的原因及诊断流程 16. 发动机供油系统导致发动机启动困难的原因及诊断流程 17. 发动机点火系统导致发动机启动困难的原因及诊断流程 18. 发动机排气系统导致发动机启动困难的原因及诊断流程 19. 发动机机械部件导致发动机启动困难的原因及诊断流程	1-1 高级 1.3.8 能诊断发动机不管冷车、热车起动耗时非常困难的故障,确认故障原因 1.3.9 能诊断发动机暖气起动后困难的故障,确认故障原因 1.3.26 能诊断燃油系统的油压过低、过高的故障,分析故障原因 1.3.27 能检测和分析各缸的火花塞温度,分析故障原因 1.3.28 能检测和分析各缸的排气温度,分析故障原因 1.3.29 能检测和分析排气背压,分析故障原因	1-1 高级 1.3.8 发动机不管冷车、热车起动耗时非常困难的诊断分析策略 1.3.9 发动机暖气起动后困难的诊断分析策略 1.3.26 燃油系统的油压过低、过高的诊断分析策略 1.3.27 各缸的火花塞温度数据分析策略 1.3.28 各缸的排气温度数据分析策略 1.3.29 排气背压数据分析策略

续表

项目	任务	学习活动	"1+X"技能等级证书教学标准	
			技能要求	知识要求
项目2 诊断发动机系统故障	任务2.3 诊断并排除发动机水温过高	20.发动机水温过高的原因 21.发动机机械部件引起的水温过高及诊断流程 22.发动机电气部件引起的水温过高及诊断流程	1-1 中级 1.4.1 能检查、更换冷却系统的冷却液、水管、储液罐、散热器、节温器、水泵及密封件、冷却风扇、加热器 1.4.2 能检测冷却风扇及控制电路,确认维修项目 1.4.3 能检测水温传感器、电子节温器的电阻、电压,确认维修项目	1-1 中级 1.4.1 冷却系统的冷却液、水管、储液罐、散热器、节温器、水泵及密封件、加热器的更换流程 1.4.2 冷却风扇及控制电路检测方法 1.4.3 水温传感器、电子节温器的电阻、电压检测方法
	任务2.4 诊断怠速不稳的故障	23.发动机怠速不稳的原因 24.进气系统导致的发动机怠速不稳原因及诊断流程 25.供油系统导致的发动机怠速不稳原因及诊断流程 26.点火系统导致的发动机怠速不稳原因及诊断流程 27.冷却系统导致的发动机怠速不稳原因及诊断流程	1-1 高级 1.3.10 能诊断发动机快怠速失常的故障,确认故障原因 1.3.11 能诊断发动机怠速偏低的故障,确认故障原因 1.3.12 能诊断发动机怠速偏高的故障,确认故障原因 1.3.13 能诊断发动机冷车怠速抖震的故障,分析故障原因 1.3.14 能诊断发动机热车怠速抖震的故障,分析故障原因	1-1 高级 1.3.11 发动机怠速偏低的诊断分析策略 1.3.12 发动机怠速偏高的诊断分析策略 1.3.13 发动机冷车怠速抖震的诊断分析策略 1.3.14 发动机热车怠速抖震的诊断分析策略

续表

项目	任务	学习活动	"1+X"技能等级证书教学标准	
			技能要求	知识要求
项目2 诊断发动机 系统故障	任务2.5 诊断汽车加 速无力的 故障	28.进气系统导致的车辆加速不良原因及诊断流程 29.供油系统导致的车辆加速不良原因及诊断流程 30.点火系统导致的车辆加速不良原因及诊断流程 31.冷却系统导致的车辆加速不良原因及诊断流程 32.排放系统导致的车辆加速不良原因及诊断流程	1-1 高级 1.3.36 能诊断发动机控制电脑故障引起的排放或驾驶性能故障（无故障码），分析故障原因	1-1 高级 1.3.36 发动机控制电脑故障引起的排放或驾驶性能故障(无故障码)诊断策略
	任务2.6 诊断发动机 异响的故障	33.发动机异响的原因及特性 34.发动机机械部件导致的异响及诊断流程 35.发动机进气系统导致的异响及诊断流程 36.发动机点火系统导致的异响（爆震）及诊断流程	1-1 高级 1.3.22 能诊断气门噪声的故障，分析故障原因 1.3.31 能诊断与发动机性能有关的噪声或振动问题，分析故障原因	1-1 高级 1.3.22 气门噪音的诊断分析策略 1.3.31 点火系统常见故障诊断策略 1.3.32 发动机性能有关的噪声或振动故障诊断策略
项目3 诊断汽车底 盘及传动系 统综合故障	任务3.1 诊断装有 ABS系统的 车辆制动 不良	37.汽车制动系统结构及常见故障诊断流程 38.ABS系统常见故障及诊断流程	1.2 高级 1.7.1 能诊断由ABS引起的不正常制动、车轮抱死、踏板感觉和行程、踏板跳动和噪音等故障，分析故障原因 1.7.2 能观察启动和路试期间ABS报警灯的状态，确定是否需要进一步诊断 1.7.3 能使用自诊断或推荐的测试设备诊断ABS电子控制装置及部件和电路，分析故障原因	1.2 高级 1.7.1 由ABS引起的不正常制动、车轮抱死、踏板感觉和行程、踏板跳动和噪声等故障诊断策略 1.7.2 启动和路试期间ABS报警灯的状态的诊断流程 1.7.3 ABS电子控制装置及部件和电路的诊断策略 1.7.4 由于汽车的改动及其他机械和电子电气部件的改动引起的ABS制动器故障的诊断策略

续表

项目	任务	学习活动	"1+X"技能等级证书教学标准	
			技能要求	知识要求
项目3 诊断汽车底盘及传动系统综合故障	任务3.1 诊断装有ABS系统的车辆制动不良	37.汽车制动系统结构及常见故障诊断流程 38.ABS系统常见故障及诊断流程	1.7.4 能诊断由于汽车的改动(轮胎尺寸、整备高度、主减速器传动比等)及其他机械和电子电气部件的改动(通信、安全、收音机等)引起的ABS制动器故障	无
	任务3.2 诊断转向系统综合故障	39.转向系统结构及常见故障 40.转向系统故障的诊断流程	1-2 高级 1.1.1 能诊断与转向柱及组件噪音的故障(包括手动、电动倾斜和伸缩机构),分析故障原因 1.1.2 能诊断与循环球式转向机及组件的噪声、黏结、振动、游隙、转向力和润滑油渗漏的故障,分析故障原因 1.1.3 能诊断与齿轮齿条式转向机及组件的噪声、黏结、振动、游隙、转向力和润滑油渗漏的故障,分析故障原因 1.2.1 能诊断动力转向装置液压过高、过低的故障,分析故障原因 1.2.2 能诊断与动力转向泵噪声、振动、液体渗漏的故障,分析故障原因	1-2 高级 1.1.1 转向柱噪音故障诊断策略 1.1.2 与手循环球式转向机及组件的噪音、黏结、振动、游隙、转向力和润滑油渗漏的故障诊断策略 1.1.3 齿轮齿条式转向机及组件的噪声、黏结、振动、游隙、转向力和润滑油渗漏的故障诊断策略 1.2.1 动力转向装置液压过高、过低的故障诊断策略 1.2.2 与动力转向泵噪声、振动、液体渗漏的故障诊断策略

项目	任务	学习活动	"1+X"技能等级证书教学标准	
			技能要求	知识要求
项目3 诊断汽车底盘及传动系统综合故障	任务3.3 诊断自动变速器换挡冲击故障	41.自动变速器换挡冲击的原因 42.自动变速器换挡冲击的诊断流程	1-1 高级 1.3.6 能诊断机械部分和真空控制系统,分析故障原因 1.3.7 能分析车主的故障描述并进行路试,确认是否是电控系统故障,分析故障原因 1.3.8 能使用解码器读取各电磁阀的压力数据,分析故障原因 1.3.9 能对液力变矩器的电控系统进行测试,分析故障原因 1.3.10 能使用解码器对自动变速器的电控系统进行故障诊断,分析故障原因	1-1 高级 1.3.6 自动变速器机械和真空系统的故障诊断策略 1.3.7 电控系统常见故障诊断策略 1.3.8 电控阀的数据分析策略 1.3.9 液力变矩器的电控系统的测试分析策略 1.3.10 自动变速器的电控故障诊断策略
项目4 诊断汽车车身系统综合故障	任务4.1 诊断汽车照明系统综合故障	43.汽车照明系统常见故障 44.汽车照明系统故障诊断流程	1-3 高级 1.4.1 能诊断前照灯过亮、暗淡、间歇工作、不工作或不断电的故障 1.4.2 能诊断伸缩式前照灯总成间歇工作、缓慢或不工作的故障	1-3 高级 1.4.1 前照灯过亮、暗淡、间歇工作、不工作或不断电的故障原因解析 1.4.2 伸缩式前照灯总成间歇工作、缓慢或不工作的故障原因解析

续表

项目	任务	学习活动	"1+X"技能等级证书教学标准	
			技能要求	知识要求
项目4 诊断汽车车身系统综合故障	任务4.2 诊断汽车电动车窗不能工作的故障	45.汽车电动车窗功能及常见故障 46.汽车电动车窗不能工作的故障诊断流程	1-3 高级 1.12.1 能诊断引起电动车窗不工作、缓慢或间歇工作的故障	1-3 高级 1.12.1 电动车窗不工作、缓慢或间歇工作的故障原因解析
	任务4.3 诊断汽车自动空调不制冷的故障	47.汽车自动空调常见的故障 48.汽车自动空调不制冷的故障诊断流程	1-3 高级 1.7.1 能诊断温度控制系统的故障,确定维修项目 1.7.2 能诊断鼓风机系统的故障,确定维修措施 1.7.3 能诊断空气分配系统的故障,确定维修项目 1.7.4 能诊断压缩机离合器控制系统的故障,确定维修项目 1.7.5 能诊断气候控制温度和阳光负载传感器的故障 1.7.6 能诊断温度混风门执行器的故障 1.7.7 能诊断发动机冷却液低温鼓风机控制系统的故障 1.7.8 能诊断热器水阀和控制器的故障 1.7.9 能诊断电动和真空马达、电磁阀和开关的故障	1-3 高级 1.7.1 温度控制系统的故障原因解析 1.7.2 鼓风机系统故障的诊断策略 1.7.3 空气分配系统的故障原因解析 1.7.4 压缩机离合器控制系统的故障原因解析 1.7.5 气候控制温度和阳光负载传感器的故障分析策略 1.7.6 温度混风门执行器的故障分析策略 1.7.7 发动机冷却液低温鼓风机控制系统的故障分析策略 1.7.8 加热器水阀和控制器的故障分析策略 1.7.9 电动和真空马达、电磁阀和开关的故障分析策略 1.7.10 自动空调控制面板的损坏原因

项目	任务	学习活动	"1+X"技能等级证书教学标准	
			技能要求	知识要求
项目4 诊断汽车车身系统综合故障	任务4.3 诊断汽车自动空调不制冷的故障	47. 汽车自动空调常见的故障 48. 汽车自动空调不制冷的故障诊断流程	1.7.10 能诊断自动空调控制面板的故障 1.7.11 能诊断自动空调微处理器(气候控制计算机/编程器)的故障 1.7.12 能标定自动空调系统	1.7.11 自动空调微处理器的故障诊断策略 1.7.12 自动空调系统的标定方法
项目5 诊断总线系统故障	任务5.1 诊断 CAN 总线故障	49. CAN 总线的结构和工作原理 50. CAN 总线常见故障及诊断流程	1-4 高级 1.1.3 能诊断发动机控制模块 CAN 总线波形异常的原因,分析故障原因并制定维修方案 1.2.3 能诊断自动变速器控制模块 CAN 总线波形异常的原因,分析故障原因并制定维修方案 1.2.3 能诊断防盗控制模块 CAN 总线波形异常的原因,分析故障原因并制定维修方案 1.1.3 能诊断车身控制模块 CAN 总线波形异常的原因,分析故障原因并制定维修方案	1-4 高级 1.1.3 发动机控制模块 CAN 总线波形异常诊断分析策略 1.2.3 自动变速器控制模块 CAN 总线波形异常诊断分析策略 1.2.3 防盗控制模块 CAN 总线波形异常诊断分析策略 1.1.3 车身控制模块 CAN 总线波形异常诊断分析策略
	任务5.2 诊断 LIN 总线故障	51. LIN 总线的结构和工作原理 52. LIN 总线常见故障及诊断流程	无	无

（二）课程内容支撑课程目标设计

课程内容支撑课程目标设计见表2。

表2　课程内容支撑课程目标设计

课程内容＼课程目标	职业素养		通用能力			专业知识				技术技能			
	1	2	1	2	3	1	2	3	4	1	2	3	4
项目1　常用检测用工具	H					H							
项目2　诊断发动机系统故障		H	H	H	H		H	H	H	H			
项目3　诊断汽车底盘及传动系统综合故障		H	H	H	H		H	H	H		H		
项目4　诊断汽车车身系统综合故障		H	H	H	H		H	H	H			H	
项目5　诊断总线系统故障		H	H	H	H		H	H	H				H

注解：1. 根据课程对培养规格的支撑度，可划分为高支撑（H）、中支撑（M）和低支撑（L）。

　　　2. 每门课程任务至少对1项培养规格形成高支撑，或对多项培养规格形成中支撑。

　　　3. 每项培养规格至少有一个任务对其形成高支撑。

四、课程实施安排

课程内容学时分配见表3。

表3　课程内容学时分配

项目	任务	理论	实训	小计
项目1 常用检测用工具	任务1.1　认识万用表、试灯、跨接线、缸压表和油压表的使用方法	2	2	4
	任务1.2　认识示波器和诊断仪的使用方法	2	2	4
项目2 诊断发动机系统故障	任务2.1　诊断发动机无法启动的故障	4	4	8
	任务2.2　诊断发动机启动困难的故障	2	2	4
	任务2.3　诊断并排除发动机水温过高	2	2	4
	任务2.4　诊断怠速不稳的故障	2	2	4
	任务2.5　诊断汽车加速无力的故障	2	2	4
	任务2.6　诊断发动机异响的故障	2	2	4

项目	任务	学时		
		理论	实训	小计
项目3 诊断汽车底盘系统综合故障	任务3.1　诊断装有 ABS 系统的车辆制动不良	4	4	8
	任务3.2　诊断转向系统综合故障	2	2	4
	任务3.3　诊断自动变速器换挡冲击故障	4	4	8
项目4 诊断汽车车身系统综合故障	任务4.1　诊断汽车照明系统综合故障	4	4	8
	任务4.2　诊断汽车电动车窗不能工作的故障	4	4	8
	任务4.3　诊断汽车自动空调不制冷的故障	4	4	8
项目5 诊断总线系统故障	任务5.1　诊断 CAN 总线故障	4	4	8
	任务5.2　诊断 LIN 总线故障	2	2	4
合计		46	46	92

五、教学评价

(一)课程目标达成度评价权重

课程目标达成度分为子课程目标达成度和总课程目标达成度。课程内容支撑课程目标达成,课程内容支撑各子课程目标的权重见表4。

表4　课程内容支撑课程目标权重表

课程内容 \ 课程目标权重		支撑课程内容					课程目标达成度	
		项目一	项目二	项目三	项目四	项目五	∑子课程目标达成度	∑总课程目标评价值
职业素养	1　遵守职业规范,讲求职业道德	1					1	0.025
	2　爱岗敬业,立足本职工作		0.25	0.25	0.25	0.25	1	0.025
	3　具有良好的专业精神、工匠精神		0.25	0.25	0.25	0.25	1	0.05
通用能力	1　具有独立思考解决问题能力		0.25	0.25	0.25	0.25	1	0.025
	2　具有运用专业知识分析解决问题的能力		0.25	0.25	0.25	0.25	1	0.05
	3　具有总结经验,并将工作经验运用在解决问题过程中的能力		0.25	0.25	0.25	0.25	1	0.025

续表

课程目标 权重 课程内容		支撑课程内容					课程目标达成度	
		项目一	项目二	项目三	项目四	项目五	∑ 子课程目标达成度	∑ 总课程目标评价值
专业知识	1 知道汽车综合故障诊断常用维修工具的使用方法	1					1	0.1
	2 能识别车辆发动机系统、传动系统、底盘系统和车身及电气系统的组成和结构,知道其工作原理		0.3	0.2	0.3	0.2	1	0.1
	3 能识读各控制系统的电路图		0.3	0.2	0.3	0.2	1	0.1
	4 知道综合故障的诊断方法和维修流程		0.3	0.2	0.3	0.2	1	0.1
技术技能	1 具备制定维修方案,排除汽车发动机系统综合故障的能力		1				1	0.1
	2 具备制定维修方案,排除汽车底盘系统综合故障的能力			1			1	0.1
	3 具备制定维修方案,排除汽车舒适与安全系统综合故障的能力				1		1	0.1
	4 具备制定维修方案,排除汽车总线系统综合故障的能力					1	1	0.1
∑ 本课程目标达成度								1

说明:对课程内容的考核为在教学过程中对任务模块进行随堂测验或实践考核等的评分。

(二)评价方式

课程评价采用平时测评与期末终结性鉴定相结合的鉴定方式,采用线上评价与线下评价、理论评价与实操评价的方式进行,具体权重设置见表5。

表5 成绩指标权重表

一级指标	二级指标	三级指标	
平时测评 50%	线上学习 40%	参与度	40%
		线上作业	30%
		线上测验	20%
		线上考试	10%
	课堂活动 10%	考勤	50%
		课堂表现	50%
	学习工作页 50%	项目1 学习工作页	5%
		项目2 学习工作页	35%
		项目3 学习工作页	25%
		项目4 学习工作页	25%
		项目5 学习工作页	10%
期末测评50%	期末考试50%		

六、实施保障

(一)师资队伍

本课程专(兼)职教师应具有良好的师德师风、扎实的专业相关理论水平、中级及以上相关专业职称或技师资格担任课堂理实一体化教学。

(二)教学设施

本专业应设有汽车整车维修实训中心,其中整车实训区为"汽车诊断策略与测试技术"课程提供了足够的教学条件。台套数能同时满足3个班的教学,按照4~5人/台配备。

具体包括:车辆、发动机及车身电器台架、专业工具(油压表、缸压表、诊断仪、专用拆装工具等)。

(三)教学资源

1.教材资源

按照国家教材选用原则和要求选用教材。

2.网络资源

智慧职教课程平台"汽车诊断策略与测试"课程。

(四)教学方法和手段

教学应立足于培养学生实际操作能力、职业素养等,采用任务驱动教学法、合作探究法、仿真教学法、小组讨论、案例分析、教师示范、角色扮演等多种以学生为中心的教学方法,让

学生在"做中学""学中做"。在教学过程中,应运用多媒体、现代信息技术、实物等辅助资源教学。

"自动变速器维修"课程教学标准

一、课程概述

(一)课程教学标准依据

本课程教学标准依据汽车检测与维修技术专业人才培养方案,教育部《汽车检测与维修技术专业教学标准》,根据《汽车制造试验和售后服务技术人员能力标准》中的 QPBWV08 维修自动变速器及部件、QPBWX04 检测、诊断变速器、传动系统电气和电子故障,对接《汽车运用与维修职业技能等级证书》标准中"汽车动力与驱动系统综合分析技术(初、中、高级)"模块进行制定。

(二)课程类型

本课程是汽车检测与维修技术专业的专业核心课程,共 72 学时。本课程是在学习汽车电路系统检测与维修、汽车维护、汽车传动系统维修、汽车发动机维修后的一门理实一体化课程。

(三)课程功能

本课程实现专业人才培养规格要求,发挥课程思政功能,落实立德树人根本任务,育训结合,支持专业教学目标达成和《汽车运用与维修(含智能新能源汽车)职业技能等级证书》获取,培养学习者对汽车自动变速器进行故障诊断与排除的能力。

二、课程目标

学习者通过对该课程的学习,能具备安全而正确地诊断自动变速器的能力。该能力由以下方面组成:

(一)职业素养

1. 具有良好的职业素质和工匠精神。

2. 具有吃苦耐劳、爱岗敬业的精神。

(二)通用能力

1. 具有认真观察、积极思考的能力。

2. 具有分析和解决问题的能力。

(三)专业知识

1. 知道电控液力自动变速器的组成、工作原理、维护、维修方法和故障诊断流程。

2. 知道无级变速器的组成、工作原理、维护、维修方法和故障诊断流程。

3. 知道双离合变速器的组成、工作原理、维护、维修方法和故障诊断流程。

（四）技术技能

1. 能按照厂家提供的维修教学标准维护、拆卸、标记、装配和诊断电控液力自动变速器故障。

2. 能按照厂家提供的维修教学标准维护、拆卸、标记、装配和诊断无级变速器故障。

3. 能按照厂家提供的维修教学标准维护、拆卸、标记、装配和诊断双离合变速器故障。

三、课程设置

（一）课程内容和"1+X"证书对接

根据"1+X"《汽车运用与维修职业技能等级证书》标准,将汽车自动变速器维护与维修的工作任务、教学内容对接"1+X"证书中相关知识要求和技能要求,见表1。

表1 教学内容要求及对接"1+X"技能等级证书教学标准

项目	任务	学习活动	"1+X"技能等级证书教学标准	
			技能要求	知识要求
项目1 电控液力自动变速器的维护与维修	任务1.1 认识电控液力自动变速器的结构及工作过程	1. 自动变速概述 2. 认识液力变矩器的元件及工作过程 3. 认识行星齿轮机构的元件及工作过程 4. 认识电控液压控制系统的元件及工作过程 5. 认识电子控制系统的元件及工作过程	1-1 初级 1.1.7 选用符合厂家要求的油液	1-1 初级 1.1.7 自动变速器油液类型判读
	任务1.2 实施电控液力自动变速器的维修程序	6. 完成电控液力自动变速器的维修准备工作 7. 实施电控液力自动变速器的拆卸部件程序 8. 实施电控液力自动变速器的零件清洗与检修程序 9. 实施电控液力自动变速器的装配、复位、调整程序	1-1 中级 1.4.3 能检查、更换外部密封件和衬垫 1.4.4 能检查、维修、更换外壳、衬套、驱动轴万向节 1.4.8 能检查和调整阀体螺栓的扭矩 1.4.9 能检查伺服缸、活塞、密封件、销、弹簧和挡圈,根据需要维修或更换	1-1 中级 1.4.3 外部密封件和衬垫更换方法及注意事项 1.4.4 外壳、衬套、驱动轴万向节更换方法及注意事项 1.4.8 阀体螺栓扭矩教学标准及调整方法 1.4.9 伺服缸、活塞、密封件、销、弹簧和挡圈更换维修流程及注意事项

续表

项目	任务	学习活动	"1+X"技能等级证书教学标准	
			技能要求	知识要求
项目1 电控液力自动变速器的维护与维修	任务1.2 实施电控液力自动变速器的维修程序	6.完成电控液力自动变速器的维修准备工作 7.实施电控液力自动变速器的拆卸部件程序 8.实施电控液力自动变速器的零件清洗与检修程序 9.实施电控液力自动变速器的装配、复位、调整程序	1.4.10 能检查储能器、活塞、密封件、销、弹簧和挡圈,根据需要维修或更换 1.4.11 能检查及更换驻车挡、驻车锁止轮、轴、弹簧、支架	1.4.10 储能器、活塞、密封件、销、弹簧和挡圈更换维修流程及注意事项 1.4.11 驻车挡、驻车锁止轮、轴、弹簧、支架的更换维修流程及注意事项
	任务1.3 实施电控液力自动变速器的故障诊断程序	10.知道电控液力自动变速器的故障诊断步骤 11.实施电控液力自动变速器的基本检查与调整程序 12.实施电控液力自动变速器电子控制系统的故障诊断程序 13.实施电控液力自动变速器匹配机械系统测试程序 14.实施电控液力自动变速器匹配与自适应检查	1-1初级 1.1.1 能检查有配备油尺的自动变速器或联动传动器上的液位 1.1.3 能检查变速器油液油质 1.1.4 能检查、调整或更换外壳手动换挡阀、变速器挡位传感器或开关和驻车或空挡位置开关 1.1.5 能检查变速器外壳、油封、垫片和衬套的泄漏情况 1-1高级 1.3.1 能分析车主的故障描述并进行路试,确认是否是机械、液压故障,分析故障原因 1.3.2 能诊断引起离合器噪声或震动的故障,分析故障原因 1.3.3 能进行自动变速器油压测试,分析故障原因 1.3.4 能进行失速试验,分析故障原因	1-1初级 1.1.1 有配备油尺的变速器油位教学标准判读 1.1.3 变速器的油液油质检查方法 1.1.4 手动换挡阀、变速器挡位传感器或开关和驻车或空挡位置开关的识别 1.1.5 变速器外壳油封、垫片和衬套的泄漏检查细则 1-1高级 1.3.1 常见机械和液压故障及原因 1.3.2 引起离合器噪声和震动的故障诊断策略 1.3.3 自动变速器油压测试分析策略 1.3.4 自动变速器失速试验分析策略

项目	任务	学习活动	"1+X"技能等级证书教学标准	
			技能要求	知识要求
项目2 无级变速器的维护与维修	任务2.1 认识无级变速器的结构及工作过程	15.无级变速器概述 16.认识无级变速器的机械部件及工作过程 17.认识无级变速器的液压系统元件及工作过程 18.认识无级变速器的电子控制系统元件及工作过程	无	无
	任务2.2 实施无级变速器的维修程序	19.实施无级变速器的拆卸部件程序 20.实施无级变速器的清洗、检修与装配程序	1-1 中级 1.4.3 能检查、更换外部密封件和衬垫 1.4.4 能检查、维修、更换外壳、衬套、驱动轴万向节 1.4.8 能检查和调整阀体螺栓的扭矩	1-1 中级 1.4.3 外部密封件和衬垫更换方法及注意事项 1.4.4 外壳、衬套、驱动轴万向节更换方法及注意事项 1.4.8 阀体螺栓扭矩教学标准及调整方法
	任务2.3 实施无级变速器的故障诊断程序	21.实施无级变速器电子控制系统的故障诊断程序 22.实施无级变速器性能测试程序 23.实施无级变速器匹配和自适应检查程序	1-1 高级 1.3.1 能分析车主的故障描述并进行路试,确认是否是机械、液压故障,分析故障原因 1.3.2 能诊断引起离合器噪声或震动的故障,分析故障原因 1.3.3 能进行自动变速器油压测试,分析故障原因 1.3.4 能进行失速试验,分析故障原因 1.3.5 能对液力变矩器的液压系统进行测试,分析故障原因 1.3.7 能分析车主的故障描述并进行路试,确认是否是电控系统故障并分析故障原因	1-1 高级 1.3.1 常见机械和液压故障及原因 1.3.2 引起离合器噪声和震动的故障诊断策略 1.3.3 自动变速器油压测试分析策略 1.3.4 自动变速器失速试验分析策略 1.3.5 液力变矩器的液压系统测试分析策略 1.3.7 电控系统常见故障诊断策略

续表

项目	任务	学习活动	"1+X"技能等级证书教学标准	
			技能要求	知识要求
项目3 双离合变速器的维护与维修	任务3.1 认识双离合变速器的结构及工作过程	24.双离合变速器概述 25.认识双离合变速器的机械部件及工作过程 26.认识双离合变速器电子控制系统元件及工作过程	无	无
	任务3.2 实施双离合变速器的维修程序	27.实施双离合变速器的拆卸部件程序 28.实施双离合变速器零件的清洗与检修程序 29.实施双离合变速器的装配、复位、调整程序	1-1 中级 1.4.3 能检查、更换外部密封件和衬垫 1.4.11 能检查及更换驻车挡、驻车锁止轮、轴、弹簧、支架 1.4.12 能检查、测试、调整、维修或更换电气或电子元件和电路，包括电脑、电磁阀、传感器、继电器、接线脚、接头、开关和线束	1-1 中级 1.4.3 外部密封件和衬垫更换方法及注意事项 1.4.11 驻车挡、驻车锁止轮、轴、弹簧、支架的更换维修流程及注意事项 1.4.12 电气或电子元件和电路，包括电脑、电磁阀、传感器、继电器、接线脚、接头、开关和线束调整、更换、维修的方法及注意事项
	任务3.3 实施双离合变速器的故障诊断程序	30.实施双离合变速器的故障诊断程序 31.双离合变速器匹配和自适应学习程序	1-1 初级 1.1.2 能检查没有配备油尺的自动变速器或联动传动器上的液位 1-1 高级 1.3.1 能分析车主的故障描述并进行路试，确认是否是机械、液压故障并分析故障原因 1.3.7 能分析车主的故障描述并进行路试，确认是否是电控系统故障并分析故障原因	1-1 初级 1.1.2 没有配备油尺的变速器油位标准判读 1-1 高级 1.3.1 常见机械和液压故障及原因 1.3.7 电控系统常见故障诊断策略

（二）课程内容支撑课程目标设计

课程内容支撑课程目标设计见表2。

表2 课程内容支撑课程目标设计

课程内容 ＼ 课程目标	职业素养		通用能力		专业知识			技术技能		
	1	2	1	2	1	2	3	1	2	3
任务1.1 认识电控液力自动变速器的结构及工作过程	H				H					
任务1.2 实施电控液力自动变速器的维修程序						H		H		
任务1.3 实施电控液力自动变速器的故障诊断程序		H				H		H		
任务2.1 认识无级变速器的结构及工作过程							H			
任务2.2 实施无级变速器的维修程序			H				H		H	
任务2.3 实施无级变速器的故障诊断程序				H			H		H	
任务3.1 认识双离合变速器的结构及工作过程								H		
任务3.2 实施双离合变速器的维修程序								H		H
任务3.3 实施双离合变速器的故障诊断程序								H		H

注解：1. 根据课程对培养规格的支撑度，可划分为高支撑（H）、中支撑（M）和低支撑（L）。

2. 每门课程任务至少对1项培养规格形成高支撑，或对多项培养规格形成中支撑。

3. 每项培养规格至少有一个任务对其形成高支撑

四、课程实施安排

课程内容学时分配见表3。

表3 课程内容学时分配

项目	任务	学时		
		理论	实训	小计
项目1 电控液力自动变速器的维护与维修	任务1.1 认识电控液力自动变速器的结构及工作过程	12	0	12
	任务1.2 实施电控液力自动变速器的维修程序	0	12	12
	任务1.3 实施电控液力自动变速器的故障诊断程序	2	6	8

续表

项目	任务	理论	实训	小计
				学时
项目2 无级变速器的维护与维修	任务2.1 认识无级变速器的结构及工作过程	6	0	6
	任务2.2 实施无级变速器的维修程序	0	12	12
	任务2.3 实施无级变速器的故障诊断程序	0	6	6
项目3 双离合变速器的维护与维修	任务3.1 认识双离合变速器的结构及工作过程	4	0	4
	任务3.2 实施双离合变速器的维修程序	0	6	6
	任务3.3 实施双离合变速器的故障诊断程序	0	6	6
合计		24	48	72

五、教学评价

(一)课程目标达成度评价权重

课程目标达成度分为子课程目标达成度和总课程目标达成度。课程内容支撑课程目标达成,课程内容支撑各子课程目标的权重见表4。

表4　课程内容支撑课程目标权重表

课程内容	课程目标/权重	任务1.1	任务1.2	任务1.3	任务2.1	任务2.2	任务2.3	任务3.1	任务3.2	任务3.3	∑子课程目标达成度	∑总课程目标评价值
职业素养	1 具有良好的职业素质和工匠精神	1									1	0.1
	2 具有吃苦耐劳、爱岗敬业的精神		1								1	0.1
通用能力	1 具有认真观察、积极思考的能力					1					1	0.1
	2 具有分析和解决问题的能力						1				1	0.1

续表

课程目标　权重　课程内容		支撑课程内容									课程目标达成度	
		任务1.1	任务1.2	任务1.3	任务2.1	任务2.2	任务2.3	任务3.1	任务3.2	任务3.3	∑子课程目标达成度	∑总课程目标评价值
专业知识	1　知道电控液力自动变速器的组成、工作原理、维护、维修方法和故障诊断流程	0.4	0.3	0.3							1	0.1
	2　知道无级变速器的组成、工作原理、维护、维修方法和故障诊断流程				0.4	0.3	0.3				1	0.1
	3　知道双离合变速器的组成、工作原理、维护、维修方法和故障诊断流程							0.4	0.3	0.3	1	0.1
技术技能	1　能按照厂家提供的维修教学标准维护、拆卸、标记、装配和诊断电控液力自动变速器故障		0.5	0.5							1	0.1
	2　能按照厂家提供的维修教学标准维护、拆卸、标记、装配和诊断无级变速器故障					0.5	0.5				1	0.1
	3　能按照厂家提供的维修教学标准维护、拆卸、标记、装配和诊断双离合变速器故障								0.5	0.5	1	0.1
∑本课程目标达成度												1

（二）评价方式

课程评价采用平时测评与期末终结性鉴定相结合的鉴定方式,采用线上评价与线下评价、理论评价与实操评价的方式进行,具体权重设置见表5。

表5　成绩指标权重表

一级指标	二级指标	三级指标	
平时测评 50%	线上学习 40%	参与度	40%
		线上作业	30%
		线上测验	20%
		线上考试	10%
	课堂活动 10%	考勤	50%
		课堂表现	50%
	学习工作页 50%	任务1.1　学习工作页	20%
		任务1.2　学习工作页	10%
		任务1.3　学习工作页	10%
		任务2.1　学习工作页	10%
		任务2.2　学习工作页	10%
		任务2.3　学习工作页	10%
		任务3.1　学习工作页	10%
		任务3.2　学习工作页	10%
		任务3.3　学习工作页	10%
期末测评50%	期末考试100%		

六、实施保障

(一)师资队伍

本课程专(兼)职教师应具有良好的师德师风、扎实的专业相关理论水平、中级及以上相关专业职称或技师资格担任课堂理实一体化教学。

(二)教学设施

本专业应设有自动变速器实训区为"自动变速器维修"课程提供了足够的教学条件。台套数能同时满足3个班的教学,按照4~5人/台配备。

具体要求为:

1. 带自动变速器车辆。

2. 自动变速器实物:丰田辛普森式、拉维娜式变速器、双离合变速器、CVT变速器。

3. 专业工具:油压表、诊断仪、专用拆装工具。

（三）教学资源

1.教材资源

按照国家教材选用原则和要求选用教材。

2 网络资源

智慧职教 MOOC 学院。

（四）教学方法和手段

教学应立足于培养学生实际操作能力、职业素养等,采用任务驱动教学法、合作探究法、仿真教学法、小组讨论、案例分析、教师示范、角色扮演等多种以学生为中心的教学方法,让学生在"做中学""学中做"。在教学过程中,应运用多媒体、现代信息技术、实物等辅助资源教学。

"汽车发动机维修"课程教学标准

一、课程概述

（一）课程教学标准依据

本课程教学标准依据汽车检测与维修技术专业人才培养方案,教育部《汽车检测与维修技术专业教学标准》,根据《汽车制造试验和售后服务技术人员能力标准》中的 QPBWV06 维修发动机机械部件,对接《汽车运用与维修职业技能等级证书》标准中"汽车动力与驱动系统综合分析技术（初、中、高级）"模块进行制定。

（二）课程类型

本课程是汽车检测与维修技术专业的专业核心课程,共 96 学时。本课程是在学习汽车零部件识别、实施汽车维护作业课程后的一门理实一体化课程。

（三）课程功能

本课程对接汽车检测与维修技术专业人才培养规格和培养目标,面向汽车质量与性能检测技术员、汽车机电维修技师、汽车服务顾问等岗位。本课程将职业素养、通用能力融入教学中,落实立德树人根本任务,将爱国主义精神,民族品牌精神,爱岗敬业、脚踏实地、精益求精的工匠精神等融入教学中。通过对发动机机械部分的曲柄连杆机构和配气机构维护与维修、冷却系和润滑系维护与维修、供给系维护与维修、发动机总装及综合故障诊断等内容的学习,培养学生认识汽车发动机机械部分维护流程和维修方法、知道汽车发动机机械部分故障诊断方法、具备制定维修方案,排除汽车发动机机械部分故障的能力。本课程对接《汽车运用与维修职业技能等级证书》中"汽车动力与驱动系统综合分析技术（初、中、高级）"模块,学习者学完本课程后可以考取相关"1+X"证书。

二、课程目标

学习者通过对该课程的学习,能具备安全而正确地诊断汽车发动机机械部分故障的能力。该能力由以下方面组成:

(一)职业素养

1.具有良好的职业素质和工匠精神。

2.具有吃苦耐劳、爱岗敬业的精神。

(二)通用能力

1.具有查询资料,收集信息,分析、处理工作数据的能力。

2.具有较强的分析与解决问题的能力。

(三)专业知识

1.知道发动机基础部分(曲柄连杆机构和配气机构)的功用、组成、工作原理及维修技术教学标准,并知道其拆卸、检查、维修、装配和调整方法及流程。

2.知道发动机冷却系统的功用、组成、工作原理及部件的检修方法。

3.知道发动机润滑系统的功用、组成、工作原理及部件的检修方法。

4.知道发动机供给系统机械部分的功用、组成、工作原理及部件的检修方法。

(四)技术技能

1.能按照厂家提供的维修教学标准对各类型发动机基础部分(曲柄连杆机构和配气机构)部件进行检查、维护与修理。

2.能按照厂家提供的维修教学标准对发动机冷却系统的部件进行检查、维护与修理。

3.能按照厂家提供的维修教学标准对发动机润滑系统的部件进行检查、维护与修理。

4.能按照厂家提供的维修教学标准对发动机供给系统的部件进行检查、维护与修理。

5.能按照厂家提供的维修教学标准使用发动机检测和维修工具对发动机总成进行拆卸、清洁、检查、总装、调整、检验和故障诊断。

三、课程设置

(一)课程内容和"1+X"证书对接

依据《汽车运用与维修职业技能等级证书》中"汽车动力与驱动系统综合分析技术(初、中、高级)"模块,对接汽车发动机维护与维修工作任务,教学内容中对接"1+X"证书中相关知识要求和技能要,见表1。

表1 教学内容要求及对接"1+X"技能等级证书教学标准

项目	任务	学习活动	"1+X"技能等级证书教学标准	
			技能要求	知识要求
项目1 发动机基础部件的维修	任务1.1 认识发动机的总体构造和工作原理	1. 认识发动机的类型、作用和组成 2. 认识发动机的基本术语及原理	1-1 初级 1.1.1 能检查仪表板的发动机警告灯的工作情况	1-1 初级 1.1.1 发动机警告灯符号识别及工作原理
	任务1.2 实施发动机曲柄连杆机构的检修	3. 识别发动机曲柄连杆机构的主要部件 4. 认识机体组的构造与维修 5. 认识活塞连杆组的构造与维修 6. 认识发动机曲轴飞轮组的构造 7. 认识曲柄连杆机构的检测与维修	1-1 初级 1.2.2 能检查和测量缸盖及气门组件,确认是否正常 1-1 中级 1.1.1 能拆卸、解体和清洗气缸盖 1.1.2 能目视检查气缸盖有无裂缝、气缸垫表面有无翘曲、腐蚀渗漏,并检查其通畅性 1.1.13 能测量缸盖接合表面的平度,并能更换缸盖和缸垫,按照规范紧固缸盖螺栓 1.2.1 能解体发动机缸体,并进行清洗和检查 1.2.2 能目视检查缸体是否有裂缝腐蚀,检查油道、水道是否通畅,测量缸体表面翘曲情况,检查缸体工艺孔的孔塞,确定维修内容 1.2.3 能检查、测量及维修受损的螺纹,并安装孔塞 1.2.4 能检查并测量气缸壁,并拆卸缸体连接件,对缸壁进行镗缸和清洗,确定维修内容 1.2.5 能目视检查曲轴表面及轴颈有无裂缝、磨损,并测量轴颈磨损度,检查油路是否通畅,确定维修内容	1-1 初级 1.2.2 缸盖及气门组件的测量方法 1-1 中级 1.1.1 气缸盖的拆卸、解体、清洗 1.1.2 气缸盖的检查技术规范 1.1.3 缸盖接合表面的平面度的略方法,缸盖和缸垫的更换流程 1.2.1 发动机机体的解体与清洗 1.2.2 缸体的检查技术规范及注意事项 1.2.3 螺纹的检查与维修的技术规范及注意事项 1.2.4 气缸镗缸的技术规范及注意事项 1.2.5 轴检查及量测的技术规范 1.2.6 主轴承轴径、轴承盖间隙测量方法 1.2.7 主轴承和曲轴安装方法,轴承间隙和末端间隙测量方法 1.2.8 曲轴轴承、凸轮轴、正时链和链轮检查和更换方法 1.2.10 活塞、活塞销、活塞销衬套更换流程 1.2.11 连杆的测量和更换方法

续表

项目	任务	学习活动	"1+X"技能等级证书教学标准	
			技能要求	知识要求
项目1 发动机基础部件的维修	任务1.2 实施发动机曲柄连杆机构的检修	3.识别发动机曲柄连杆机构的主要部件 4.认识机体组的构造与维修 5.认识活塞连杆组的构造与维修 6.认识发动机曲轴飞轮组的构造 7.认识曲柄连杆机构的检测与维修	1.2.6 能检查和测量主轴承轴径和轴承盖的间隙,确定维修项目 1.2.7 能拆装主轴承和曲轴,检查轴承间隙和末端间隙,按照维修手册的规范更换和紧固螺栓 1.2.8 能检查、拆卸和更换曲轴承、凸轮轴、正时链和链轮 1.2.10 能检查、测量、维修或更换活塞销、活塞销衬套及卡环,通过连杆的对称情况鉴别活塞销磨损情况,确定维修内容 1.2.11 能检查、测量和更换曲轴连杆,并能检查曲轴连杆和活塞销的配合间隙,确定维修内容 1.2.12 能检查、测量、拆装或更换活塞环、活塞和活塞连杆,按照维修手册更换和紧固螺栓 1.2.14 能检查曲轴法兰盘和飞轮的接合面,检查和更换曲轴导向轴承和衬套,检查飞轮和挠性传动板有无裂缝或磨损(包括飞轮齿圈),测量飞轮径向跳动,确定维修内容 1.2.15 能检查并更换用于装配发动机零部件的成型密封胶或衬垫	1.2.12 活塞环、活塞、活塞连杆拆装流程 1.2.14 曲轴法兰盘和飞轮的接合面检查方法;曲轴导向轴承和衬套更换流程;飞轮和挠性传动板检查方法;飞轮径向跳动教学标准及测量方法 1.2.15 发动机零部件的成型密封胶或衬垫的更换方法

项目	任务	学习活动	"1+X"技能等级证书教学标准	
			技能要求	知识要求
项目1 发动机基础部件的维修	任务1.3 实施发动机配气机构的检修	8.认识配气机构的功用、组成及工作原理 9.认识配气机构的零件和组件 10.配气机构零部件的检修 11.配气机构的检查调整及故障诊断	1-1 初级 1.2.1 能检查、测量和调整气门间隙(机械式或液压式挺杆) 1.2.2 能检查和测量缸盖及气门组件,确认是否正常 1.2.3 能检查、更换或调整驱动皮带、张紧度及皮带轮 1.2.4 能检查皮带轮和皮带校正情况 1-1 中级 1.1.1 能检查、拆装和更换气门弹簧、气门弹簧座、气门旋转器、气门锁止槽、气门锁夹、气门杆密封件 1.1.2 能检查气门导管是否有磨损,并测量气门导管的高度,检查气门杆和导管的间隙值,确定维修内容 1.1.3 能检查和测量气门锥面与气门座的接触情况及同心度(径向跳动量) 1.1.4 能测量气门弹簧的安装高度、气门杆高度,确定维修内容	1-1 初级 1.2.1 气门间隙的测量和调整方法 1.2.2 缸盖及气门组件的测量方法 1.2.3 驱动皮带、张紧轮及皮带轮更换的流程 1.2.4 皮带轮和皮带校正的流程 1-1 中级 1.1.1 配气机构的拆装的作业流程与技术规范及注意事项 1.1.2 气门导管的检查与量测的技术规范及注意事项 1.1.3 气门锥面与气门座的检查和测量方法 1.1.4 气门弹簧高度、气门杆高度测量方法

续表

项目	任务	学习活动	"1+X"技能等级证书教学标准	
			技能要求	知识要求
项目2 发动机冷却系统和润滑系统的维护与维修	任务2.1 实施发动机冷却系统的维护与维修	12.认识冷却系统的功用、组成与结构原理 13.认识冷却系统的检修及故障诊断	1-1 初级 1.1.2 能检查发动机燃油、机油、冷却液及管路有无泄漏,确认维修项目 1.3.2 能正确检查冷却液液位及泄漏情况,确认维修项目 1.3.3 能对冷却系统进行加压或加注染料测试,确定泄漏位置 1.3.4 能检查散热器、水箱压力盖、冷却液溢流罐、加热器芯和线束插头,确认维修项目 1.3.5 能检查、拆卸或更换节温器及垫圈或密封件 1.3.6 能使用冰点仪测试冷却液冰点确认是否更换 1.3.7 能按照厂家规范的流程排放和补充冷却水 1.3.8 能按照厂家规范的流程冲洗和加注冷却系统 1.3.9 能按照厂家规范的流程排出冷却系统中空气 1.3.13 能检查、核实发动机的工作温度,确认是否正常 1-1 中级 1.4.1 能检查、更换冷却系统的冷却液、水管、储液罐、散热器、节温器、水泵及密封件、冷却风扇、加热器 1.4.2 能检测冷却风扇及控制电路,确认维修项目	1-1 初级 1.1.2 发动机燃油、机油、冷却液及类型及泄漏的检查细则 1.3.2 冷却液液位及泄漏检查方法 1.3.3 冷却系统加压或加注染料测试方法 1.3.4 散热器、水箱压力盖、冷却液溢流罐、加热器芯和线束插头的检测细则 1.3.5 节温器及垫圈或密封件拆装方法 1.3.6 冰点测试仪使用方法 1.3.7 冷却液排放、补充流程和注意事项 1.3.8 冷却系统的冲洗、加注流程和注意事项 1.3.9 冷却系统排空气的方法 1.3.13 发动机工作温度的核实方法 1-1 中级 1.4.1 冷却系统的冷却液、水管、储液罐、散热器、节温器、水泵及密封件、加热器的更换流程 1.4.2 冷却风扇及控制电路检测方法

项目	任务	学习活动	"1+X"技能等级证书教学标准	
			技能要求	知识要求
项目2 发动机冷却系统和润滑系统的维护与维修	任务2.2 实施发动机润滑系统的维护与维修	14.认识润滑系统的功用、组成及结构 15.实施润滑系统的检修 16.实施润滑系统的维护与故障诊断	1-1 初级 1.3.1 能正确检查润滑油液位及泄漏情况,确认维修项目 1.3.10 能更换机油及滤清器 1.3.11 能选用符合厂家规格的机油和冷却液的类型 1-1 中级 1.3.1 能检测机油压力,确定维修内容 1.3.2 能解体、检查、测量和更换机油泵(包括齿轮、转子、壳体和感应塞总成)、卸压装置、驱动装置 1.3.3 能检查、检测或更换机油压力传感器,确认是否正常 1.3.4 能检测机油消耗量,确认维修项目	1-1 初级 1.3.1 润滑油液位及泄漏检查方法 1.3.10 机油及滤芯器的更换流程 1.3.11 机油和冷却液的类型 1-1 中级 1.3.1 机油压力检测流程 1.3.2 机油泵、卸压装置、驱动装置的拆装和测量方法 1.3.3 机油压力检测流程 1.3.4 机油消耗量的检测方法
项目3 发动机供给系统的维护和维修	任务3.1 维护汽油供给系统	17.认识汽油机燃油供给系统的结构及工作原理	1-1 初级 1.6.1 能检查、清洗或更换燃油滤芯器 1.6.2 能检查、清洁或更换空气滤清器、空气滤清器外壳和进气管 1.6.3 能检查燃油管路、管接头和软管有无破损、变形、松动或泄漏,确认是否需要维修 1.6.4 能检查排气歧管、排气管、消声器、的完整性,确认是否需要维修	1-1 初级 1.6.1 燃油滤芯器的更换方法和安全注意事项 1.6.2 空气滤芯器的检查、清洁或更换的方法 1.6.3 燃油系统的检查技术规范 1.6.4 进气系统的检查技术规范

续表

项目	任务	学习活动	"1+X"技能等级证书教学标准	
			技能要求	知识要求
项目3 发动机供给系统的维护和维修	任务3.2 诊断和排除柴油供给系统的故障	17.认识柴油机燃油供给系的结构及维修	1-1 初级 1.6.1 能检查、清洗或更换燃油滤芯器 1.6.2 能检查、清洁或更换空气滤清器、空气滤清器外壳和进气管 1.6.3 能检查燃油管路、管接头和软管有无破损、变形、松动或泄漏，确认是否需要维修 1.6.4 能检查排气歧管、排气管、消声器、的完整性，确认是否需要维修	1-1 初级 1.6.1 燃油滤芯器的更换方法和安全注意事项 1.6.2 空气滤芯器的检查、清洁或更换的方法 1.6.3 燃油系统的检查技术规范 1.6.4 进气系统的检查技术规范
项目4 实施发动机机械部分的检修与故障诊断	任务4.1 实施发动机的拆卸、清洗、总装程序	18.实施发动机的拆卸、清洗 19.实施发动机的装配、复位、调整程序	1-1 高级 1.1.1 能正确使用、维修、校准和管理精密测量仪器 1.1.2 能正确使用、维修、校准和管理常用维修工具和专用维修工具 1.1.4 能快速查询汽车维修资料、技术服务信息、用户手册和保养手册	1-1 高级 1.1.1 精密测量仪器的使用、维修、校准和管理措施 1.1.2 常用维修工具和专用维修工具的使用、维修、校准和管理措施 1.1.4 汽车维修资料、技术服务信息、用户手册和保养手册的查询方法
	任务4.2 实施发动机的检验及故障诊断程序	20.实施发动机的检验程序 21.实施发动机的故障诊断程序	1-1 高级 1.2.1 能确认汽车无法启动的原因，是否是发动机机械部分的故障 1.2.2 能检测单缸气缸功率平衡，并分析、确认故障原因 1.2.3 能检测气缸压缩压力，并分析、确认故障原因 1.2.4 能检测气缸渗漏，并分析、确认故障原因 1.2.5 能诊断与发动机机械有关的异响和抖动，确定维修内容	1-1 高级 1.2.1 发动机不能启动的故障原因及排故方法 1.2.2 气缸功率平衡检测和诊断分析策略 1.2.3 气缸压缩压力检测和诊断分析策略 1.2.4 气缸渗漏测试检测和诊断分析策略 1.2.5 发动机机械异响和抖动的故障原因及排故方法

（二）课程内容支撑课程目标设计

课程内容支撑课程目标设计见表2。

表2　课程内容支撑课程目标设计

课程目标 / 课程内容	职业素养		通用能力		专业知识				技术技能				
	1	2	1	2	1	2	3	4	1	2	3	4	5
任务1.1　认识发动机的总体构造和工作原理	H				H								
任务1.2　实施发动机曲柄连杆机的检修	H		H		H				H				
任务1.3　实施发动机配气机构的检修	H		H		H				H				
任务2.1　实施发动机冷却系统的维护与维修		H	H			H				H			
任务2.2　实施发动机润滑系统的维护与维修		H	H				H				H		
任务3.1　维护汽油供给系统			H					H				H	
任务3.2　诊断和排除柴油供给系统的故障			H					H				H	
任务4.1　实施发动机的拆卸、清洗、总装程序		H	H										H
任务4.2　实施发动机的检验及故障诊断程序		H	H										H

注解：1.根据课程对培养规格的支撑度，可划分为高支撑（H）、中支撑（M）和低支撑（L）。

2.每门课程任务至少对1项培养规格形成高支撑，或对多项培养规格形成中支撑。

3.每项培养规格至少有一个任务对其形成高支撑。

四、课程实施安排

课程内容学时分配见表3。

表3　课程内容学时分配

项目	任务	理论	实训	小计
项目1 发动机基础部件的维修	任务1.1　认识发动机的总体构造和工作原理	4	4	8
	任务1.2　实施发动机曲柄连杆机的检修	12	12	24
	任务1.3　实施发动机配气机构的检修	10	10	20
项目2 发动机冷却系统和润滑系统的维修	任务2.1　实施发动机冷却系统的维护与维修	4	4	8
	任务2.2　实施发动机润滑系统的维护与维修	4	4	8
项目3 发动机供给系统的维护和维修	任务3.1　维护汽油供给系统	2	2	4
	任务3.2　诊断和排除柴油供给系统的故障	6	6	12
项目4 实施发动机机械部分的检修与故障诊断	任务4.1　实施发动机的拆卸、清洗、总装程序	4	4	8
	任务4.2　实施发动机的检验及故障诊断程序	2	2	4
合计		48	48	96

五、教学评价

（一）课程目标达成度评价权重

课程目标达成度分为子课程目标达成度和总课程目标达成度。课程内容支撑课程目标达成,课程内容支撑各子课程目标的权重见表4。

表4　课程内容支撑课程目标权重表

课程内容	课程目标	任务1.1	任务1.2	任务1.3	任务2.1	任务2.2	任务2.3	任务3.1	任务3.2	任务3.3	∑子课程目标达成度	∑总课程目标评价值
职业素养	1　具有良好的职业素质和工匠精神	0.2	0.4	0.4							1	0.05
	2　具有吃苦耐劳、爱岗敬业的精神				0.3	0.2	0.2	0.3			1	0.1
通用能力	1　具有查询资料,收集信息,分析、处理工作数据的能力		0.3	0.3				0.2	0.2		1	0.1
	2　具有较强的分析与解决问题的能力				0.3	0.3	0.2	0.2			1	0.05

续表

课程内容	课程目标 权重	支撑课程内容									课程目标达成度	
		任务1.1	任务1.2	任务1.3	任务2.1	任务2.2	任务2.3	任务3.1	任务3.2	任务3.3	∑子课程目标达成度	∑总课程目标评价值
专业知识	1　知道发动机基础部分（曲柄连杆机构和配气机构）的功用、组成、工作原理及维修技术教学标准，并知道其拆卸、检查、维修、装配和调整方法及流程	0.2	0.4	0.4							1	0.1
	2　知道发动机冷却系统的功用、组成、工作原理及部件的检修方法				1						1	0.05
	3　知道发动机润滑系统的功用、组成、工作原理及部件的检修方法					1					1	0.05
	4　知道发动机供给系统机械部分的功用、组成、工作原理及部件的检修方法						0.5	0.5			1	0.1
技术技能	1　能按照厂家提供的维修教学标准对各类型发动机基础部分（曲柄连杆机构和配气机构）部件进行检查、维护与修理		0.5	0.5							1	0.1
	2　能按照厂家提供的维修教学标准对发动机冷却系统的部件进行检查、维护与修理				1						1	0.05
	3　能按照厂家提供的维修教学标准对发动机润滑系统的部件进行检查、维护与修理					1					1	0.05

续表

课程内容	课程目标 权重	任务 1.1	任务 1.2	任务 1.3	任务 2.1	任务 2.2	任务 2.3	任务 3.1	任务 3.2	任务 3.3	∑子课 程目标 达成度	∑总课 程目标 评价值
					支撑课程内容						课程目标达成度	
技术技能	4 能按照厂家提供的维修教学标准对发动机供给系统的部件进行检查、维护与修理						0.5	0.5			1	0.1
	5 能按照厂家提供的维修教学标准使用发动机检测和维修工具对发动机总成进行拆卸、清洁、检查、总装、调整、检验和故障诊断								0.5	0.5	1	0.1
∑本课程目标达成度												1

说明:对课程内容的考核为在教学过程中对任务模块进行随堂测验或实践考核等的评分。

(二)评价方式

课程评价采用过程评价加终结性评价,线上评价加线下评价、理论评价加实操评价的方式进行,过程性考核和期末终结性考核各占50%。过程性考核分为4个方面,分别是线上课件学习20%,课堂活动20%,作业30%,阶段考核30%。具体考核权重见表5。

表5 成绩指标权重表

一级指标	二级指标	三级指标	
平时测评 50%	线上学习 40%	参与度	30%
		线上作业	40%
		线上测验	20%
		线上考试	10%
	课堂活动 10%	考勤	50%
		课堂表现	50%
	学习工作页 50%	任务1.1 学习工作页	10%
		任务1.2 学习工作页	15%
		任务1.3 学习工作页	15%

一级指标	二级指标	三级指标	
平时测评 50%	学习工作页 50%	任务 2.1　学习工作页	10%
		任务 2.2　学习工作页	10%
		任务 3.1　学习工作页	10%
		任务 3.2　学习工作页	10%
		任务 4.1　学习工作页	10%
		任务 4.2　学习工作页	10%
期末测评 50%	期末考试 100%		

六、实施保障

(一)师资队伍

本课程专(兼)职教师应具有良好的师德师风、扎实的专业相关理论水平、中级及以上相关专业职称或技师资格担任课堂理实一体化教学。

(二)教学设施

学院应设有汽车整车维修实训中心,其中发动机维修实训区为"汽车发动机维修"课程提供了足够的教学条件。

具体包括:电控发动机实训台架、发动机总成台架、油压表、水箱检漏仪、气缸压力表、诊断仪、专用拆装工具、真空压力表、气缸检漏仪等。台套数能同时满足多个班的教学,按照 4~5 人/台配备。

(三)教学资源

1.教材资源

按照国家教材选用原则和要求选用教材。

2.网络资源

中国大学 MOOC 课程平台"汽车发动机维修"课程资源。

(四)教学方法和手段

教学应立足于培养学生实际操作能力、职业素养等,采用任务驱动教学法、合作探究法、仿真教学法、小组讨论、案例分析、教师示范、角色扮演等多种以学生为中心的教学方法,让学生在"做中学""学中做"。在教学过程中,应运用多媒体、现代信息技术、实物等辅助资源教学。

参考文献

[1] 赵计平,李雷.汽车制造试验和售后服务技术人员能力标准[M].重庆:重庆大学出版社,2023.

[2] 北京中车行高新技术有限公司职业教育培训评价组织.汽车运用与维修(含智能新能源汽车)1+X 证书制度-职业技能等级标准[M].北京:高等教育出版社,2019.

[3] 人力资源社会保障部教材办公室.汽车维修工(中级)[M].北京:中国劳动社会保障出版社,2021.

[4] 人力资源社会保障部教材办公室.汽车维修工(高级)[M].北京:中国劳动社会保障出版社,2021.

[5] 陈宁,徐树杰.智能汽车传感器技术[M].北京:机械工业出版社,2020.